本书得到以下课题资助：

■ 教育部人文社会科学研究青年基金项目"《史记》篇章连接标记研究"（11YJC740061）

■ 浙江省哲学社会科学规划后期资助课题"《史记》篇章连接标记研究"（11HQZY01）

■ 杭州师范大学科研启动经费项目"《史记》篇章连接标记研究"（2010QDW0012）

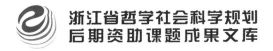

浙江省哲学社会科学规划
后期资助课题成果文库

《史记》篇章连接标记研究

SHIJI Pianzhang Lianjie Biaoji Yanjiu

凌瑜 著

中国社会科学出版社

图书在版编目(CIP)数据

《史记》篇章连接标记研究／凌瑜著.—北京：中国社会科学
出版社，2016.12

（浙江省哲学社会科学规划后期资助课题成果文库）

ISBN 978 - 7 - 5161 - 8780 - 7

Ⅰ.①史…　Ⅱ.①凌…　Ⅲ.①《史记》- 研究　Ⅳ.①K204.2

中国版本图书馆 CIP 数据核字（2016）第 196870 号

出　版　人	赵剑英
责任编辑	宫京蕾
特约编辑	李晓丽
责任校对	周　昊
责任印制	李寡寡

出　　　版	中国社会科学出版社
社　　　址	北京鼓楼西大街甲 158 号
邮　　　编	100720
网　　　址	http：//www.csspw.cn
发 行 部	010 - 84083685
门 市 部	010 - 84029450
经　　　销	新华书店及其他书店

印刷装订	北京君升印刷有限公司
版　　　次	2016 年 12 月第 1 版
印　　　次	2016 年 12 月第 1 次印刷

开　　　本	710×1000　1/16
印　　　张	16
插　　　页	2
字　　　数	263 千字
定　　　价	68.00 元

凡购买中国社会科学出版社图书，如有质量问题请与本社营销中心联系调换
电话：010 - 84083683

目　　录

第一章

绪　论

篇章连接标记将小句、句子（群）等篇章成分连接起来组成连贯的语篇，是一个以篇章连接功能为核心的语用范畴，包括连词、连接性副词、介词、固定短语等词类和结构，如汉语连词"因为"、"并且"，副词"才"、"的确"，介词"至于"，短语"回头"、"总而言之"；英语连词"but"、"however"，副词"accordingly"，短语"I mean"、"Y'know"等。《史记》是一部对中国历史、文学和思想等方面产生深远影响的鸿篇巨制，篇章逻辑严密，构思巧妙，语言生动流畅，其中篇章连接标记的运用更是灵活丰富，值得我们大力开掘与深入研究。

第一节　选题缘由

本节我们将从三个方面分析选题的缘由：①《史记》语料的研究价值；②《史记》语言的研究现状；③篇章连接标记的研究现状。

一　《史记》语料的研究价值

前辈学者一再强调专书语言研究是汉语史研究的基础。郭锡良[①]曾说过："当前最需要提倡专书的语法研究和断代的语法研究。三千多年来的汉语语法史必须建立在断代研究的基础上，而断代研究又需从专书语法研究开始。"[②] 蒋绍愚也指出："基础性的研究仍应放在重要地位，不论语

---

① 为求行文简洁，文中称引前修时贤之说，皆直书其名，不赘"先生"字样，敬请谅解。

② 郭锡良：《古汉语语法研究刍议》，《汉语史论集》（增补本），商务印书馆 2005 年版，第

音、语法、词汇,都要继续扎扎实实地做好专书和专题的研究工作。"①
近年来,在专书语法研究方面出现了专题细化、纵深研究的新趋势,涌现
出一大批重要的研究成果,如杨永龙《〈朱子语类〉完成体研究》
(2001)、唐贤清《〈朱子语类〉副词研究》(2004)、许卫东《〈高僧传〉
时间副词研究》(2008)、河南大学出版社出版的《汉语史专书语法研究
丛书》②,等等。我们认为这种针对重要典籍的某一专题而进行的描写和
解释相结合的语法研究值得肯定和提倡。

在汉语发展的过程中,以连词为主的篇章连接标记在上古和近代两个
时期大量产生③,上古汉语中的篇章连接标记以单音节词为主,西汉以
后,复音节篇章连接标记逐渐增多,汉语篇章连接标记系统的基本面貌发
生重大变化。但是,目前我们对西汉时期篇章连接标记系统的基本面貌和
特点了解较少,尚有待进一步研究。依据通行的汉语史分期④,西汉属于
上古汉语的末期,这一时期的语言在汉语发展史中起着承上启下的重要作
用。它一方面继承了先秦时期的语言,并且发展得更为完备,另一方面后
世许多语言现象的源头都可以追溯至这一时期。因此,全面了解西汉时期
篇章连接标记的基本面貌,将为进一步考察整个汉语篇章连接标记系统的
历时发展和变化奠定必要的基础。

《史记》是研究西汉时期语言的最佳语料。程湘清指出:"汉语史断
代专书研究的首要工作是确定断代,选好专书。""是否'恰当',需要具
备三个条件:第一,要看口述或撰写某部专书的作者是否属于该断代,这

---

① 蒋绍愚:《近十年近代汉语研究的回顾与前瞻》,《古汉语研究》1998 年第 4 期。

② 《汉语史专书语法研究丛书》包括《〈尚书〉语法论稿》(钱宗武)、《〈左传〉句法论
稿》(何乐士)、《〈庄子〉语法研究》(赵长才)、《〈荀子〉虚词研究》(黄珊)、《〈孟子〉词类
研究》(崔立斌)、《〈韩非子〉语法研究》(邵永梅)、《〈墨子〉语法研究》(董琨、王治平)、
《〈吕氏春秋〉句法研究》(殷国光)、《〈晏子春秋〉语法研究》(姚振武)、《敦煌变文 12 种语法
研究》(吴福祥)、《〈朱子语类集略〉语法研究》(吴福祥)、《〈祖堂集〉语法研究》(曹广顺、
梁银峰) 等书。

③ 马清华指出,连词在上古的春秋战国和近代的宋元时期,发生规模的语法化活动,成批
涌现。参看马清华《并列连词的语法化轨迹及其普遍性》,《民族语文》2003 年第 1 期。

④ 先秦、秦汉——上古汉语;西汉——上古汉语向中古汉语演变的过渡阶段;东汉魏晋南
北朝隋——中古汉语;初唐、中唐——中古汉语向近代汉语演变的过渡阶段;晚唐五代以后——
近代汉语。王云路、方一新:《中古汉语语词例释》,吉林教育出版社 1992 年版,第 8 页。本书
依照上述意见对汉语史进行分期。

需要作一番专书及其作者的辨伪工作。……第二，要看专书的语言是否接近或反映该断代的口语，这是最重要的一条标准。……第三，要看专书的篇幅大小是否具备相当的语言容量。篇幅太小，不足于对词汇、语法、语音各个要素进行描写和分析，则不宜确定为专书研究的语料。"① 《史记》符合上述三个条件：①《史记》的作者司马迁及补写者褚少孙都是西汉时期的人，成书的作者和时代比较确定；②《史记》的语言是西汉时期典范的书面语，并含有较多的口语成分。一方面，《史记》记载了西汉武帝以前的史实，涉及内容广，时间跨度大，和《尚书》、《左传》、《国语》、《战国策》等一脉相承，是先秦至西汉书面语历时发展的结晶。另一方面，虽然《史记》的一部分内容取材于前代的史书，但司马迁在写作时都用当时的语言进行了改写，张舜徽指出："司马迁的写作，是面对大众的，他想尽了方法，力求自己文字的通俗，在援用古书方面，常常经过一道翻译的手续。例如《尚书》，是最艰深而难于理解的史料了，他便将所采取的原文，一一变为汉代通行的语言文字，使人人能看懂。《尚书》的'钦若昊天'，他写作'敬顺昊天'；《尚书》的'克明俊德'，他写作'能明驯德'；《尚书》的'庶绩咸熙'，他写作'众功皆兴'；《尚书》的'载采采'，他写作'始事事'；这在当时都是比较通俗的语言。"② 另外，《史记》的语言还含有较多口语成分，如其中记载的人物对话、民谣及谚语等，这些语言口语化程度较高。因而我们可以确定《史记》的语言是西汉时期包含较多口语成分的典范的书面语；③《史记》篇幅巨大，全书 130 篇，共 526500 余字，在西汉时期各类文献中，《史记》的语料规模位居首位。西汉时期的主要语料可以分为总集、别集、史志、子书、杂著、汉简、训诂 7 大类，共计 41 部古籍。③ 在这些古籍当中，《史记》的语料规模最大，著者和成书时代都很确定，语言典范，能够代表西汉时期语言的特点。

二 《史记》语言的研究现状

我国古代很早就有了对《史记》语言的研究，但是真正的现代语言

① 程湘清：《写在前面——汉语史专书研究方法论》，《汉语史专书复音词研究》，商务印书馆 2003 年版，第 8—10 页。

② 张舜徽：《中国古代史籍举要》，云南人民出版社 2004 年版，第 72 页。

③ 参看高小方、蒋来娣《汉语史料学》，高等教育出版社 2005 年版，第 117—135 页。

学意义上的《史记》语言研究始于新中国成立以后。特别是 1959 年中华书局标点本《史记》和 1989 年李晓光、李波主编的《史记索引》的出版，极大地促进了《史记》语言研究的全面展开。前者为《史记》语言的研究提供了一个校对精良的工作底本，后者为《史记》语言的定量研究提供了相应便利。我们共收集到 1949 年至今《史记》语言研究的相关著作 6 本，单篇论文 186 篇，学位论文 45 篇。

相关著作：

《史记》语言研究著作主要有《〈史记〉单音词研究》（管锡华，2000）、《〈史记〉同义词研究》（池昌海师，2002）、《〈史记〉语法特点研究》（何乐士，2005）、《〈史记〉字频研究》（李波，2006）、《〈史记〉虚词通释》（吴庆峰，2006）、《〈史记〉动词系统研究》（刘道峰，2010）。

单篇论文：

一百多篇单篇论文大致可以归为七种主要的类型：①词语训释类（52 篇）；②同义词及反义词研究（13 篇）；③复音词及词汇构成研究（24 篇）；④单个词及其功能的研究（27 篇）；⑤结构及句式研究（26 篇）；⑥词类研究（15 篇）；⑦语言修辞研究（29 篇）。

从词汇角度，对《史记》语言进行研究主要集中在同义词、复音词及词汇构成三个方面。《史记》同义词研究的代表性文章有《〈史记〉中具礼制价值的"死"义词语的语用选择的复杂性及其原因》（池昌海师，2000）、《从〈史记〉看同义词"孰"、"谁"在上古的发展演变》（管锡华，2000a）、《从〈史记〉看上古几组同义词的发展演变》（管锡华，2000b）、《〈史记〉同义词运用的特殊修辞功能》（池昌海师，2002）等；较早论述《史记》中的复音词的文章有《从〈史记〉〈汉书〉〈论衡〉看汉代复音词的构词法》（祝敏彻，1981）、《〈史记〉中字序对换的双音词》（韩陈其，1983）等；一些文章注意到了《史记》词汇中的方言词汇，如《〈史记〉与汉代语言及关中方言》（朱正义，1993）、《〈史记〉中所见的关中方言词语》（曹强、田晓荣，2006）和《〈史记〉、〈汉书〉中西汉楚方言的探究》（王冲，2010）。

从语法角度，对《史记》语言进行研究的代表性的文章有《关于〈史记〉名词性补语的句式特点及其影响》（韩陈其，1984）、《〈史记〉饮食动词分析》（李炜，1994）、《〈世说新语〉的语言特色——〈世说新语〉与〈史记〉名词作状语比较》（何乐士，2000）、《〈史记〉副词"最"特殊句法位置试析》（宋洪民，2002）、《〈史记〉中的述补结构》（夏凤梅，2002）、《〈史记〉中助动词"可"和"可以"语法功能差异初探》（池昌海师，2004）、《〈史记〉中的时量、时点和时段》（陈海波，2004）、《〈左传〉、〈史记〉判断句比较研究》（解植永，2006）、《〈论衡〉虚词与〈史记〉虚词之比较研究》（吴庆峰，2011）等。

近年来，从汉语历时演变角度研究《史记》词汇和语法的文章逐渐增多，代表性文章有《〈史记〉的"洗足"当作"洗"》（凌瑜、秦桦林，2010）、《论汉语词汇发展中的更替现象——以〈左传〉〈史记〉用词差异为例》（唐子恒，2012）、《从〈史记〉的材料看汉语"数＋量＋名"格式的来源》（刘海平，2013）。

学位论文：

笔者所见学位论文共45篇，其中博士论文9篇，硕士论文36篇，它们分别是：①博士学位论文：陈海波《〈史记〉并列式、偏正式双音词研究》（武汉大学博士学位论文，2001）、李宗澈《〈史记〉量词研究》（复旦大学博士学位论文，2004）、汤勤《〈史记〉与〈战国策〉语言比较研究》（华中科技大学博士学位论文，2006）、高笑可《〈史记〉体词性成分陈述化现象研究》（北京大学博士学位论文，2013）等等；②硕士学位论文：赵良剑《〈史记〉比较句式研究》（四川师范大学硕士学位论文，2001）、王其和《〈史记〉同义连用研究》（山东师范大学硕士学位论文，2002）、王彤伟《〈史记〉同义常用词先秦两汉演变浅探》（陕西师范大学硕士学位论文，2004）、李贵生《〈史记〉"者"字研究》（西北师范大学硕士学位论文，2005）、周振风《〈史记〉三家注研究》（南昌大学硕士学位论文，2005）、武海亮《〈史记〉品行类单音节形容词同义关系研究》（内蒙古大学硕士学位论文，2006）、陈海生《〈史记〉副词研究》（安徽师范大学硕士学位论文，2006）、卢海《〈史记〉谓语动词的体词性后续成分》（华中科技大学硕士学位论文，2006）、朴悦嘉《〈史记〉亲属称谓研究》（延边大学硕士学位论文，2007）、杨泠《从与〈左传〉的比较看〈史记〉连词的特点》（北京师范大学硕士学位论文，2007）、徐萱春《〈史记〉中的人称代词》（浙江大学硕士学位论文，2008）等等。

综上所述，目前对《史记》的语言研究主要是从词汇、语法和修辞等传统角度进行研究，迄今尚未有学者从篇章功能角度对《史记》中的连词、连接性副词等篇章连接标记展开全面、深入的研究①，因而本书的相关研究将有助于加强这方面的研究。

三 篇章连接标记的研究现状

（一）国外篇章连接标记的研究现状

国外语言学界最先从语篇层面系统研究篇章连接标记。20 世纪 50 年代以后，随着语用学、功能语言学、认知语言学特别是话语分析的蓬勃发展，语篇中的连接成分逐渐成为语言学领域交叉研究的热点。尤其是近十年来，语篇中连接成分的研究更是在全世界范围如火如荼地展开②。由于研究的理论框架和侧重点不同，国外语言学界对语篇连接成分的命名也是多种多样，如句子连接词 sentence connective （Halliday and Hasan，1976）、语用联系语 pragmatic connectives （Stubbs，1983）、话语联系语 discourse connectives （Blakemore，1987；1992）、话语标记 discourse markers （Schiffrin，1987）、语用标记语 pragmatic markers （Fraser，1990）、语用构成语 pragmatic formatives （Fraser，1999）。目前国外关于语篇连接成分的相关研究大都围绕自然口语语料展开，所以"话语标记"（discourse markers）成为其中较为通行的术语。下面我们简要介绍五种具有代表性的话语标记研究思路。

1. 句法—语用角度的研究思路

句法—语用角度的研究，通常以脱离具体语境的单句和一个相邻对作为考察对象，主要研究话语标记的句法特征和语用功能。这一思路的代表人物是 Bruce Fraser。

Fraser 把连接两个或两个以上小句的词语叫作话语标记。他认为话语标记是从连词、副词、介词短语、状语性短语等句法类中抽取出来的，既有自身的句法特征，又在语篇中有着丰富的语用功能。话语标记的功能是用来标明或突出同一语篇中两个话语单位之间的语义关系，这两个部分可以是相邻的，也可以是分离的；可以是同一个人的话语，也可以是听话人

---

① 例如杨泠《从与〈左传〉的比较看〈史记〉连词的特点》（2007）主要是从结构主义语言学的角度对《史记》的连词进行了梳理和静态描写，考察的范围局限在句子的范围内，没有涉及连词和其他语法类型中起篇章连接作用的词或者结构在篇章信息组织过程中的语用功能。

② 参看黄大网《话语标记研究综述》，《福建外语》2001 年第 1 期。

和说话人之间的话语。他把话语标记分为四种：①对比性话语标记，如 but、however；②阐释性话语标记，如 and、above all；③推论性话语标记，如 so、accordingly；④原因性话语标记，如 because、after all。①

　　这一研究思路的不足之处在于将考察的范围局限在单句和一个相邻对内，没有扩展到更大范围研究话语标记的功能，没有考虑到话语标记与语篇连贯的关系。

　　2. 基于话语连贯、社会互动的研究思路

　　这种研究思路以话语连贯为中心，从话语分析、互动社会语言学和语用学的理论出发研究话语标记，代表人物是 Schiffrin。他撰写的 *Discourse Markers*（1987）一书被公认为是研究话语标记的经典著作。

　　Schiffrin 指出自己关注的中心是"在连贯的框架下，话语特征是怎样建构话语的"。他认为话语标记是建构话语连贯的手段之一。他采用定量分析和定性分析相结合的方法，选取英语中的几组话语标记"oh"、"well"、"and、but、or"、"so、because"、"now、then"、"Y'know、I mean"进行了细致分析。他指出"oh 是信息处理的标记"，"well 是应答的标记"，"and、but、or 是话语连接语"，"so、because 是原因和结果标记"，"now、then 是时间指示词"，"Y'know、I mean 是信息参与标记"。他认为话语标记的功能是为话语的连贯提供语境坐标。他还指出，话语标记的意义和功能在话语不同的层面上对构建话语连贯起着积极作用。每个话语标记都有一个"核心意义"，它在话语的多个层面上起作用，通常以一个功能为主，其他的为辅，如话语连接语"and"在连接两个完整的小句时，是事件结构的标记，同时又是延续说话人行为的标记。他还回答了话语标记的概念意义与话语连接之间的关系，他指出"and、but、or"并列连词的语法功能与它们的话语功能相对应，它们作为连词表示并列关系可以看作概念结构意义，这种概念意义的语用功能就是表示语篇意义，产生交互式效果。话语标记语在话语中的作用不完全等同于语法意义，其功能已超出句法意义的范畴。②

　　这一研究思路的不足之处在于：基于话语连贯、社会互动的研究思路

① Fraser, B., What are Discourse Markers, *Journal of Pragmatics*, Vol. 31, 1999, pp. 931-952.

② Schiffrin, Deborah, *Discourse Markers*, Cambridge: Cambridge University Press, 1987, pp. 24-36.

仍然只是在语言范围内进行考察，没有考虑语言使用者的心理和认知因素对话语标记产生和使用的影响。

3. 基于关联理论的研究思路

这一研究思路以 Sperber 和 Wilson 提出的关联理论（Relevance Theory）为依据，探讨话语标记在语用推理过程中的作用，并从认知角度解释话语标记存在的动因。Blakemore 是这一思路的代表人物。

Blakemore 在关联理论的框架内研究话语标记，他认为话语标记的功能超越语言本身，是听说双方试图以最小的努力寻求最佳话语关联的手段之一，只对认知关联发挥作用。他把话语标记分为三类：①加强原有语境假设的话语标记；②否定原有语境假设的话语标记；③能够产生语境隐含的话语标记。他关于"连贯"和"关联"、"非真值条件性"和"意义的程序性"的区分对我们认识话语标记的性质很有启发意义。无论是 Fraser 还是 Schiffrin 都认为话语标记是语篇单位之间的连接性成分，但是 Blakemore 认为话语标记连接的是话语产生和理解的特定语境。他在 2002 年的新书中将话语标记的界定标准从原来的"非真值条件性"修订为"意义的程序性"。①

基于关联理论的研究思路对于解释话语交际活动中话语建构和理解很有价值，但是研究的角度比较单一，基本都是从听话人的角度进行的，忽视了说话人对话语标记的选择和使用。

4. 基于系统功能语言学的研究思路

这一思路以 Halliday 和 Hasan 为代表人物。严格地说，基于系统功能语言学的研究与我们上面介绍的几种思路不同，它并没有把话语标记作为研究的核心对象。我们这里之所以单独列出，是因为 Halliday 系统功能语言学的思想对各种话语标记的研究思路影响很深，另外 Halliday 和 Hasan 在 *Cohesion in English*（1976）一书中指出"从衔接出发，特别是从衔接的连接（conjunction）手段出发，研究话语标记也不失为一种研究路子"②。

Halliday、Hasan（1976）在语言内部对语篇的谋篇机制进行研究。他

---

① Blakemore, D., *Semantic Constraints on Relerances*, Oxford：Blackwell, 1987, Blakemore, D., *Understanding Utterances*, Oxford：Blackwell, 1992; Blakemore, D., *Relevance and Linguistic Meaning*, Cambridge：Cambridge University Press, 2002, pp. 108 – 157.

② 任绍曾：《〈话语标记〉导读》，《话语标记》，世界图书出版公司 2007 年版，第 38 页。

们认为形成语篇主要有两个因素：在语篇内部是衔接，在语篇与语境之间是情景。他们指出衔接的类型有指代、替代、省略、连接和词汇衔接五种类型，其中"连接（conjunction）与其他类型的衔接（cohesion）① 有本质上的不同，它不是一种照应（anaphoric）关系，不指达前后文中的某一特定部分，而是一种间接的衔接，它通过自身的意义，表示两个语段之间的关系，从而预见篇章中后续语段的出现"②。他们认为连接主要通过语法层面上的连词、连接性副词和介词短语等词或结构表达，这些连接性的词语表达的连接关系可以归纳为四种类型：增补、转折、因果、时间。

Halliday 关于语言元功能（metafunction）的思想更是各种研究思路探讨话语标记功能的理论基石之一。他认为人类语言具有概念（ideational）、人际（interpersonal）、语篇（textual）三种元功能。概念功能（ideational function）是指语言具有对现实世界（包括内心世界）中的事物、过程和经验等进行反映的功能；人际功能（interpersonal fuction）指语言具有表示说话人的身份、地位、态度、动机、跟听话人的亲疏关系和他对事物的可能性和出现频率等的判断和估计等功能；篇章功能（textual function）指语言具有把各种语言成分组织起来形成意义的表述整体（即语篇）、并使语言表达跟语境相联系（相称、协调一致）的功能。③

Halliday 和 Hasan 对连接（conjunction）的研究与上面几种思路的话语标记研究主要有两个方面的不同：①Halliday 和 Hasan 分析连接（conjunction）时，语料范围包括口语和书面，而话语标记的研究都是建立在对自然口语的分析之上的；②Halliday 和 Hasan 由于是在语言内部阐述衔接，所以分析连接（conjunction）时基本不涉及语境和心理认知因素。

5. 话语标记的语法化研究

这一研究思路的代表人物是 Elizabeth Closs Traugott、Paul J. Hopper Laurel. J. Brinton 等。

Elizabeth Closs Traugott、Paul J. Hopper 等都是语法化研究者，他们认为话语标记的形成过程是典型的语法化过程。Paul J. Hopper 和 Elizabeth Closs Traugott（2003）在《语法化》一书中对话语标记"though"进行了

---

① 衔接（cohesion）包括指代（reference）、替代（substitution）和省略（ellipsis）。

② Halliday, M. A. K. and Hasan, R., *Cohesion in English*, London：Longman, 1976, p. 227.

③ 参看 Halliday（1994）；胡壮麟（1994）；袁毓林（2002）。

分析，论证了共时使用频率的比率不能说明语法化的发生，而是需要考察
"though"体现说话者主观性倾向，发生主观化等一系列变化，才能说明
"though"开始从单纯的连接标记演变为话语标记。Laurel J. Brinton 和 E-
lizabeth Closs Traugott（2005）在《词汇化和语言演变》一书的第五章
"个案研究"中分析了大量的短语话语标记，如 I say，you known，mind
you，as it seems，indeed 等。Laurel J. Brinton 和 Elizabeth closs traugott
（2005）认为话语标记经历了语法化的许多典型性的演变过程，特别是经
历了非范畴化的过程，更能说明话语标记的形成过程是语法化的过程，
而不是词汇化过程。无论是短语性还是非短语性话语标记的形成过程最
好视为语法化的过程。语法化研究者对话语标记的形成过程的研究，启
发了话语标记研究者从历时和共时两个平面考察话语标记，有助于揭示
话语标记在篇章表达主观性连接的获得过程，有助于发现处于语法化过
程的新兴话语标记。

　　总的来说，20 世纪 50—90 年代国外话语标记的研究主要集中在对话
语标记的界定和功能的探讨上，研究的语料也基本是自然口语。但是，也
有部分学者将话语标记研究的范围扩大到书面语语料①，如 Stubbs
（1983）认为话语分析是研究口头交际或者书面语言中小句以上的语言单
位的组织方式②，Chafe（1986）注意到一些话语标记在篇章中也具有帮助
篇章连贯和读者理解篇章的功能，他指出话语标记的一些特征在话语和篇
章中具有共性③；还有一些学者注意到话语标记在书面语中和在口语中具
有不同的特征，如 Beaman（1984）④和 Grabe（1987）⑤ 指出口语中倾向
使用并列连词和插入语，如"I mean"、"Y' know"，而副词性连接词

---

① 参看黄大网《话语标记研究综述》，《福建外语》2001 年第 1 期。

② Stubbs, M., *Discourse Analysis：The Sociolinguistic Analysis of Natural Language*, Oxford：
Blackwell, 1983, p. 35.

③ Chafe, W. L., Evidentiality in English Conversation and Academic Writing, in W. L. Chafe and
J. Nichols（eds）, *Evidentiality：The Linguistic Encoding of Epistemology*, Norwood, NJ：Ablex, 1986,
pp. 261 – 272.

④ Beaman, K., Coordination and Subordination Revisited：Syntactic Complexity in Spoken and
Written Narrative Discourse, In D. Tannen（ed.）, *Coherence in Spoken and Written Language*. Norwood,
NJ：Ablex, 1984, pp. 45 – 80.

⑤ Grabe, W., Contrastive Rhetoric and Text-type Research, in U. Connor and R. B. Kaplan（eds）,
Writing across Languages：Analysis of L2 Text, Reading, MA：Addison-Wesley, 1987, pp. 115 – 137.

"consequently"、"specifically" 一般只用在书面语中。

（二）国内篇章连接标记的研究现状

1. 从语篇和功能的角度对篇章连接标记的研究

国内最早从语篇和功能的角度对汉语语篇中的连接成分进行研究的是廖秋忠（1992）和胡壮麟（1994）。与国外注重自然口语的研究不同，国内的研究最早是从书面语入手的。

廖秋忠（1992）对现代汉语书面语中句子或大于句子的结构之间所使用的连接成分进行了描写。他依据功能和位置两个标准判断"篇章中的连接成分"，其中以功能标准为主。他指出"连接成分是用来明确表达语言片段（以下简称语段）之间在语义上的种种转承关系"。在参考 Halliday 和 Hasan（1976）、Dijk（1977）及吕叔湘（1944/1982）等的分类后，他把现代汉语书面语的连接成分分为两大类及若干小类：①时间关系连接成分；②逻辑关系连接成分。①

胡壮麟（1994）认为"语篇中的连接概念专指相邻句子（群）之间的连接关系"。他主要是依据 Halliday 和 Hasan 的理论对汉语及英语中的篇章连接成分进行分类。他指出篇章中的连接成分"按连接语义区分的范畴"可分为"添加、转折、因果和时空"四类，"按抽象逻辑语义区分的范畴"可分为"详述、延伸和增强"三类。②

继廖秋忠（1992）、胡壮麟（1994）之后，方梅（2000；2005；2008）、冉永平（2000）、黄大网（2001）、吴亚欣（2003）、高增霞（2004a；2004b）、屈承熹（2006）、董秀芳（2007）、许家金（2009）、刘丽艳（2011）、李秀明（2011）等学者从多个方面对语篇中的连接成分进行了研究。

其中方梅（2000；2005；2008）、屈承熹（2006）等从篇章语法的角度进行的研究影响较大。

方梅《自然口语中弱化连词的话语标记功能》（2000）分析了口语对话中的连词用法，观察到汉语自然口语中的弱化连词具有话语标记的功能。她指出弱化连词"在言谈中主要有两方面的功能：①话语组织功能；②言语行为功能。所谓话语组织功能体现在话题的处理功能方面，比如话

---

① 参看廖秋忠《廖秋忠文集》，北京语言学院出版社 1992 年版，第 62—90 页。

② 参看胡壮麟《篇章的衔接与连贯》，上海外语教育出版社 1994 年版，第 92—111 页。

题的前景化、话题的切换。言语行为功能是指服务于话轮处理的功能，包括话轮转接功能和话轮延续功能两个方面"①。

屈承熹《汉语篇章语法》（2006）从篇章信息后景向前景推进的角度指出"从属连词（如"因为"）以显性方式标记后景，特别是当出现违反BFP②原则的情况时更是如此"，"当小句的语序是BFP时，它可以用来表示它所在小句的后景地位，但也可不用；但是如果语序倒逆，该连词的使用是必要的"。屈承熹认为"汉语中的很多副词具有连接小句的篇章功能"，"一般而言，在任何语言中，副词和连接词两种词类都会有某种程度的重叠，而相较于英语，汉语中这两种词类重叠的程度就高出许多"。他从篇章功能的角度分析了①"就"和"才"；②"并"、"倒"和"也"；③"又"、"还"和"再"三组情态副词的篇章连接功能，十分具有启发意义。③

刘丽艳（2011）、李秀明（2011）等对现代汉语中的话语标记进行了系统性研究。

刘丽艳（2011）基本继承了Fraser、Blakemore等对话语标记的界定，具体分析了汉语话语标记的特征，认为话语标记的特征主要表现为"对口语交际信道的依赖性；意义的程序性；句法的可分离性和功能的元语用性等"④。她采录生活录音和影视节目文学作品中的对话，建立了口语语料库，通过分析"这个"、"那个"、"不是"、"你知道"、"我跟你说/讲"等话语标记，认为汉语话语标记的功能主要表现在"篇章组织"、"语境顺应"和"人际互动"三个方面。

李秀明（2011）在著作中使用了"元话语标记"这一术语，并指出"元话语标记就是指引导元话语的标记形式或者在语篇中连接或引导基本

① 方梅：《自然口语中弱化连词的话语标记功能》，《中国语文》2000年第5期。
② 屈承熹（2006）认为BFP原则（Background-to-Foreground Progression）是指无特别标记的篇章中，小句间的结合应是由后景向前景的推进过程。在叙述体中，前景表示事件或故事的进程，常按时间顺序排列，使用非状态动词（即行为动词）和完成体；后景常表示枝节内容，因而无须按照时间顺序排列，通常使用状态动词和未完成体。前景信息常和断言、不定指、未知信息及主要谓语相关；后景信息常同预设、定指、已知信息及从属结构相关。
③ 参看屈承熹著《汉语篇章语法》，潘文国等译，北京语言文化大学出版社2006年版，第185—188页。
④ 参看刘丽艳《汉语话语标记》，北京语言文化大学出版社2011年版，第1—23页。

话语语段的连接形式"。他以功能语言学理论、言语行为理论为理论基础，讨论了汉语元话语的"语篇功能"、"人际功能"。他还对法规、文艺随笔、科技语体、学术论文等不同书面语体文本中的元话语标记使用情况进行了统计分析。①

近年来，高增霞（2004a；2004b）、董秀芳（2007；2013）等从语法化的角度研究汉语篇章连接成分的历时形成过程也很引人注意。

2. 从复句角度对篇章连接标记的研究

国内学界从复句角度研究汉语篇章连接标记的成果较多，影响较大，如王维贤（1994）、邢福义（1985；2001）、徐阳春（2002）、姚双云（2008）等，其中以邢福义关于汉语复句关系词语的研究最具代表性。

邢福义（2001）指出"复句关系词语，是复句中用来联结分句标明关系的词语"，"复句关系词语没有十分明确的范围"，"大体说，有四种：第一，句间连词。第二，关联副词。第三，助词'的话'。第四，超词形式。……如'如果说、若不是、不但不、总而言之'等等"，"复句关系词语的作用应从静态和动态两个侧面去考察"，"从静态的角度看……关系词语的作用是标明复句关系"，"从动态的角度看，即从关系词语的运用过程看，对于隐性的逻辑基础来说。关系词语的作用有四种：一是显示；二是选示；三是转化；四是强化。……都是由语里到语表的动态过程"。②

3. 从连词角度对篇章连接标记的研究

在各种语法类型的篇章连接标记中，国内学界对汉语连词的研究最为深入。目前汉语连词研究主要有三个方面：①现代汉语连词研究；②汉语连词历时发展的整体性研究；③断代专书连词研究。

（1）现代汉语连词研究

对现代汉语连词进行系统研究的专著较少，周刚的《连词与相关问题》（2002）是目前研究较为深入和全面的代表性著作。该书对现代汉语连词的范围和类别进行了重新的界定和划分，分别从逻辑语言学、历史语言学和语言类型学三个方面探讨了现代汉语连词的相关问题。周刚

① 参看李秀明《汉语元话语标记研究》，中国社会科学出版社2011年版，第2—12、221—222页。

② 参看邢福义《汉语复句研究》，商务印书馆2001年版，第26—37页。

（2002）对现代汉语的连词的研究较为立体和全面，并且注意到了现代汉语中除了连词外，一些副词也有连接小句组成句子的功能，但是总体上仍是局限在句子（包括单句和复句）的内部进行考察，把连词视为静态的句法单位，忽视了它在语篇层面的语用功能。①

（2）汉语连词历时发展的整体性研究

王力《汉语语法史》（1989）、向熹《简明汉语史》（1993）对汉语连词系统的各个时期产生和发展的整体情况进行了归纳和总结。由于这两部著作主要探讨的是整个汉语史历时发展的特征和规律，因而对具体时代连词的特点缺乏细致深入的研究。

近年来随着词汇化和语法化研究的兴起，学界对连词中的某一个或某一类成员的形成和演变的规律进行研究，出现了一批相关成果。如李英哲、卢卓群《汉语连词发展过程中的若干特点》（1997），李杰群《连词"则"的起源和发展》（2001），汪维辉《"所以"完全变成连词的时代》（2002），马清华《并列连词的语法化轨迹及其普遍性》（2003a）、《关联成分的语法化方式》（2003c）。

（3）断代专书连词研究

许多古汉语专书语法研究专著都对专书中的连词系统进行了梳理和静态描写，如吴福祥《敦煌变文语法研究》（1996）、殷国光《〈吕氏春秋〉词类研究》（1997/2008）、崔立斌《〈孟子〉词类研究》（2004）、黄珊《〈荀子〉虚词研究》（2005）等。在专书连词研究成果的基础上，有关连词断代研究的专著和博士学位论文也相继出现，将研究不断推向深入，如席嘉《近代汉语连词研究》（2010）、袁雪梅《中古汉语的关联词语——以鸠摩罗什译经为考察基点》（2010）、徐朝红《中古汉译佛经连词研究——以本缘部连词为例》（湖南师范大学博士学位论文，2008）、谢洪欣《元明时期汉语连词研究》（山东大学博士学位论文，2008）等。

其中袁雪梅《中古汉语的关联词语——以鸠摩罗什译经为考察基点》（2010）是断代专书连词研究的最新成果，具有一定代表性，该书对鸠摩罗什译经中的关联词语进行了全面的研究，考察了关联词语的发展演变情况。文章首先对关联词语进行界定，指出关联词语的功能是连接词和词以上的单位，关联词语虽然以连词为主体，但不局限于某一个词类，从形式

---

① 参看周刚《连词与相关问题》，安徽教育出版社2002年版，第2、21—23页。

上看包括词、语和一些固定搭配。文章将关联词语纳入语法范畴研究，把鸠摩罗什译经中的关联词语系统分为"等立关系"和"主从关系"两大类和九个小类。我们认为袁雪梅（2010）对关联词语的界定反映了学界目前对连接词语的范围的重新认识，周刚（2002）、徐朝红（2008）等也都认为连词的范围应扩大到具有连接功能的副词等词类。袁雪梅（2010）把研究的任务定为"以篇章关联词语为中心，辐射关联词语，兼顾关联词语的篇章连接功能和语连接功能"①，但是在具体的研究中没有区分篇章连接功能和语连接功能的研究范畴的不同，而是将关联词语全部纳入语法范畴研究。我们认为，篇章连接功能宜划入篇章和语用研究的范畴，而语连接功能则属于语法研究的范畴，二者应予以区别。

综上所述，我们认为以往关于汉语篇章连接成分的研究总体上存在三个主要问题：①大多数汉语篇章连接成分的研究，特别是对古代汉语连词、关联副词等的研究，一般都是局限在小句的范围内，对它们的语法功能进行静态的描写，很少关注它们在篇章中的帮助信息连贯和实施言语行为等动态功能；②目前国内学界偏重研究现代汉语口语中的话语标记，忽视了古汉语中的篇章连接成分的研究。我们认为话语标记不是自然口语独有的现象，书面语中也有连接性的成分用于构建篇章，语篇中的连接成分应包括话语中的连接成分和篇章中的连接成分两个部分，它们既具有共性，也存在区别。对于历史语言研究来说，篇章连接成分的研究地位更加重要，由于历史语言研究的对象是历史上存在过的语言，现在已经没有口头交际形式，只有书面形式记载的语言，因此对书面材料中的篇章连接成分进行研究是唯一可行的选择；③目前从篇章层面对篇章连接标记进行的研究大多数都是举例性的个案研究，缺乏对特定共时语言平面的篇章连接标记进行全面的描写和系统的归纳、比较。这样容易忽视不同类型的篇章连接成分之间的关系及功能的异同，忽视某一个和某一类篇章连接标记在整个系统中的作用和地位。

---

① 参看袁雪梅《中古汉语的关联词语——以鸠摩罗什译经为考察基点》，人民出版社2010年版，第11页。

第二节　研究的目标、方法及语料

一　本书的研究目标

本书旨在全面描写《史记》篇章连接标记系统的基本面貌，揭示不同类型的篇章连接标记在篇章信息组织中所发挥的作用，考察《史记》篇章连接标记系统形成和发展的过程。

二　本书的研究方法

（一）结构和功能相结合

"三个平面"的理论认为，研究一种族语的语法就必须以结构和功能为中心、为纲，紧紧抓住结构和功能，才能纲举目张，构建起一个族语的科学的语法体系。① 同样，分析具体的语法事实时，结构描写和功能分析也必须紧密结合，缺一不可。以往的汉语连词研究，特别是断代专书连词研究深受传统结构主义语言学的影响，一般只注重静态描写连词的语法结构，在句子范围内讨论连词的逻辑语义关系，忽视了连词在动态的篇章信息推进过程中的语用功能。本书从语法、语义、语用三个平面对连词、连接性副词等篇章连接标记进行考察，在对篇章连接标记的语法结构和语义关系进行细致描写的基础上，揭示它们在篇章中的动态语用功能，并以篇章功能为主导划分出《史记》篇章连接标记系统的各个类别。

（二）描写和解释相结合

描写是对大量的语法现象加以归纳、分类，进行细致而恰当的描绘，从中找出规律性的特征。解释是钊对找出的语法规律作出合理的解释。描写和解释密不可分，描写必须以解释为目的，解释必须以描写为基础。本书对《史记》的篇章连接标记系统进行全面的梳理和描写，然后综合借鉴国内外各种篇章连接成分研究的相关理论和研究思路，从语言本身，作者/说话人、读者/听话人双方的意图和心理，及人类认知模式三个层面对篇章连接标记的功能进行解释。

---

① 范晓、胡裕树：《有关语法研究三个平面的几个问题》，《中国语文》1992 年第 4 期。

（三）共时和历时相结合

"一定的语言状态始终是历史因素的产物"①，共时语言面貌的描写为归纳历时语言发展的规律打下基础，反过来，对历时语言发展规律的研究又会促使我们加深对共时语言现象的理解。本书对《史记》篇章连接标记系统的共时面貌进行了重点、全面的描写和考察，同时还结合了先秦和后世的语料，特别是出土文献材料，初步总结出篇章连接标记产生和历时发展演变的特点及规律。

本书主要选取以下传世典籍，作为共时和历时比较研究的核心语料②：

上古汉语语料：①先秦：《周易》、《今文尚书》、《诗经》、《礼记》、《左传》、《论语》、《孟子》、《老子》、《管子》、《墨子》、《庄子》、《商君书》、《晏子春秋》、《荀子》、《韩非子》、《吕氏春秋》、《国语》、《战国策》、《楚辞》；②西汉：《春秋繁露》、《淮南子》、《盐铁论》、《说苑》、《法言》。

中古汉语语料：《三国志》、《后汉书》、《宋书》、《南齐书》、《魏书》、《晋书》、《梁书》、《论衡》、《搜神记》、《世说新语》、《颜氏家训》。

近代汉语语料：《全唐诗》、《敦煌变文校注》、《祖堂集》、《近代汉语语法资料汇编》、《韩昌黎文集》、《资治通鉴》、《朱子语类》、《临川先生文集》、《元刊杂剧三十种》、《水浒传》、《三国演义》、《西游记》、"三言二拍"、《三宝太监西洋记通俗演义》、《儒林外史》、《红楼梦》、《镜花缘》、《老残游记》、《官场现形记》。

20 世纪以来，大量文献材料发掘出土，这些出土文献材料对研究古汉语的本来面貌具有重要的意义。裘锡圭先生指出："地下发现的古文字材料，年代绝大部分比较明确。除去传抄的古书以外，它们所记录的通常就是当时的语言"，"就是传抄的古书，通常也比传世的本子近真"③。我们选取了战国至秦汉重要的出土文献材料，与传世本《史记》进行共时和历时比较研究。

---

① ［瑞士］菲迪南德·德·索绪尔：《普通语言学教程》，高名凯译，商务印书馆 1980 年版，第 108 页。

② 同时参照利用几种电子语料库（如《中国基本古籍库》、《四库全书》、《四部丛刊》、《大正藏》等数据库），考察《史记》中篇章连接标记历时发展的情况。

③ 参看裘锡圭《谈谈古文字资料对古汉语研究的重要性》，《中国语文》1979 年第 6 期。

出土战国文献：（1）金文：《殷周金文集成》（第 1—18 册，中华书局 1984—1994 年版）；（2）简牍文字：①楚简：五里牌楚简、仰天湖楚简、杨家湾楚简、信阳楚简、望山楚简、曾侯乙墓竹简、九店楚简、包山楚简、郭店楚简、上博楚简、新蔡楚简。②秦简：睡虎地秦简、睡虎地秦牍、青川秦牍、放马滩秦简、岳山秦牍、龙岗秦简、周家台秦简；（3）子弹库楚帛书。

出土汉代文献：张家山汉简、武威汉简、银雀山汉简、尹湾汉简、居延汉简、居延新简、敦煌汉简、定县汉简、阜阳汉简、悬泉汉简、额济纳汉简、孔家坡汉简、东牌楼汉简、长沙马王堆简帛。

出土《史记》文献：敦煌文献中的《史记》抄本残卷有两件：①法国国家图书馆藏伯 2627 号敦煌《燕召公世家》、《管蔡世家》、《伯夷列传》残卷。②俄敦 02670 号敦煌《李斯列传》。

（四）定性分析和定量分析相结合

定性分析和定量分析相结合是进行科学研究的基本方法。定性分析是对研究对象的性质、特征、功能等进行界定和归纳。定量研究则是调查统计语言现象出现的频率、所占比例等数据来说明问题。本书对《史记》中的篇章连接标记的使用频率、所占比例，新生篇章连接标记的数量等情况进行了详细的调查和统计，然后结合调查统计的结果，对不同类型的篇章连接标记在整个系统中所占地位和作用进行了分析和考察。另外，本书还通过定量的统计分析相同功能篇章连接标记在历时发展过程中相互竞争和淘汰的情况。

三　选用的《史记》版本

司马迁完成《史记》的撰写后，"藏之名山，副在京师，俟后世圣人君子"。自西汉至唐代，《史记》都是以写本的形式流传，在传抄的过程中，文字不免发生讹脱衍倒，内容发生窜乱增改，形成了许多独立的版本。目前现存的《史记》出土写本主要有：法国国家图书馆藏伯 2627 号敦煌《燕召公世家》、《管蔡世家》、《伯夷列传》残卷；俄敦 02670 号敦煌《李斯列传》。《史记》的传世古写本大多保存在日本，这些日藏唐抄本基本属于《史记集解》系统，包括石山寺藏《张丞相列传》、《郦生陆贾列传》残卷；东京国立博物馆藏《河渠书》残卷；东洋文库藏《夏本纪》、《秦本纪》残卷；高山寺藏《殷本纪》；日本毛利博物馆藏《吕后本纪》抄本；日本东北大学图书馆藏《孝文本纪》抄本；大东急纪念文库藏《孝景本纪》抄本等。

到了宋代，随着雕版印刷术的发展普及，《史记》出现了刻本，版本体系由纷繁杂乱逐渐走向稳固定型。目前所见最早的刊本是北宋景祐本《史记集解》（现藏台北傅斯年图书馆）。旧时通行的版本有以下几种：南宋黄善夫刻本（收入商务印书馆影印《百衲本二十四史》），明嘉靖、万历间南北监刻的《二十一史》本，毛氏汲古阁刻的《十七史》本，清乾隆四年武英殿二十四史附考证本等。其后清朝同治年间，金陵书局刊行《史记集解索隐正义合刻本》130卷本，此本系张文虎依据钱泰吉校本和各种旧刻古本、时本加以考订，择善而从，是清朝后期较好的本子。近50年来，最通行的版本是1959年出版的中华书局标点本①。这个本子以金陵书局本作为底本，经由顾颉刚领衔标点分段，点校整理。2005年，中华书局启动了"二十四史"及《清史稿》的修订工作。2013年10月，中华书局出版了由赵生群领衔主持的《史记》点校修订本。该本在原标点本的基础上，对全书的标点作了梳理甄别，统一了体例，修正了失误；并对原标点本中的校改之处，重新覆核，"已经厘正者从之，存疑者慎重斟酌，错误者予以纠正"。总体而言，此本是目前公认最好、最新的《史记》三家注版本，因而本书选用了2013年中华书局修订版作为工作底本。

---

① 自1959年后，中华书局标点本《史记》多次重印，并在吸取学者们意见的基础上对部分断句进行了修改。

第二章

篇章连接标记的界定和分类

第一节　"篇章连接标记"的界定

一　"篇章连接标记"的定义

我们在继承国内外学者研究成果的基础上，对篇章中的连接成分进行重新命名和定义。我们把篇章连接成分叫作"篇章连接标记"，它是一个以篇章连接功能为核心的语用功能范畴，具有显现和构建篇章连贯的作用。"篇章"（text）是语言的表达单位，以书面形式存在，包括书面语和书面材料记录的口语。我们在继承和修正 Halliday 和 Hasan（1976）关于"连接"（conjunction）的定义的基础上，把"连接"重新界定为"篇章中的词语或结构，能够显现或构建两个语段（包括有编码形式的语段和没有编码形式的语段）之间的连接关系"。篇章连接成分在语法层次上有具体的表现形式，是一个半封闭的类，包括连词、连接性的副词、介词及固定短语等，由于它们不是一个单一的词类或结构，而是一个语用功能范畴，所以我们称之为"标记"。

二　"篇章连接标记"的范围

从认知的角度看，所有的范畴都是模糊范畴（fuzzy categories），同一范畴的成员具有家族相似性，即范畴成员之间总是享有某些共同的特性，没有一组特性是所有成员所共有的，典型成员比非典型成员享有的共同特性更多，它们构成一个连续体，范畴的边界不明确，在边缘上与其他范畴相互交叉。① 篇章连接标记系统就是一个模糊范畴，因而我们无法抽取二分性的判断标准进行界定，只能根据篇章连接标记共享的核心特性来判定《史记》篇章连接标记的范围：

核心特性 1：具有连接篇章结构单位的功能。"篇章"是语言的交际单位，它由"小句→句子（单句、复句）→句群→篇章"四级表达单位逐级连接构成。连接篇章结构单位的方式有两种：一种是意合方式，仅依靠上下文的内容和语境关联；另一种是形合方式，有显性的篇章连接标记勾连两个篇章结构单位。篇章连接标记的基本功能就是将低一级的两个篇章结构单位连接成高一级的篇章结构单位。篇章连接标记连接的方向可以是后向连接，也可以是前向连接；它们连接的两个篇章结构单位的位置可以是相邻的，也可以是相隔的。连词是篇章连接标记系统中的重要成员，但并非所有的连词都是篇章连接标记，在句子中连接句子成分的连词不属于篇章连接标记的范畴，如并列连词"与"等。

核心特性 2：依靠程序意义实现连接功能，不一定具有概念意义。篇章连接标记以连词、介词等虚词为主，通过程序意义在元语言层面实现连接，本身基本不包含真值性的概念意义，副词性的篇章连接标记虽然包含模糊的概念意义，对句子或句子成分具有修饰功能，但是仍是依靠程序意义起篇章连接作用。廖秋忠（1992）、胡壮麟（1994）把部分时间名词也列入篇章连接标记的范围，我们认为，时间名词只具有概念意义，不具有程序意义，它们的概念意义具有真值性，表示事件或行为发生的时间或顺序具有一定的相关连续关系，上下文篇章结构单位间实际上是一种意合形式的连贯，因而不宜列入篇章连接标记的范围。

核心特性 3：具有预示篇章逻辑语义关系或篇章结构功能关系的功能。篇章连接标记在篇章结构单位 A 中出现后，预示前后一定有篇章结构单位 B 与之构成一定的逻辑语义关系或构成一定的表述功能关系，B 可以是显性的，也可以是能依靠语用推理得出的隐性的篇章结构单位。如果缺乏相连的篇章结构单位 B，或不能通过语用推理得出相应的隐性篇章连接标记 B，那么整个篇章就不连贯，不能实现交际功能。

依据上述三个核心特性，我们对《史记》语料进行了穷尽性的统计和调查，确定《史记》中的篇章连接标记共计 135 个。

---

① 赵艳芳：《认知语言学概论》，上海外语教育出版社 2001 年版，第 57—58 页。

第二节　《史记》篇章连接标记的分类

国内从篇章功能的角度，对篇章连接标记进行分类还刚刚起步，如上文提到的廖秋忠（1992）、胡壮麟（1994）的分类意见。前人主要在语法范畴中，从结构和意义的角度讨论连词的分类，分歧较多，结论各异，总体说来有以下三种类型。

1. 按意义标准分类

马建忠《马氏文通》（1898/1983）是依据意义区分词类的代表，把"用于提承推转字句"的虚词称为"连字"，根据它们在句中的意义，将之分为提起连字、承接连字、连掇连字、推展或推掇连字四类。①

黎锦熙《新著国语文法》（1924/1992）将复句间的语义关系和连词分类相对应，依据意义标准，把连词分为平列连词、选择连词、承接连词、转折连词、时间连词、原因连词、假设连词、范围连词、让步连词、比较连词10种。②此后黎锦熙、刘世儒（1959）在《汉语语法教材》（第三编）中进行了修改，首先把连词分为等立连词和主从连词两大类，再在等立连词下面分出并列、进层、选择、承接等小类，在主从连词下面分出因果、假设、条件、让步等小类。③

"暂拟汉语语法教学系统"首先把连词分为联合关系连词和偏正关系连词两个大类，然后从联合关系连词中分出并列关系连词、递进关系连词、选择关系连词等小类，从偏正关系连词中分出转折关系连词、假设关系连词、条件关系连词等小类。④

2. 按形式标准分类

吕叔湘（1980）把连词分为三类：①可以合用也可以单用的；②可以合用也可以单用后一个的；③一般要合用的。⑤

朱德熙（1982）依据连词在复句中出现的位置，把连词分为"只能

---

① 参看马建忠《马氏文通》，商务印书馆1983年版，第5、277页。

② 参看黎锦熙《新著国语文法》，商务印书馆1992年版，第7、198页。

③ 参看黎锦熙、刘世儒《汉语语法教材》（第三编），商务印书馆1959年版，第10页。

④ 参看张志公主编《语法和语法教学》，人民教育出版社1956年版，第23—24页。

⑤ 参看吕叔湘主编《现代汉语八百词》（增订本），商务印书馆1999年版，第28页。

出现在前一分个句里"和"只能出现在后一个分句里"两类。①

史有为（1986）按形式标准对连词进行了较为细致的分类，他根据连词的位置和相连成分的性质对连词进行分类，首先根据连词在被连两部分中的哪一部分为标准，把连词分为"前段连词"、"后段连词"和"前后段连词"三类。接着根据连词在该被连一方中的位置分布，把连词分为"主语前连词"、"主语后连词"、"主语前后连词"、"并列词语前连词"、"并列词语后连词"五种。然后根据连词相连成分的性质再分为主语相同、主语不同、体词前和谓词前等若干下位类型。②

3. 按形式和意义相结合的标准分类

《中学教学语法系统提要（试用）》首先根据所连接单位的性质，把连词分为主要连接词或短语和主要连接分句或句子的两类，然后再根据连词所表示的关系意义，把连词分为表示并列、选择、递进、转折、因果、条件、假设七种。③ 后杨伯峻、何乐士（1992/2001）基本沿袭了这种思路对古汉语连词进行分类。④

陆俭明（1985）首先根据意义把连词分为表示联合关系和表示主从关系的两大类，然后从表示主从关系的连词中分出让步转折关系、假设让步转折关系、假设结果关系、条件结果关系、推论结果关系、因果关系、目的关系七类。接着根据连词和所连的成分在句中的位置，将连词分为前置连词和后置连词两类。⑤

胡裕树（1995）根据连词所连接的成分的性质和表示的关系意义，把连词分为四类：连接词或词组表示联合关系的、连接词或词组表示偏正关系的、连接分句表示联合关系的、连接分句表示偏正关系的。⑥

张宝林（1996）首先根据表示的关系意义的不同，把连词分为联合

---

① 参看朱德熙《语法讲义》，商务印书馆1982年版，第217页。

② 参看史有为《汉语连词的功能、界限和位置》，《中央民族学院学报》（语言文字学增刊第3辑），1986年；又收入《呼唤柔性——汉语语法探异》，海南出版社1992年版，第67页。

③ 参看田小琳等《〈中学教学语法系统提要（试用）〉问答》，《语文教学通讯》1984年第4期。

④ 参看杨伯峻、何乐士《古汉语语法及其发展》（修订本），语文出版社2001年版，第453页。

⑤ 参看陆俭明《现代汉语虚词散论》，北京大学出版社1985年版，第212—218页。

⑥ 参看胡裕树《现代汉语》（重订本），上海教育出版社1995年版，第304—305页。

连词和偏正连词两个大类，联合连词中分出表示并列、承接、递进、选择等关系的连词，偏正连词中分出表示因果、转折、条件、假设、让步、目的等关系的连词。然后根据连接的语言单位的不同，把连词分为连接词语短语的和连接分句与句子的两个大类。连接分句和句子的又分为两个小类：①只能连接分句的；②既可以连接分句，又可以连接句子，还可以连接段落的。①

周刚（2002）依据形式和意义相结合的原则，分别从语义关系和句法功能两个方面对连词加以分类。根据连接成分之间的语义关系，他把连词首先分成表示联合关系和表示偏正关系两类；再把表示联合关系的连词分成四小类：并列连词、连贯连词、递进连词、选择连词；把表示偏正关系的连词分为五种：原因目的连词、转折连词、假设条件连词、让步连词、取舍连词。根据连词的句法功能，从连词的位置、所连接成分的性质以及连词本身单、双用等方面对连词进行了层层二分的细致分类。②

本书认为，篇章连接标记是一个以篇章连接功能为核心的语用范畴，应依据篇章功能标准进行分类。篇章结构单位间的连接关系有"逻辑语义关系"和"功能结构关系"两种类型，所以我们首先把《史记》中的篇章连接标记分为"篇章逻辑连接标记"和"篇章功能连接标记"两个大类。然后依据显示或构建句间的逻辑语义关系的类型，在篇章逻辑连接标记下分出"并列关系标记"、"顺承关系标记"、"递进关系标记"、"选择关系标记"、"因果关系标记"、"转折关系标记"、"假设关系标记"和"让步关系标记"八个小类；依据篇章结构单位间构成的表述职能关系的类型，在篇章功能连接标记下分出"话题转换标记"和"总结推论标记"两个小类。

第三节　相关术语的界定

由于篇章分析中的许多术语都没有统一的定义，因而本书对用于分析的主要术语进行简单的回顾和界定。

---

① 参看张宝林《连词再分类》，《词类问题考察》，北京语言学院出版社 1996 年版，第 436—437 页。

② 参看周刚《连词与相关问题》，第 32—33 页。

一　"篇章"

廖秋忠（1992）"将'篇章'定义为一次交际过程中使用的完整的语言体。在一般情况下，篇章大于一个句子的长度，涉及说话人/作者和（潜在的）听话人/读者。篇章既包括对话，也包括独白，既包括书面语，也包括口语"。① 胡壮麟（1994）认为"语篇指任何不完全受句子语法约束的在一定语境下表示完整语义的自然语言"，"语篇是广义的，既包括'话语'（discourse），也包括'篇章'（text）"。② 郑贵友（2002）认为"篇章（text）是一段有意义、传达一个完整信息、前后衔接、语义连贯具有一定交际目的和功能的言语作品，包括书面语和口语的书面材料"③。我们在参考上述定义的基础上，把"篇章"定义为表达了相对完整信息的语言交际单位，以书面语言的形式存在，包括书面语和书面材料中记录的口语。

二　篇章的结构单位

中国古代传统的文章学很早就有关于篇章结构的论述，如王充《论衡·正说》："文字有意以立句，句有数以连章，章有体以成篇，篇则章句之大者也。"（1129）刘勰《文心雕龙·章句》："夫人之立言，因字而生句，积句而成章，积章而成篇。"（1250）不过传统文章学的研究目标是怎样写好文章，侧重从宏观角度划分篇章的结构。

目前学界对篇章结构单位的划分主要有以下一些意见：黄国文（1988）将篇章结构划分为"句子（单句、复句）、句组和语篇"，并指出"段落是从篇章结构的角度划分出来的文章组成部分，而句组则是交际的单位"，"在交际中，人们总是以语篇为交际单位"。④ 黄伯荣、廖序东（2003）认为篇章的结构单位可以从语言学和文章学两个范畴进行划分，其中"句群是语言运用单位，属语言学的范畴"，"段落"是"文章结构单位，属文章学范畴"⑤。徐赳赳（2003）认为篇章的结构在形式上有一

---

① 廖秋忠：《廖秋忠文集》，第 182 页。

② 参看胡壮麟《语篇的衔接与连贯》，第 1 页。

③ 郑贵友：《汉语篇章语言学》，外文出版社 2002 年版，第 16 页。

④ 参看黄国文《语篇分析概要》，湖南教育出版社 1988 年版，第 19 页。

⑤ 参看黄伯荣、廖序东《现代汉语》（增订三版），高等教育出版社 2003 年版，第 187 页。

定的层次，存在"小句→复句→段落→次篇章→篇章"的典型排列次序。①

从上述具有代表性的意见，我们不难看出学界对篇章结构单位的划分既有一定共识，也存在许多分歧。共识体现在：学界一般公认"篇章"的性质是语言的交际单位，应与传统文章学的范畴区别开来。分歧体现在：①"小句"和"单句"谁是篇章的最低一级结构单位。近年来，受到系统功能语言学的影响，学界逐渐认识到小句在语篇中居于核心地位，小句是比句子（单句、复句）更低一级的语言交际单位；②"段落"和"句群"（句组）②谁是"篇章"的结构单位。我们赞同黄国文（1988）以及黄伯荣、廖序东（2003）的意见，把"段落"看成文章学的范畴，把"句群"看成"篇章"中的结构单位。

我们主张把篇章的结构划分为从低到高的四级单位：小句→句子（单句、复句）→句群→篇章。其中小句是篇章最低一级的结构单位，篇章是最高一级的结构单位。这四级篇章结构单位与篇章的性质一致，都是表达信息的语言交际单位，不是静态的书写单位。

1. 小句

在篇章的结构单位中，小句（clause）居于最低层次，它们是表达最小完整信息的篇章结构单位，是构成篇章的微观信息单元（proposition），通常只实现为一套述谓结构。③汉语的小句可以独立成单句，也可以和别的小句组合构成复句。小句在篇章中的地位十分重要，Halliday（1985）以小句为中心研究功能语法，国内邢福义（1995）提出"小句中枢说"也获得了广泛的认同。小句是篇章中能够自由表达的最小单位，"是最小的具有表述性和独立性的语法单位"④。依据在传递信息过程中起到的作用不同，小句的内部还可以切分为主位和述位两个部分，主位是说话的起点，述位是围绕主位所说的内容。一般情况下，主位传递的是已知信息，述位传递的是旧信息，主位和述位一起构成小句，它们是传达信息的最小

---

①　参看徐赳赳《现代汉语篇章回指研究》，中国社会科学出版社2003年版，第40页。

②　"句群"和"句组"的定义基本相同，但前者使用更为普遍，所以我们采用"句群"这一术语。

③　参看郑贵友《汉语篇章语言学》，第206页。

④　参看邢福义《小句中枢说》，《中国语文》1995年第6期；又载邢福义《语法问题追踪集》，中国社会科学出版社2008年版，第20页。

单位，但不是完整的信息，不能够独立使用，不是篇章结构单位。屈承熹（2006）"给小句下的定义是包含至少一个谓语，这个谓语可以是不同的形式"①，我们同意这一观点，并在具体的划分中遵循以下两个操作标准：①小句至少包含一个谓语；②小句的内部只有一个层次的主谓结合关系。

2. 句子

句子是篇章结构中的基本表达单位，包括单句和复句。单句由一个小句构成，只包含一套主谓结构。单句可以没有主语，必须要有谓语，谓语可以由动词短语、形容词短语、名词短语等充当。复句是由多个小句构成的信息交际单位，它能够和单句、句群一起构成篇章。依据组成复句的小句是否具有相同的话题，复句可以分为单话题复句和多话题复句。

从具体操作的层面上看，单句和复句的界限模糊，存在纠葛。目前划分单句和复句主要依据的是书面材料中的标点符号系统，一般遵从"点号标句"的原则，但是作者在书写的过程中，标点符号的使用有一定的主观随意性。邢福义（2001）也指出"不能任何时候都凭标句点号来认定句子。有的人不会用标点，一大段话后边才用一个句号；有的人写作有意不用标点，老长老长一段话后边才打一个句号"②。另外中国古代书面材料中的标点符号系统不发达，像《史记》这样的历史语言材料，尚缺乏精密的标点符号系统作为划分单句和复句的依据。因而我们在划分《史记》篇章中的单句和复句时，以表达信息的交际功能为主要标准，同时参考2013年中华书局修订版《史记》的标点进行划分。

3. 句群

句群由具有相同篇章次话题的一系列单句或复句构成，是介于句子和篇章之间的一级篇章结构单位。

三　其他相关术语

1. 话题

"话题"（topic）这一术语最早由 Hockett（1958）③ 提出，它和"评述"（comment）相对，是"被谈论的对象"（what is being talked about），

---

① 参看屈承熹《汉语篇章语法》，潘文国等译，第 271 页。

② 参看邢福义《汉语复句研究》，第 544—545 页。

③ Hockett, Charles, *A Course in Modern Linguistic*, New York：Macmillan，1958.

而评述是"针对话题所谈论的内容"（what is said about the topic）①。Li 和 Thompson（1976）把汉语归入话题优先型的语言②。话题是一个篇章概念，"是一个跨越不同层面的概念。可以仅仅针对单个语句，也可以覆盖一段语篇。前者是句内话题，后者是语篇话题"③。一个篇章有一个大主题，篇章的各个部分又有跟大主题相连的小主题。④ 篇章中的话题有层次性，我们把篇章的话题分为：篇章话题、篇章次话题、句内话题。

2. 篇章的多重语境

依据动态语用学的理论⑤，我们将篇章的形成看成一个动态的过程，会发现《史记》中存在两类话语角色（discourse role）：一种是作者（author），主要指司马迁，也包括褚少孙等补写者；另一种是作者描写的对象，我们称之为人物（character），如项羽、刘邦、吕后，等等。这两类话语角色构成了《史记》篇章的三类语境：①人物话语语境；②作者叙事语境；③作者评论语境。

四　本书的符号

S——通称各级篇章结构单位
p——前启篇章结构单位
q——后续篇章结构单位

---

① 参看方梅《篇章语法与汉语篇章语法研究》，《中国社会科学》2005 年第 6 期。

② Li, Charles. and Sandra Thompson, Subject and topic：a new typology. In Charles Li（ed.），*Subject and topic*, New York：Academic Press, 1976, pp. 457 – 489.

③ 参看方梅《篇章语法与汉语篇章语法研究》，《中国社会科学》2005 年第 6 期。

④ 参看姜望琪《从句子语法到篇章语法》，《中国外语》2007 年第 5 期。

⑤ 参看何兆熊《新编语用学概要》，上海外语教育出版社 2000 年版，第 329—331 页。

第三章

《史记》篇章逻辑连接标记（上）

第一节　并列关系标记

Halliday 和 Hasan（1976）指出："复句既可以是平行的，也可以是主从的。在一个平行结构的复句中小句有相同的地位，相关的平行关系为并列关系，即 and 和 or。"[1] 廖秋忠（1992）认为"并列连接成分连接两件重要性相当的事件"[2]。并列关系标记的主要功能是在篇章中连接小句构成并列复句。并列复句中多个分句表达相关的事件或一个事件的多个方面，分句间"无任何特殊关系可寻，如时间、因果、比较、转折之类，而又不能说是渺不相关"[3]，分句的顺序可以颠倒且基本语义不变。《史记》中并列关系标记共计 6 个，包括连词"而$_1$、及、既$_1$、且$_1$"，副词"又$_1$、亦$_1$"。Halliday 和 Hasan（1976）定义的并列关系较广泛，包含了"并列"和"选择"两种平行关系。廖秋忠（1992）的定义强调了"并列"的共同点是连接的两件事件重要性要对等、相当。实际上，并列关系标记表达的逻辑语义关系存在差异，据此，我们把《史记》中的并列关系标记分为两类：①并存并列标记；②列举并列标记。

一　并存并列标记[4]

并存并列标记连接的小句表达几个事件同时发生或几种事物同时存

---

①　Halliday，M. A. K. and Hasan，R.，*Cohesion in English*，London：Longman，1976，p. 222.

②　参看廖秋忠《廖秋忠文集》，北京语言文化学院出版社 1992 年版，第 70 页。

③　参看吕叔湘《中国文法要略》，商务印书馆 1982 年版，第 325 页。

④　参看凌瑜《从篇章功能看古汉语同类型关联标记的区别——以〈史记〉并存并列关联标记为例》，《南华大学学报》（社会科学版）2016 年第 5 期。

在。《史记》中并存并列标记包括连词"既₁、且₁",副词"又₁、亦₁"。

（一）【既₁】【且₁】

【既₁】（6）①

1. 语形特点

"既₁"是一个居前的前启句连接标记,它一般和副词"又₁"构成"既₁p,又₁q"的固定格式。

（1）且夫牧民而导之善者,吏也。其**既**不能导,**又**以不正之法罪之,是反害于民为暴者也。（《孝文本纪》,525）②③

"既₁p,又₁q"中,前后小句一般具有相同主语,"既₁"位于共同主语的后面,后续句的主语一般承前省略。

（2）群儒**既**以不能辩明封禅事,**又**牵拘于诗书古文而不敢骋。（《孝武本纪》,594）

2. 语义和语用特点

"既₁"既可以连接一层复句,也可以连接多层复句。连接多层复句时,分句 p 可由多个小句充当,形成 $[\,p\,[\,s_1 + s_2 \cdots + s_n\,]_{并列/因果} + q\,]_{并列}$ 的逻辑语义嵌套关系。

（3）君子**既**得其养,//₍并列₎**又**好其辨也。……/₍因果₎于是上绌偃、霸,尽罢诸儒弗用。（《孝武本纪》,594）

（4）**既**臣大夏而居,////₍并列₎地肥饶,////₍并列₎少寇,///₍因果₎志安乐,//₍并列₎**又**自以远汉,/₍因果₎殊无报胡之心。（《大宛列传》,3807）

---

① 括号内数字指该篇章连接标记在《史记》中出现的频次,下文皆同,不赘述。

② 为行文简洁,本书凡引用《史记》的书证皆仅注明篇名,不赘书名。引用《史记》及其他传世文献皆标出引书页码,下同。

③ 除对文意有影响的字形外,全文引例一般用通行文字写出。难于楷定的字形用图片表示。如需使用异体字、假借字,随文注出通行文字并写在（ ）号内。引用出土文献笔画不清或已残去的字,用□号表示,一个□对应一个字。竹简残断,用▨号表示。

（5）赵王**既**怒廉颇军多失亡，////$_{并列}$军数败，///$_{并列}$又反坚壁不敢战，//$_{并列}$**而又**闻秦反间之言，/$_{因果}$**因**使赵括代廉颇将以击秦。（《白起王翦列传》，2820）

《史记》中"既$_1$p，又$_1$q"既可以用于叙事语篇如例（2）、（3）、（4）、（5），也可以用于议论性语篇如例（1）。方梅（2005）指出叙事语篇中的信息可分为前景信息和背景信息两种，前景信息是"用来直接描述事件的进展，回答'发生了什么？'这样的问题"，背景信息是"围绕事件的主干进行铺排、衬托或评价，传达非连续的信息（如：事件的场景，相关因素等）"，"用来回答'为什么'或'怎么样'发生等问题"。[1]《史记》并存并列标记"既$_1$"用于叙事语篇时，"既$_1$p，又$_1$q"在信息推进的过程中为后续语段 S 提供背景信息，它往往和后续语段 S 构成因果关系"［既$_1$p，又$_1$q］$_{因}$＋S$_{果}$"，如例（5）p 和 q 是导致主干事件 S "赵括代廉颇将以击秦"出现的原因性背景信息，后文篇章次话题从叙述"廉颇击秦"转入"赵括击秦"。《史记》中"既$_1$"用于议论语篇的语例只有例（1）一例，例（1）中"既$_1$"的用法与叙事语篇类似，连接的前后语段构成"［既$_1$p，又$_1$q］$_{因}$＋S$_{果}$"的语义关系，例（1）中 p "不能导"和 q "以不正之法罪之"是 S "是反害于民为暴者也"的原因。

3. 并存并列标记"既$_1$"在先秦时期就已经产生，如《郭店楚简·六德》"既生畜之，或（又）从而孝诲之"。（20、13）[2]《左传·哀公十四年》："既不能事君，又得罪于民。"（2174 上）先秦时期，"既$_1$"一般构成"既$_1$……，S……"的固定格式使用。在这一时期，固定格式"既$_1$……，S……"的形式还没有固定，既可以连用构成"既$_1$……既$_1$……"，也可以跟"且/或（又）/亦"构成固定格式。例如，

（6）百事**既**成，民心**既**宁。（《睡虎地秦简·为吏之道》，38、39）

（7）**既**皆告，**且**祷也。（《新蔡楚简》，甲三：138）

（8）**既**为金桎，**又**为酒池谈（厚）乐于酒。（《上博楚简三·容

---

① 参看方梅《篇章语法与汉语篇章语法研究》，《中国社会科学》2005 年第 6 期。

② 本书引用简帛文献皆标出简号或行号，下同。

成氏》, 45)

（9）民之**既**教，上**亦**毋骄。（《睡虎地秦简·为吏之道》, 24、25）

汉代，"既1……，S……"的形式逐渐固定为"既1……，又……"例如，

（10）**既**道甲数到壬九日，置九，**又**增。（《张家山汉简·算术书》, 132）

在汉代，使用"既1……，且……"结构的句子大多是引用先秦的典籍。

（11）夫唯大雅"**既**明**且**哲，能保其身"，难矣哉。（《汉书·司马迁传》, 2738）

"既……，亦……"结构中"既"都是表示"已经"的时间副词，或者是表因果的连词。

（12）长男**既**行，**亦**自私赍数百金。（《越王勾践世家》, 2103）

（13）非兰本美也，愿子详其所湛，**既**得所湛，**亦**求所湛。（《说苑·杂言》, 431）

在《史记》和西汉时期其他文献中，"既1"常与后续语段 S 构成"［既1p，又1q］因 + S果"的篇章关系，如《春秋繁露·保位权》："既有所劝，//并列又有所畏，/因果然后可得而制。"（173）在先秦时期，"既1"的这种用法已出现，如《左传·隐公十一年》："政以治民，刑以正邪，既无德政，//并列又无威刑，/因果是以及邪。"（1736 下）东汉时期，"既1"继承了西汉时期的用法，如《汉书·王莽传》："申屠建既斩王宪，//并列又扬言三辅黠共杀其主，/因果吏民惶恐，属县屯聚，建等不能下，驰白更始。"（4193）《论衡·吉验》："夫人身长七尺，带约其要，钩挂于带，在身所掩，不过一寸之内，既微小难中，//并列又滑泽钻靡，/因果锋刃中钩

者，莫不蹉跌。"（90）

"既"甲骨文字形为""，金文字形为""，楚简字形为""。"既$_1$"由表已然的时间副词"既"语法化（grammaticalization）而来。在上古汉语中"既$_1$"还没有完成语法化的过程，在语法化保持原则的制约下，时间副词"既"的部分特点滞留下来，对"既$_1$"的用法施加了一定的限制：①语义上，"既$_1$"部分保留了表已然的语义，以连接表达已然事件的小句为主，如例（2）、（3）、（4）、（5）中"既$_1$"都是连接已然的事件，只有例（1）是用于连接未然的假设事件；②语法上，受到时间副词"既"位于主语后修饰谓语的句法位置的影响，"既$_1$"一般位于主语的后面。"既$_1$……，又$_1$……"的固定格式一直沿用至今，是现代汉语中具有代表性的并列关系标记之一。

【且$_1$】（15）

1. 并存并列标记"且$_1$"可以单用（共计3例，占20%）；但一般构成"且$_1$p，且$_1$q"的固定格式（共计12例，占80%）。（且$_1$）p，且$_1$q中，p和q的主语常常相同，并且多承前省略。

（1）初，赵盾在时，梦见叔带持要而哭，甚悲；已而笑，拊手**且**歌。（《赵世家》，2139）

（2）（陵军）**且**引**且**战，连斗八日，还未到居延百余里，匈奴遮狭绝道，陵食乏而救兵不到，虏急击招降陵。（《李将军列传》，3457、3458）

2. 并存并列标记"且$_1$"和"既$_1$"的连接功能有区别：①语形上，"（且$_1$）p，且$_1$q"中p和q的语法结构相同或相近，而"既$_1$p，又$_1$q"中p和q的语法结构没有表现出这种倾向；②语义上，"且$_1$"的连接辖域比"既$_1$"窄，只能连接一层复句，而"既$_1$"还可以连接多层复句，"且$_1$"只标示两种性质或动作行为的并存，"既$_1$"还可以标示两个以上的事件的并存关系；③语用上，"且$_1$"只出现在叙事性语篇中，"（且$_1$）p，且$_1$q"表达的是事件进行的主干内容，属于篇章信息推进过程中的前景信息，而"既$_1$p，又$_1$q"既可以用于叙事性语篇，又可以用于议论性语篇，以表达背景信息为主。

（3）高祖已从豨军来，至，见信死，**且**喜**且**怜之，问："信死亦何言？"（《淮阴侯列传》，3168）

（4）彭越是时居梁地，中立，**且**为汉，**且**为楚。（《田儋列传》，3193）

3. 并存并列标记"且₁"在先秦时期已经产生，如《诗·小雅·车辖》："虽无德与女，式歌且舞。"（482 中）"且₁……，且₁……"的固定格式在先秦时期的传世文献中已有用例，如《韩非子·十过》："襄子迎孟谈而再拜之，且恐且喜。"（69）但是在出土的战国和汉代文献中，"且₁"除了跟"既₁"构成"既₁……，且₁……"的固定格式外，大多都是单独使用。例如，

（5）以生子，**既**美**且**长，有贤等。（《睡虎地秦简·日书甲种》，33）

（6）君圣人，**且**良长子。（《上博楚简四·柬大王泊旱》，19）

（7）齐景公疥**且**疟，逾岁不已。（《上博楚简四·景公疟》，1）

（8）匡治事大，**且**已为今见。（《敦煌汉简》，243B）

出土的战国、汉代文献中"且₁"语用功能和《史记》有所不同。《史记》中"且₁"只出现在叙事性语篇中，而出土的战国、汉代文献中"且₁"既可以用在叙事性语篇中，如例（7），也可以用在议论性语篇中，如例（5）、（6）、（8）。

西汉其他传世语料中，"且₁……，且₁……"的固定格式比较常见，在叙事性语篇和议论性语篇都可以使用。

（9）得赐者之喜也，**且**笑**且**饭，味皆所嗜而所未尝得也。（《新书·匈奴》，136）

（10）缘天下之所新乐而为之文曲，**且**以和政，**且**以兴德。天下未遍合和，王者不虚作乐。（《春秋繁露·楚庄王》，20）

由此可见，《史记》中固定格式"且₁……，且₁……"的用法较为特殊，很可能是作者个人的使用习惯。这种具有个人修辞色彩的使用习惯使

得《史记》中并存并列关系标记，在语义上虽然相同，但是在语用功能上有所分工。

"且₁"一直沿用至近代汉语，如《世说新语·方正》："王且笑且言：'那得独饮？'"（403）《红楼梦》第一回："忽见那厢来了一僧一道，且行且谈。"（7）但在现代汉语中已经不再使用。

（二）【又₁】【亦₁】

【又₁】（32）

1. 副词性并存并列标记"又₁"，除了出现在"既₁……，又₁……"的固定格式外，还可以单独使用，构成"p，又₁q"的句式。"p，又₁q"中，p 和 q 的主语一般相同，q 的主语承前省略。

（1）正不率天，**又**不由人，则凡事易坏而难成矣。（《历书》，1493）

（2）世有毋望之福，**又**有毋望之祸。（《春申君列传》，2895）

2. "又₁"既可以连接肯定句，也可以连接否定句，并且 p 和 q 一般同为肯定句或同为否定句，语法结构往往相同或相近。

（3）太子女弟无采，嫁弃归，与奴奸，**又**与客奸。（《淮南衡山列传》，3734）

（4）赵高弗见，**又**弗信。（《秦始皇本纪》，341）

例（3）p"与奴奸"和 q"与客奸"都是由［［介词＋宾语］＋动词］结构充当谓语的肯定句；例（4）p"弗见"，q"弗信"都是由［否定副词＋动词］结构充当谓语的否定句。

3. "p，又₁q"存在扩展形式"p，又₁q₁，又₁q₂"，表示多个事件的并存。

（5）凡说之难，非吾知之有以说之难也；**又**非吾辩之难能明吾意之难也；**又**非吾敢横失能尽之难也。（《老子韩非列传》，2600）

4. "又₁"除了可以连接动词性谓语表示几个动作或事件的同时发生，

还可以连接形容词性谓语表示几种状态或性质的并存。

（6）端为人贼戾，**又**阴痿，一近妇人，病之数月。（《五宗世家》，2537）

"又₁"一般连接一层复句，偶尔可以连接多层复句。

（7）燕惠王后悔使骑劫代乐毅，以故破军亡将失齐；**又**怨乐毅之降赵，恐赵用乐毅而乘燕之弊以伐燕。（《乐毅列传》，2934）

5. "又₁"常用在否定句式或表达否定性主观态度的语段中，连接的几个动作、事件或性质多为作者否定或主观不认同的内容。

（8）且楚韩非兄弟之国也，**又**非素约而谋伐秦也。（《韩世家》，2253）

（9）当是时也，高祖子幼，昆弟少，**又**不贤，欲王同姓以镇天下。（《荆燕世家》，2406）

（10）法令诛罚日益刻深，群臣人人自危，欲畔者众。**又**作阿房之宫，治直道、驰道，赋敛愈重，戍徭无已。（《李斯列传》，3082）

6. 并存并列标记"又₁"在先秦时期已经产生，如《论语·八佾》："子谓《韶》，尽善矣，又尽美也。"（2469上）出土战国文献中，"又"是标示列举并列的标记，主要出现在遣册与祭祷简中，用于连接数目。例如，

（11）宋良志受四臣，**又**一赤。（《新蔡楚简》，甲三：220）

到了出土的汉代文献，"又"不但可以单独使用，还可以两个或多个连用，出现了"又……，又……"型的新格式，多数用于簿籍类的文书，用于连接与数目相关的事件，标示事件之间的列举并列关系。例如，

（12）今日夕西内，人余一升；**又**今日夕东内，率人有余一升。（《敦煌汉简》，837）

（13）并负㩵鱼卅头，直穀三斗。**又**证廿三候长政得穀四斗，**又**证㩵妻……。（《居延新简》，EPT 65.33）

（14）**又**负丞□□□，**又**负官簿余钱二百廿，**又**社贷千二百七十。（《居延新简》，EPT 52.185）

西汉时期其他传世文献中，"又……，又……"多数用于标示列举并列关系，既可以连接与数目相关的事件，也可连接一般事件。

（15）君不闻夫楚乎？王有士曰楚㑮胥，丘负客，王将杀之，出亡之晋，晋人用之，是为城濮之战；**又**有士曰苗贲皇，王将杀之，出亡走晋，晋人用之，是为鄢陵之战；**又**有士曰上解于，王将杀之，出亡走晋，晋人用之，是为两棠之战；**又**有士曰伍子胥，王杀其父兄，出亡走吴，阖闾用之，于是兴师而袭郢。故楚之大得罪于梁、郑、宋、卫之君，犹未遽至于此也。（《说苑·尊贤》，184、185）

《史记》中"又$_1$"标示并存并列关系，连接的语段表示否定或表达否定、不认同的主观倾向；而出土的战国、汉代文献和其他传世的西汉时期文献中"又"多标示列举并列关系，连接的语段没有表达主观态度。现代汉语中，"（又$_1$）……，又$_1$……"是典型的并存并列标记。

【亦$_1$】（22）

1. 副词"亦$_1$"构成"亦$_1$p，亦$_1$q"的固定格式，标记小句间具有并存并列关系。"亦$_1$p，亦$_1$q"中，p和q的主语不同，"亦$_1$"位于主语的后面。

（1）陈胜、吴广乃谋曰："今亡**亦**死，举大计**亦**死，等死，死国可乎？"（《陈涉世家》，2352）

2. "亦$_1$p，亦$_1$q"中各小句的主语表示两种相反或相关的情况，二者的语用效果不同。当p和q的主语表示两种相反的情况时（共计16例，约占72.7%），p和q谓语相同，"亦₁p，亦₁q"强调相反情况具有相同的行为或结果，由于相反情况合取后涵盖了所有的可能情况，所以听话者/读者可以得到周遍性的语用推论"无论情况怎样变化，都会有同样的行为或结果"。

（2）今削之**亦**反，不削之**亦**反。（《吴王濞列传》，3399）

（3）冒顿问群臣，群臣或曰："此弃地，予之**亦**可，勿予**亦**可。"（《匈奴列传》，3472）

当p和q的主语表示两种相关的情况时（共计6例，约占27.3%），p和q的谓语不同。在宏观和微观两个篇章表达层面上，p和q之间存在着两种不同类型的逻辑语义关系：①在篇章的宏观层面上，p和q表示的两种情况属于同一事件框架，p和q平行叙述了这一事件框架下两种相关情况的发展，p和q之间是并列关系；②在篇章的微观层面上，p是q的起因，q是p的结果，p和q之间存在因果关系。

（4）数月，汉兵至边，匈奴**亦**去远塞，汉兵**亦**罢。（《匈奴列传》，3488）

（5）秦**亦**不以城予赵，赵**亦**终不予秦璧。（《廉颇蔺相如列传》，2441）

3. 并存并列标记"亦₁"在先秦时期已经产生，如《荀子·不苟》："君子能亦好，不能亦好；小人能亦丑，不能亦丑。"（40）出土战国文献中，"亦"只用作表类同的副词，如《睡虎地秦简·日书甲种》："为羊牢马厩，亦弗居。"（103 壹）到了出土的汉代文献中表类同的副词"亦"可以连用，如《张家山汉简·引书》："亦左手把杖，右足蹠壁，亦倦而休。"（36）西汉其他传世文献中，"亦₁p，亦₁q"结构中，p和q有两种类型的语义关系，一种是p和q的主语表达相反的事物或情况，强调在各种情况下具有相同的结果。

（6）君子诚仁，施**亦**仁，不施**亦**仁；小人诚不仁，施**亦**不仁，不施**亦**不仁。（《淮南子·缪称》，755）

（7）帝王之将兴也，其美祥**亦**先见；其将亡也，妖孽**亦**先见。物故以类相召也，故以龙致雨，以扇逐暑，军之所处以棘楚，美恶皆有从来，以为命，莫知其处所。（《春秋繁露·同类相动》，358、359）

另一种是 p 和 q 的主语表达相关事物，这两种相关事物间具有相互类同的关系。

（8）夫天下者**亦**吾有也，吾**亦**天下之有也，天下之与我，岂有间哉！（《淮南子·原道》，73）

（9）君子法乎其所贵。天地之阴阳当男女，人之男女当阴阳。阴阳**亦**可以谓男女，男女**亦**可以谓阴阳。（《春秋繁露·循天之道》，446）

东汉时期，《汉书》、《论衡》中并存并列标记"亦$_1$"的用法和《史记》基本一致。

①p 和 q 的主语表示两种相反的情况，"亦$_1$p，亦$_1$q"强调相反情况具有相同的行为或结果。

（10）臣朔生**亦**言，死**亦**言。（《汉书·东方朔传》，2843）

（11）孟子又曰："非其君不事，非其民不使，治则进，乱则退，伯夷也。何事非君，何使非民，治**亦**进，乱**亦**进，伊尹也。"（《论衡·知实》，1102）

②p 和 q 的主语表示两种相关的情况，"亦$_1$p，亦$_1$q"叙述了在同一事件框架下两种相关的情况，与《史记》中用法存在一些差异，在微观层面中，东汉时期"亦$_1$p，亦$_1$q"中 p 和 q 不一定构成因果关系。

（12）今汉**亦**大乱，为王莽所篡，匈奴**亦**出兵击莽，空其边境，令天下骚动思汉，莽卒以败而汉复兴，亦我力也，当复尊我。（《汉书·匈奴传》，3289）

（13）由此言之，书**亦**为本，经**亦**为末，末失事实，本得道质。

折累二者，孰为玉屑？（《论衡·书解》，1160）

例（12）中 p"今汉亦大乱，为王莽所篡"导致了 q"匈奴亦出兵击莽……当复尊我"结果的出现。但是在例（13）中 p"书为本"和 q"经为末"不构成因果关系，仅仅表示同一事件框架下的两个方面。

由此可见，《史记》中固定格式"亦$_1$p，亦$_1$q"的连接功能在西汉时期还不太固定，标示 p 和 q 是同一事件框架下并存的相关情况的连接功能不见于同时期其他语料，很可能是一种临时性的语用用法。到东汉，记叙性文体《汉书》和议论性文体《论衡》继承了《史记》中固定格式"亦$_1$p，亦$_1$q"的两种连接功能，临时性的语用用法开始成为固定的语用功能，语法化的程度提高。

南北朝时期副词"也"出现，古代汉语副词"亦$_1$"和"也"的语法功能和语法意义基本相同，在近代汉语中"也"逐渐替换了"亦$_1$"[1]。"也"大概在宋代开始用为并存并列标记，如《张协状元》第二十出："婆婆也没金，也没典，亦没钱。"（556）此后"亦$_1$"逐渐被"也"替换，现代汉语中"也……，也……"是常见的并存并列标记，而并存并列标记"亦$_1$……，亦$_1$……"已经消失。

二　列举并列标记

列举并列标记连接的几个小句描述了几个相关的事件或同一事件的几个方面。《史记》中列举并列标记包括连词"而$_1$"、"及$_1$"。

【而$_1$】（57）

1."而$_1$"是一个居前的后续句连接标记，在篇章中构成"p，而$_1$q"的句式。当 p 和 q 的主语不同时，"而$_1$"位于 q 主语的前面；当 p 和 q 的主语相同时，q 的主语承前省略。

（1）盖明者远见于未萌**而**智者避危于无形，祸固多藏于隐微而发于人之所忽者也。（《司马相如列传》，3677）

（2）于是天子$_i$乃赦吴使者归之，**而**Ø$_i$赐吴王几杖，老，不朝。（《吴王濞列传》，3397）

---

① 参看李宗江《汉语常用词演变研究》，汉语大词典出版社 1999 年版，第 164—178 页。

例（1）"而"连接的相邻小句主语不同，"而"位于后续句主语的前面；例（2）中，"而"连接的分句 p、q 主语相同，后续句的主语"天子"承前省略。

2. "而₁"的辖域较广，可以连接一层复句、多层复句，甚至还可以连接相邻复句构成句群。

（3）今列侯ᵢ多居长安，///并列邑远，//因果吏卒给输费苦，/并列**而**列侯ᵢ亦无由教驯其民。（《孝文本纪》，529）

（4）翦ᵢ因举兵追之，令壮士击，大破荆军。至蕲南，杀其将军项燕，荆兵遂败走。秦因乘胜略定荆地城邑。岁余，虏荆王负刍，竟平荆地为郡县。因南征百越之君。/并列**而**王翦子ᵢ王贲，与李信破定燕、齐地。（《白起王翦列传》，2828）

例（3）前启句由意合的多层复句充当小句构成。例（4）中"而"连接的相邻复句构成句群，前启复句"翦因举兵追之……因南征百越之君"与后续复句"王翦子王贲，与李信破定燕、齐地"是两个相关的篇章次话题。

3. 先秦时期，"而₁"已用为列举并列标记。出土战国文献中"而"可以连接两种类型的并列关系复句，一种是并举关系，即前后分句表示的两件事情或两个方面并存。如《上博楚简六·用曰》："竞之不滑，而庶之亦不能违。"（17）一种是对举关系，即前后分句的意义相反相对，也就是用肯定和否定两个方面对照来说明情况或表达所要肯定的意思。如《郭店楚简·缁衣》："下之事上也，不从其所以命，而从其所行。"（14）① 连接对举关系的"而₁"一般和"不"构成，"不 p，而 q"的结构，可译为现代汉语"不是 p，而是 q"。到了汉代"而₁"连接对举关系的功能消失，"而₁"连接的小句 p 和 q 可以意义相反或相对，但表示的不是对举并列关系，而是列举并列关系，如《论衡·对作》："文露而旨直，辞奸而情实。"（1180）早期，"而₁"连接辖域较窄，只连接一层复句，如《论语·子张》："君子尊贤而容众。"（2531下）后连接辖域逐渐扩大，《史记》中"而₁"还可以连接多层复句及

---

① 参看张玉金《出土战国文献虚词研究》，人民出版社 2011 年版，第 306—307 页。

句群。

【及₁】（19）

1. "及₁"是一个居前的后续句连接标记，构成"p，及₁q"句式，"及₁"位于 q 主语的前面。

（1）是日，烹ᵢ阿大夫，**及**左右尝誉者皆并烹ᵢ之。（《田敬仲完世家》，2277）

2. "及₁"可以连接两项或三项并列小句。连接三项并列小句时，"及₁"位于最后一项并列小句的句首，构成"p₁，p₂，及₁q"的扩展句式。

（2）大臣不服ₚ₁，官吏尚强ₚ₂，**及**诸公子必与我争ₑ，为之奈何？（《秦始皇本纪》，336）

3. "及₁"所在的小句或复句中常有表示类同义的副词"皆、亦"与之呼应，强调了把"及₁"连接的相邻小句或复句的信息进行类同看待的主观性倾向。

（3）乃与私属遂去豳，度漆、沮，逾梁山，止于岐下。豳人举国扶老携弱，尽复归ᵢ古公于岐下。**及**他旁国闻古公仁，亦多归ᵢ之。（《周本纪》，148）

（4）滇王与汉使者言曰："汉孰与我大？"**及**夜郎侯**亦然**ᵢ。（《西南夷列传》，3606）

"p，及₁q（亦/皆）"和"p，而₁q"中 p 和 q 的照应（anaphoric）方式不同。①"p，及₁q（亦/皆）"的回指词在述位。如例（1）q 中位于述位的动词谓语"烹"同形回指 p 中的动词谓语"烹"；例（3）q 中位于述位的动词谓语"归"同形回指 p 中的动词谓语"归"；例（4）q 中位于述位的代词宾语"然"回指上文 p。②"p，而₁q"的回指词在主位。当 p 和 q 主语相同时，q 以零形主语的形式回指 p 的主语，如"而₁"中例（2）；当 p 和 q 主语不同时，q 以同形或部分同形的名词主语回指 p 的主语，如"而$_1$"中例（3）、（4）。

"p，及$_1$q（亦/皆）"和"p，而$_1$q"照应方式的不同，反映了它们连接的语段新旧信息的分布不同，"p，而$_1$q"中 q 的新信息在述位，而"p，及$_1$q（亦/皆）"中 q 的新信息在主位。我们知道，通常主位和旧信息对应，述位和新信息对应，从主位到述位的过程就是从旧信息向新信息推进的过程。"而$_1$"连接的 p 与 q 遵循了从旧信息向新信息推进的基本原则，但是"p，及$_1$q（亦/皆）"违反了这一原则，产生出特殊的语用效果，凸显出 q 的主位（新信息）发生了与 p 的述位（旧信息）类同的情况。

4. 先秦时期，连词"及$_1$"既可以在句内连接并列关系词组，也常用于连接列举并列关系复句。[①] 连词"及$_1$"可连接两项或三项列举并列关系分句，如《周家台秦简·病方及其他》"即取车辖，毋令人见之及毋与人言"。（334）《青川秦牍》"以秋八月脩封埒、正疆畔及登千百之大草"。[②]

《史记》中连词"及$_1$"常与副词"皆、亦"构成"p，及$_1$q（亦/皆）"格式，强调了把"及$_1$"连接的相邻小句或复句的信息进行类同看待的主观性倾向。在先秦文献、出土西汉文献和其他传世西汉文献中，我们没有调查到相同的用法。这种用法始于《史记》，如例（3）的史料来源于《毛诗·大雅·绵》："古公亶父。来朝走马。率西水浒。至于岐下。爰及姜女。聿来胥宇。"（510 上）《孟子·梁惠王上》："王曰：'寡人有疾，寡人好色。'对曰：'昔者太王好色，爱厥妃。'《诗》云：'古公亶父，来朝走马。率西水浒，至于岐下。爰及姜女，聿来胥宇。'当是时也，内无怨女，外无旷夫。王如好色，与百姓同之，于王何有。"（2676 下—2677 上）由此可见"及他旁国闻古公仁，亦多归之"这句话是在《毛诗·大雅》、《孟子·梁惠王上》相关史料的基础上，《史记》作者发挥想象增添而来，因此这句话是作者自己的语言，并非改写自前代史料。东汉时期，《汉书》继承了这种用法，如《汉

---

① 连词"及$_1$"在出土先秦文献中常用来连接列举并列关系复句，但是在传世先秦文献中，连词"及$_1$"只在句内连接并列关系词组，如《左传·庄公二十一年》："郑伯将王，自圉门入，虢叔自北门入，杀王子颓及五大夫。"（1774 上）。

② 见李向明、何双全编《散见简牍合辑》，文物出版社 1990 年版，第 51 页。

书·西南夷两粤朝鲜传》："滇王与汉使言：'汉孰与我大？'及夜郎侯
亦然。各自以一州王，不知汉广大。"（3841）《汉书·王莽传》："遂母
子自杀，及况皆死。"（4093）

三　小结

表 3 - 1　　　　　　　　　　　　　并列关系标记基本情况表

词项		次数	历时发展				
			上古		中古	近代	现代
			先秦	西汉			
并存并列标记	既₁	6	+	+	+	+	+
	且₁	15	+	+	+	+	
	又₁	32	+	+	+	+	+
	亦₁	22	+	+	+	+	
列举并列标记	而₁	57	+	+	+		
	及₁	19	+	+	+		

（1）《史记》并列关系标记共计 6 个，可以分为两种类型：一种是并
存并列标记，包括"既₁、且₁、又₁、亦₁"。"既₁、且₁"和"又₁"在篇
章中的连接功能存在差别。"既₁"和"且₁"是构建并存并列关系复句的
必要手段，不能省略，如果省略，则不能构成连贯的语篇或会改变原来的
逻辑语义关系。"又₁"是显现并存并列关系复句的手段，可以省略，p 和
q 间本来就存在并存并列关系，省略后篇章仍然连贯，复句的逻辑语义关
系不变。"亦₁"的功能较为特殊：当 p 和 q 的主语表达相反情况时，
"亦₁"省略后复句关系保持不变，此处"亦₁"是显现复句关系的手段；
当 p 和 q 的主语表达相关情况时，"亦₁"省略后复句关系从并列关系变为
因果关系，此处"亦₁"是构建复句关系的手段。另一种是列举并列标记，
包括"而₁、及₁"。"而₁"和"及₁"是将语段本身存在的隐性列举并列关
系显现出来的手段，可以省略，省略后篇章仍然连贯，篇章结构单位间表
达的列举并列关系不变。

（2）联系项原则指出联系项的优先位置在两个被联系成分之间①。篇

---

① 参看刘丹青《语序类型学与介词理论》，商务印书馆 2003 年版，第 69 页。

章连接标记是篇章结构单位间的联系项，受到联系项居中原则的制约，要求篇章连接标记位于所联系的两个篇章结构单位之间。"既$_1$"和"且$_1$"是居前的前启句连接标记，它们通过构成"既$_1$……，又$_1$……""且$_1$……，且$_1$……"的固定格式满足了联系项居中的原则。这种框式结构是一种有标记的形式，在语用上凸显了前启句表达的内容和后续句具有并存并列的关系，这和它们构建复句并存并列关系的篇章功能是相呼应的。"又$_1$"、"而$_1$"和"及$_1$"都是居前的后续句连接标记，严格遵守了联系项居中的原则，它们处于被连接的篇章结构单位之间的位置，是一种无标记的形式，都是显现复句并列关系的手段。从中我们得出一组对称关系：

有标记形式并列关系标记　　　构建并列关系手段

无标记形式并列关系标记　　　显现并列关系手段

"亦$_1$"是这组对称关系的过渡地带，在句中构成"亦$_1$……，亦$_1$……"的固定格式。它既不同于"既$_1$、且$_1$"构成有标记形式的框式结构，也不同于"又$_1$"遵守联系项居中原则，构成无标记形式；它有时充当构建并列关系的手段，有时又充当显现并列关系的手段。

（3）"既$_1$"、"且$_1$"、"又$_1$"连接的分句 p 和 q 一般拥有相同的主语，而"亦$_1$"一般拥有不同的主语。"既$_1$"、"且$_1$"、"又$_1$"和"亦$_1$"一般位于主语的后面。"而$_1$"和"及$_1$"都位于分句 q 主语的前面。"而$_1$"、"及$_1$"在句内连接词组和在篇章中连接语段表现出内部的一致性。"而$_1$"无论是连接词组还是连接篇章中的语段都是只能充当两项连接的连接标记，而"及"还可以充当三项连接的连接标记，并且都是位于最后一项的前面。

（4）《史记》中的并列关系标记都是继承自先秦时期，没有新产生的并列关系标记。在历时发展的过程中，并存并列标记中"且$_1$、亦$_1$"在近代汉语中逐渐消失，"既$_1$、又$_1$"一直沿用至今，列举并列标记"而$_1$、及$_1$"在中古时期逐渐淘汰。

（5）从历时的角度看，《史记》中并列关系标记的篇章功能发生了多种类型的演变。①继承自先秦时期的篇章功能。《史记》"既$_1$"在信息推进的过程中为后续语段 S 提供背景信息，构成"［既$_1$p，又$_1$q］$_因$ + S$_果$"的篇章关系。这种用法在先秦《左传》中已有用例。东汉时期，"既$_1$"的这种篇章功能得到了继承。"亦$_1$"常构成"亦$_1$p，亦$_1$q"的格式，p 和 q

的主语表示两种相反或相关的情况，当 p 和 q 的主语表示两种相反的情况时，强调无论情况怎样变化，都会有同样的行为或结果。这种用法先秦《荀子》中己有用例。②特殊的篇章功能带有作者个人的修辞色彩，属于作者的个人使用习惯。"且$_1$"在先秦和同时期的出土及传世文献中在叙事性语篇和议论性语篇中都可以使用，但是在《史记》中仅见于叙事性语篇，与并存并列关系标记"既$_1$"在语义上虽然相同，但是在语用功能上出现分工。《史记》中"又$_1$"连接的语段常表示否定或表达不认同、带负面情绪的主观倾向；而在先秦和同时期其他语料中"又$_1$"多标示列举并列关系，连接的语段不表达主观态度；③新产生的篇章功能。《史记》中"及$_1$"常与副词"皆、亦"构成"p，及$_1$q（亦/皆）"格式，违反从旧信息向新信息推进的基本原则，强调了把 p 和 q 的信息进行类同看待的主观性倾向。《史记》"及$_1$"上述的篇章功能是西汉时期新产生的，在东汉时期得到了继承；④先秦时期的篇章功能在西汉时期消失。先秦时期，"而$_1$"可以连接"并举"和"对举"两种类型的并列关系复句，其中连接对举关系的"而$_1$"常构成"不 p，而 q"的结构，用肯定和否定两个方面对照来说明情况或表达所要肯定的意思，可译为现代汉语"不是 p，而是 q"。到了西汉时期，"而$_1$"连接对举关系的功能消失，《史记》中"而$_1$"连接的 p 和 q 可以意义相反或相对，但是表示的不是对举并列关系，而是列举并列关系。

第二节　顺承关系标记

顺承关系标记是构成有标顺承复句的重要手段，它连接的几个小句具有先后相承的顺序关系，不能互换位置，"依时间或事势之顺序，蝉联而下"，"表事势之相接"或"表事效之相因"①。《史记》中顺承关系标记共计 18 个，包括连词"而$_2$、则$_1$、以$_1$、然$_1$、因$_1$、仍、爰、焉、然后、因而$_1$、因遂、然则、于是、而乃$_1$"，副词"乃$_1$、遂、即$_1$、亦$_2$"。

顺承关系标记有两种基本功能：一是标记前后小句具有时间上先后相承的关系；二是标记前后小句具有事理相因的关系，前一小句是引发后一小句的先行原因或前提，后一小句是由前一小句引起的后续结果。据此我

① 参看黎锦熙《新著国语文法》，第 205 页。

们把《史记》中的顺承关系标记归为两类：①事理顺承标记；②时间兼事理顺承标记。从句法位置上看，顺承关系标记都是居前的后续句连接标记，严格遵循联系项居中的原则。

一 事理顺承标记

《史记》中事理顺承标记共计 3 个，包括连词"然则、于是、而乃$_1$"。

【然则】（29）

1. 《史记》中事理顺承标记"然则"位于后续句主语的前面，主要用于连接多层复句及句群。

> （1）王曰："魏请从，卿曰魏过，寡人未之许，又曰寡人过，**然则**从终不可乎？"（《平原君虞卿列传》，2871）

> （2）今人主诚能去骄傲之心，怀可报之意，披心腹，见情素，堕肝胆，施德厚，终与之穷达，无爱于士，则桀之狗可使吠尧，而蹠之客可使刺由；况因万乘之权，假圣王之资乎？**然则**荆轲之湛七族，要离之烧妻子，岂足道哉！（《鲁仲连邹阳列传》，2985）

2. "然则"是一个口语性很强的连接标记。吕叔湘（1944/1982）指出："用'然则'的句子的特点是多数用于对话，即顺着对方的语意，接过口来申说应有的后果；即使不是对话，也往往含有说话的本人自为问答的神气。"① 《史记》中"然则"共有 27 例出现在引用的人物对话当中，约占 93.1%。在引用的对话中，"然则"除了可以用于陈述句外，还可以构成一般疑问句（共计 14 例）。"然则"在一般疑问句中，具有标记话轮转换（turn-taking）的语用功能，实施了指定下一个说话人及其所谈话题内容的言语行为。

> （3）子贡问："师与商孰贤？"子曰："师也过，商也不及。""**然则**师愈与？"曰："过犹不及。"（《仲尼弟子列传》，2662）

> （4）乌有先生问曰："今日田乐乎？"子虚曰："乐。""获多

---

① 参看吕叔湘《中国文法要略》，第 424 页。

乎？"曰："少。"**"然则**何乐？"曰："仆乐齐王之欲夸仆以车骑之众，而仆对以云梦之事也。"（《司马相如列传》，3617）

3. 吕叔湘（1944/1982）指出"然则"有时相当于"若然则"，有时相当于"既然则"①。《史记》中"然则"既可以连接未然的事件，相当于"若然则"；也可连接已然的事件，相当于"既然则"。

（5）荆轲曰："愿得将军之首以献秦王，秦王必喜而见臣，臣左手把其袖，右手揕其匈，**然则**将军之仇报而燕见陵之愧除矣。将军岂有意乎？"（《刺客列传》，3056、3057）

（6）驺衍以阴阳主运显于诸侯，而燕齐海上之方士传其术不能通，**然则**怪迂阿谀苟合之徒自此兴，不可胜数也。（《封禅书》，1638）

4. Mann 和 Thompson（1987/1988）提出了修辞结构理论（RST），这一理论认为篇章中任何一个功能明显的组成部分都是功能语句（span），较小的功能句组成较大的功能句，功能语句之间的各种关系组成了篇章，其中功能语句之间大多数关系是"核心语句—卫星语句"的关系。对整个篇章的意义来说，某些功能句具有辅助的和边缘的性质；而某些语句在核心的意义方面，起着更为重要的作用。②

"然则"既可以用于陈述句，也可以用于一般疑问句，但是二者所处的小句作为功能语句在篇章中的关系不同。"然则"用于陈述句时，构成"p，然则 q"格式，p 是卫星语句，q 则是核心语句；依据 Mann 和 Thompson（1987/1988）总结的功能句的关系，陈述句"p，然则 q"中 p 和 q 构成"意愿性或非意愿性的原因关系"，如例（5）中"愿得将军之首以献秦王……右手揕其胸"属于意愿性的原因，整个复句的核心语句是意愿性结果"将军之仇报而燕见陵之愧除矣"。例（6）中核心语句 q"然则怪迂阿谀苟合之徒自此兴，不可胜数也"是卫星语句 p

---

① 参看吕叔湘《中国文法要略》，第 426 页。

② 参看［美］卫真道《篇章语言学》，徐赳赳译，中国社会科学出版社 2002 年版，第 88—89 页。

"驺衍以阴阳主运显于诸侯，而燕齐海上之方士传其术不能通"的非意愿性结果。"然则"用于一般疑问句时，构成"p。然则q？S。"格式，"然则q？"在话轮中是承上启下的卫星语句，整个篇章的核心语句是结论S，如例（3）p"师也过，商也不及"和疑问句q"然则师愈与？"都是用于引出核心结论S"过犹不及"。可见"然则"用于陈述句时，小句"然则q"是核心语句；当"然则"用于一般疑问句时，"然则q？"是卫星语句。

5. "然则"是由指示代词"然"和顺承连词"则"凝结而成的复音连词，先秦汉语中已有用例，如《上博楚简五·季庚子问于孔子》"当其曲以成之。然则邦平而民顺矣"。（23）先秦时期，"然则"篇章功能和《史记》基本一致，可以用于陈述句外，还常构成疑问句，用来标记话轮转换（turn-taking），指定下一个说话人及其所谈话题内容，如《左传·成公三年》："对曰：'二国治戎，臣不才，不胜其任，以为俘馘。执事不以衅鼓，使归即戮，君之惠也。臣实不才，又谁敢怨？'王曰：'然则德我乎？'"（1900中）《上博楚简五·竞建内之》："'……有忧于公身。'公曰：'然则可夺与？'"（5）西汉时期其他语料中，"然则"的篇章功能和《史记》相同，如《新书·藩强》："曩令樊、郦、绛、灌据数十城而王，今虽以残亡可也；令韩信、黥布、彭越之伦为彻侯而居，虽至今存可也。然则天下大计可知已。"（39）《说苑·善说》："孟尝君曰：'然则为之奈何？'张禄曰：'夫秦者，四塞之国也，游宦者不得入焉；愿君为吾为丈尺之书，寄我与秦王。我往而遇乎，固君之入也；往而不遇乎，虽人求间谋，固不遇臣矣。'"（285）到了东汉时期，"然则"在议论性文体中，可出现在反问句式之后，强调了据理顺接的肯定语气，如《论衡·自然》："天地犹人身，气变犹蚩色。人不能为蚩色，天地安能为气变？然则气变之见，殆自然也。"（785）中古至近代，"然则"一直沿用，如《颜氏家训·音辞》："齐桓公与管仲于台上谋伐莒，东郭牙望见桓公口开而不闭，故知所言者莒也。然则莒、矩必不同呼。"（554）《老残游记》第十一回："玙姑道：'我也常听父亲说起，现在玉帝失权，阿修罗当道。然则这北拳南革都是阿修罗部下的妖魔鬼怪了？'"（107）

【于是】（756）

1. 《史记》事理顺承标记"于是"主要连接多层复句及句群，位于后续句句首。当前后小句主语一致时，后续句主语可承前省略；如果后续句主语出现，"于是"可以位于后续句主语的前面或后面。

（1）都素闻其声，**于是**善遇，与结欢。（《酷吏列传》，3780）

（2）居无何，上至，又不得入。**于是**上乃使使持节诏将军："吾欲入劳军。"（《绛侯周勃世家》，2506）

（3）使者三反，周昌固为不遣赵王。**于是**高后患之，乃使使召周昌。（《张丞相列传》，3229）

（4）绛侯等既诛诸吕，齐王罢兵归，婴亦罢兵自荥阳归，与绛侯、陈平共立代王为孝文皇帝。孝文皇帝**于是**益封婴三千户，赐黄金千斤，拜为太尉。（《樊郦滕灌列传》，3220）

2. 《史记》中"于是"基本用于陈述句中。从语义上看，"于是"标记后续句是依据前启句推出的结果，前后句多是叙述动作的已然变化或事件的已然发展。从语用上看，"于是"可以标记从引用人物话语语境转入作者叙事语境，共计出现 304 例，约占 40.2%。

（5）帝曰："何以言之？"对曰："视其身貌形状，不足以当人主矣。"**于是**帝乃诏使邢夫人衣故衣，独身来前。（《外戚世家》，2392）

"于是"偶尔可以连续使用，用于分别叙述前启句引发的多个方面的结果。

（6）董仲舒弟子吕步舒不知其师书，以为下愚。**于是**下董仲舒吏，当死，诏赦之。**于是**董仲舒竟不敢复言灾异。（《儒林列传》，3773）

3. 柳士镇（1992）认为"'于是'在先秦时期是词组性质，由介词'于'字及其后代词宾语'是'字组成，表示'当时、当其时'。由于连用既久，汉代逐渐凝定为顺承连词，从事件角度来表示事理之相续"①。先秦时期，顺承关系标记"于是"虽然处于语法化的过渡阶段，但是已

---

① 柳士镇：《魏晋南北朝历史语法》，南京大学出版社 1992 年版，第 259 页。

经有了标记从引用人物话语语境转入作者叙事语境的语例，如《左传·襄公三年》："祁奚请老，晋侯问嗣焉。称解狐，其仇也，将立之而卒。又问焉，对曰：'午也可。'于是羊舌职死矣，晋侯曰：'孰可以代之？'对曰：'赤也可。'于是使祁午为中军尉，羊舌赤佐之。"（1930下）《晏子春秋·内篇谏上》："景公曰：'今为之奈何？'晏子曰：'君诚避宫殿暴露，与灵山河伯共忧，其幸而雨乎！'于是景公出野居暴露，三日，天果大雨，民尽得种时。"（55）

顺承关系标记"于是"一直沿用至今，基本用法相同。

4.《史记》中"于是"常和"乎、遂、因、乃"连用，功能基本与"于是"相同。

（7）妾欲言酒之有药，则恐其逐主母也，欲勿言乎，则恐其杀主父也。**于是乎**详僵而弃酒。（《苏秦列传》，2736）

（8）庄贾惧，使人驰报景公，请救。既往，未及反，**于是遂**斩庄贾以徇三军。（《司马穰苴列传》，2612）

（9）秦始皇帝常曰"东南有天子气"，**于是因**东游以厌之。（《高祖本纪》，440）

（10）尹夫人望见之，曰："此真是也。"**于是乃**低头俛而泣，自痛其不如也。（《外戚世家》，2392）

5."于是"和"然则"虽然都是事理顺承标记，但是二者构建的篇章信息有区别。沈家煊（2003）指出"行、知、言"三个概念域的区分有利于系统而又概括地说明各种类型的复句所表达的语关系。"行"指行为、行状，"知"指知识、认知，"言"指言语、言说。[①] 具体而言就是现实世界域、逻辑推理域和言语行为域。[②]

《史记》中"于是"连接的复句都是对现实世界行为的客观描述，不涉及说话人的认识推理和主观态度，如例（1）至例（10）。《史记》中有部分"于是"的语例涉及人物的认识，但是"于是"所处的复句只是对人物认识心理的客观描述，不是作者主观的推理认识，属于"行域"

---

① 参看沈家煊《复句三域"行、知、言"》，《中国语文》2003 年第 3 期。

② 参看沈家煊《词义与认知》，《外语教学与研究》1997 年第 3 期。

复句。

（11）毋邺曰："从常山上临代，代可取也。"简子**于是**知毋邺果贤，乃废太子伯鲁，而以毋邺为太子。"（《赵世家》，2145）

例（11）中作者客观叙述了"简子"根据"毋邺"所言得出"毋邺果贤"的判断，并做出了一系列的行为。

"然则"连接的复句既有对现实世界的行为的描述，又可以涉及说话人、作者的主观认识，或者实施言语行为，可用于"行、知、言"三域。如"然则"条例（6）叙述了因为"驺衍以阴阳主运显于诸侯，而燕齐海上之方士传其术不能通"导致"怪迂阿谀苟合之徒自此兴"的客观情况，复句涉"行域"。又如例（1）中说话人"王"依据已经发生的事实"魏请从，卿曰魏过，寡人未之许，又曰寡人过"推理得出"从终不可"的主观认识，复句属于"知域"。又如例（5）中"荆轲"依据未然行为"愿得将军之首以献秦王"实施"许诺"的言语行为"将军之仇报而燕见陵之愧除矣"，复句属于"言域"。

由此可见，事理顺承标记"于是"和"然则"虽然构建的逻辑语义相同，但是"于是"只出现在"行"域，而"然则"可以用在"行、知、言"三域。

【而乃$_1$】（1）

（1）子楚笑曰："且自大君之门，**而乃**大吾门！"（《吕不韦列传》，3026）

《史记》中"而乃$_1$"仅出现一例，位于后续句句首，主语承前省略。"而乃$_1$"连接的前后小句，不仅具有结果相因的顺承关系，还存在"有待而然"的必要条件关系，暗含着没有前启句表达的甲事就没有后续句表达的乙事的意思。

"而乃$_1$"是秦汉之际新形成的复音连词，如《吕氏春秋·召类》："贤主之举也，岂必旗偾将毙而乃知胜败哉？"（1370）中古至近代汉语，"而乃$_1$"一直沿用。中古时期，"而乃$_1$"功能扩大，主要表现在两个方面：①能够充当前启句的语法结构类型增多，前启句谓语除了由动词短语充当外，还可以由形容词短语充当，如《晋书·郗鉴传》："将斩之，久而乃释。"（1800）②"而乃₁"不但可以标记隐含"有待而然"意思的事理顺承关系，如《三国志·蜀书·郤正传》："是故创制作范，匪时不立，流称垂名，匪功不记，名必须功而乃显，事亦俟时以行止，身没名灭，君子所耻。"（1035）还可以标记一般的事理顺承关系，如《朱子语类》卷九八："精熟义理而造于神，事业定乎内，而乃所以求利乎外也；通达其用而身得其安，素利乎外，而乃所以致养其内也。"（2515）明清时期，"而乃₁"基本消失。

二 时间兼事理顺承标记

《史记》中时间兼事理顺承标记共计 15 个，它们是连词"而₂、则₁、以₁、然₁、然后、因₁、因而₁、因遂、仍、爰、焉"，副词"乃₁、遂、即₁、亦₂"。

（一）【而₂】【则₁】【以₁】【然₁】【然后】【因₁】【因而₁】

【而₂】（2175）

1. 连词"而₂"在上古汉语中功能复杂，可标记并列、顺承、因果、转折等多种逻辑语义关系，清代刘淇《助字辨略》将其释为"承上转下，语助之词"（10），袁仁林《虚字说》指出："'而'字之声，腻滑圆溜，有承上启下之能，有蒙上辖下之情。惟其善辖，故不拘一处，无乎不可，一切去来、起伏、出入、周折、反正、过接、任其所辖无滞。"（8）由此可见，标记顺承关系是"而"的最基本的功能之一。顺承关系标记"而₂"既可以标记时间相承，也可以标记事理相因，构成"p，而₂q"句式。

（1）信乃使万人先行，出，背水陈。赵军望见p，而大笑q。（《淮阴侯列传》，3155）

（2）魏其、武安皆以外戚重，灌夫用一时决策而名显。（《魏其武安侯列传》，3433）

2. "而₂"标记时间顺承关系时，一般连接一层复句，p 和 q 的主语可以相同也可以不同：①p 和 q 主语相同时，q 的主语承前省略，p 和 q 往往是先后紧接的连续性动作或事件；②p 和 q 主语不同时，"而₂"位于后续句 q 主语的前面，p 和 q 往往是先后相隔的动作或事件。

（3）韩安国为梁使_s，见大长公主_p**而**泣曰_q："何梁王为人子之孝、为人臣之忠，而太后曾弗省也？"（《韩长孺列传》，3438）

（4）御史大夫郑君守之数年不得_s，匡君居之未满岁_p，**而**韦丞相死_q，即代之矣，岂可以智巧得哉！（《张丞相列传》，3240）

例（3）"而"连接的是"韩安国"发出的两个紧接的连续动作"见大长公主"、"泣曰"。例（4）"而"连接的前后小句分别由"匡君"和"韦丞相"发出，动作"居"和"死"间隔了一段时间才发生。

"而₂"还可以连接相邻的单句或复句构成句群，前后的句子常常表达先后相隔的相关事件。在语用上，"而₂"在篇章中具有引进相关的新的次话题的功能。

（5）张耳乃佩其印，收其麾下。**而**陈馀还，亦望张耳不让，遂趋出。（《张耳陈馀列传》，3112）

（6）高帝已定天下七年，立刘仲为代王。**而**匈奴攻代，刘仲不能坚守，弃国亡，间行走雒阳，自归天子。（《吴王濞列传》，3395）

3. "而₂"标记事理顺承时，p 和 q 不但是一先一后的动作或事件，而且 q 还是 p 的结果，p 和 q 构成条件结果关系或原因结果关系。p 和 q 的主语不一致时，"而₂"位于 q 主语的前面；p 和 q 的主语一致时，q 的主语承前省略。事理顺承标记"而₂"可以连接一层或多层复句。

（7）仓廪实**而**知礼节，衣食足**而**知荣辱，上服度则六亲固。（《管晏列传》，2581）

（8）使人报陈王，陈王大怒，//_{因果}欲尽族武臣等家，/_{顺承}**而**发兵击赵。（《张耳陈馀列传》，3108）

例（7）p"仓廪实"是"知礼节"的前提条件，例（8）"而"连接的是一个多层复句，"陈王大怒，欲尽族武臣等家"是导致"发兵击赵"的原因。

"s，p，而₂q"中，一般 s、p、q 叙述事件进展的主干内容，是在同一时间平面上先后出现的动作或事件，p 属于前景信息，如例（1）、

（3）、（4）；但是部分"s，p，而₂q"中，s、p、q不在同一时间平面上，p先于s、q发生，p在篇章中的作用是追溯先时的原因性背景信息。

　　　　（9）齐人攻鲁，鲁欲将吴起ₛ，吴起取齐女为妻ₚ，**而**鲁疑之ᵩ。（《孙子吴起列传》，2621）

　　例（9）中p"吴起取齐女为妻"先于s"齐人攻鲁，鲁欲将吴起"发生，它是导致q"鲁疑之"产生的先时发生的原因性背景信息。

　　4."而₂"在先秦时期已经产生，如《左传·庄公十二年》："陈人使妇人饮之酒，而以犀革裹之。"（1770下）《荀子·劝学》："玉在山而草木润，渊生珠而崖不枯。"（11）先秦时期，"而₂"常和"先、既"连用，构成"先/既……而……"表明前后小句间的顺承关系，如《睡虎地秦简·秦律十八种》："先索以稟人，而以律论其不备。"（效167）《新蔡楚简》："既为贞，而敚亓（其）祱（祟）。"（甲三219）到了西汉，"而₂"的语法化程度进一步提高，"而₂"与"先"连用时，"而₂"的后面一般紧跟"后"，"后"替代"而₂"，与"先"相对应，"而₂"包含的"后时"的时间概念消失，进一步语法化为一个单纯的顺承连词，如《平准书》："故人人自爱而重犯法，先行义而后绌耻辱焉。"（1706）① "而₂"在中古时期仍是高频顺承连词，如《大庄严论经》："既得经已，至于林树间闲静之处，而读此经。"（卷一，4/258c）在近代汉语中，"而₂"连接复句、句群的使用频率减少，用作凑足音节的"而₂"占了大多数，如《红楼梦》第一一〇回："说着，三个人飘然登岸而去。"（1637）在现代汉语中，"而₂"不再连接复句、句群，成了一些书面语的构词语素，如"姗姗而来""而已"。

　　【则₁】（952）

　　1."则₁"字乃直承顺接之辞② ，《史记》中顺承关系标记"则₁"共出现952次，约占"则"字出现总次数的70.67%③，可见标记顺承关系

---

　　① 先秦时期，"先……而后……"也曾出现，如《论语·为政》："先行其言而后从之。"但是到了西汉时期，"先……后……"搭配基本消失，一般只出现"先……而后……"。

　　② 马建忠：《马氏文通》，第297页。

　　③ 据李波（2006）统计"则"字共出现1347次。参看李波《史记字频研究》，商务印书馆2006年版，第62页。

是"则"的主要功能。"则₁"既可以标记时间顺承，也可以标记事理相因。

2. 时间顺承标记"则₁"可以连接一层复句、多层复句及句群，位于最后一个小句或句子的前面，构成"p，则₁q"的句式。p 和 q 的主语一致时，"则₁"位于 q 句首，q 的主语承前省略；p 和 q 的主语不一致时，"则₁"多位于 q 主语的前面，偶尔可以位于 q 主语的后面。

（1）是时雷电晦冥，太公往视，**则**见蛟龙于其上。（《高祖本纪》，431）

（2）楚悼王素闻起贤，至**则**相楚。（《孙子吴起列传》，2624）

（3）匈奴使持单于一信，**则**国国传送食，不敢留苦。（《大宛列传》，3823）

（4）贾素骄贵，以为将己之军而已为监，不甚急；亲戚左右送之，留饮。日中而贾不至。穰苴**则**仆表决漏，入，行军勒兵，申明约束。（《司马穰苴列传》，2611）

有时，时间顺承标记"则₁"连接的后续句发生的时间先于前启句，吕叔湘（1944/1982）认为这里的"则₁"仍然标记"先后相承"，先发生的第二事是一种持续或遗留的状态，直到第一事发生时才被发现，从心理上说，还是先有第一事，后有第二事。[①]

（5）陈平畏吕后，执哈诣长安。至**则**高祖已崩，吕后释哈，使复爵邑。（《樊郦滕灌列传》，3206）

例（5）中"高祖已崩"实际发生时间早于"（陈平）至"，但是文章是从"陈平"的视角进行叙述，所以从陈平的心理上看，仍是先"至"后发现"高祖已崩"。

时间顺承标记"则₁"具有标记从人物话语语境转入作者叙事语境的语用功能。

[①] 吕叔湘：《中国文法要略》，第 375 页。

（6）项王曰："壮士，赐之卮酒。"**则**与斗卮酒。（《项羽本纪》，395、396）

3. 事理顺承标记"则₁"可以连接小句、句子构成复句或句群，如果前启句和后续句的主语一致，"则₁"位于后续句句首，后续句的主语承前省略；如果前启句和后续句的主语不一致，"则₁"位于后续句主语的前面。前启句和后续句间有两种类型的逻辑语义关系：
①原因＋结果

（7）膑至，庞涓恐其贤于己，疾之，**则**以法刑断其两足而黥之，欲隐勿见。（《孙子吴起列传》，2618）

②条件＋结果

（8）仓廪实而知礼节，衣食足而知荣辱，上服度**则**六亲固。（《管晏列传》，2581）
（9）即上一日宫车晏驾，**则**哈欲以兵尽诛灭戚氏、赵王如意之属。（《樊郦滕灌列传》，3206）

例（8）中"则₁"连接的前后小句是一般条件关系，例（9）"则₁"连接的前后小句是假设条件关系。

事理顺承标记"则₁"连接句群时，一般表示基于上文描述的情况得出的未然性推论，有时用指示代词回指上文的复句，使行文简洁。

（10）今如此避而不击，后有大者，何以加之！**则**诸侯谓吾怯，而轻来伐我。（《淮阴侯列传》，3154）
（11）夫上骄则恣，臣骄则争，是君上与主有卻，下与大臣交争也。如此，**则**君之立于齐危矣。（《仲尼弟子列传》，2657）

4. 西周金文中已有顺承关系标记"则₁"，如《殷周金文集成·鬲攸从鼎》："我弗弗具付鬲从，其祖厌分田邑，则杀。"（2818）李杰群认为"则"本义为"划分"，后由"按照等级划分"引申出"法则"、"效法"

的意思，再虚化为顺承连词。他还指出从西周金文时期到汉代，事理顺承标记"则₁"逐渐增多，时间顺承标记"则₁"逐渐减少，到六朝的《世说新语》已不见时间顺承标记"则₁"①。据我们统计，《史记》中时间顺承"则₁"出现 101 次，约占 10.6%，事理顺承标记"则₁"出现 851次，约占 89.4%，"则₁"标记事理顺承关系比标记时间顺承关系更为常见。另外，李杰群认为只有事理顺承标记"则₁"可以连接句群，但是我们在《史记》中发现时间顺承标记"则₁"也可以连接句群，如例（4）、（6）。

"则₁"的篇章连接功能在先秦时期已经基本形成。①先秦时期，"则₁"可以标记时间上的先后承接，如《郭店楚简·成之闻之》："及其博长而厚大也，则圣人不可犹豫悻之。"（27）时间顺承标记"则₁"具有标记从人物话语语境转入作者叙事语境的语用功能，如《上博楚简四·曹沫之阵》："既战復豫，号令于军中曰：'缮甲利兵，明日将战'，则戕厎伤亡。"（50、51）②"则₁"可以用为事理连接标记，如《左传·宣公二年》："谏而不入，则莫之继也。"（1867 上）连接句群时，常用指示代词回指上文复句，后续句一般是基于上文情况得出的推论，如《上博楚简二·从政甲》："昔三代之明王之有天下者，莫之馀也，而□取之，民皆以为义。夫是则守之以信，教之以义，行之以礼也。"（1、2）在中古时期，"则₁"用于时间顺承关系标记频率减少，大部分都是事理连接标记，如据袁雪梅调查鸠摩罗什译经中"则₁""用来表达单纯时间顺承的用例不多"，"更倾向于出现在有条件、因果或其他关系的复句中"②。"则₁"一直沿用至近代汉语，如《红楼梦》："令郎常去谈谈会会，则学问可以日进矣。"（15）

【以₁】（116）

（1）吴王大说，**以**告子贡曰："越王欲身从寡人伐齐，可乎?"（《仲尼弟子列传》，2659）

（2）于是天子又刻玉印曰"天道将军"，使使衣羽衣，夜立白茅

---

① 参看李杰群《连词"则"的起源和发展》，《中国语文》2001 年第 6 期。

② 参看袁雪梅《中古汉语的关联词语——以鸠摩罗什译经为考察基点》，人民出版社 2010年版，第 58 页。

上，五利将军亦衣羽衣，夜立白茅上受印，**以**示不臣也。（《封禅书》，1663）

（3）鲁庄公惧，乃献遂邑之地**以**和。（《刺客列传》，3037）

《史记》顺承关系标记"以$_1$"有以下特点：①从语形上看，一般连接一层复句，前后小句主语常常相同，后续句主语承前省略；②从语义上看，"以$_1$"主要用为事理顺承标记，构成目的或结果的关系，如例（2）、（3）；也可以用为时间顺承标记，如例（1）。

"以$_1$"在先秦汉语早期已经出现，如《尚书·洪范》："凡厥庶民，极之敷言，是训是行，以近天子之光。"（190 中）在出土的先秦时期文献中，"以$_1$"构成"既……以……"的句式，如《上博楚简六·庄王既成》："庄王既成亡敌，以问醓尹子桱。"（1 正）"以$_1$"在东汉时期语法功能没有进一步扩展，仍以连接一层复句为主，如《论衡·超奇》："孔子得《史记》以作《春秋》，及其立义创意，褒贬赏诛，不复因《史记》者，眇思自出于胸中也。"（606）在近代汉语中，"以$_1$"在与高频顺承关系标记"而$_2$""则$_1$"等的竞争中逐渐被淘汰，据席佳统计"以$_1$"在《敦煌变文集新书》中使用率已不到"而$_2$"的十分之一，在《金瓶梅》、《红楼梦》中都仅见数例。[①]

【然$_1$】（3）

1.《史记》中顺承关系标记"然$_1$"用于连接句子或复句构成句群，标记时间顺承或事理顺承关系。标记时间顺承时，"然$_1$"所连接的句群中常有表时间或事件发展线索的词与之搭配使用。

（1）始陈平曰："我多阴谋，是道家之所禁。吾世即废，亦已矣，终不能复起，以吾多阴祸也。"**然**其后曾孙陈掌以卫氏亲贵戚，愿得续封陈氏，然终不得。（《陈丞相世家》，2491）

（2）长男既行，亦自私赍数百金。至楚，庄生家负郭，披藜藋到门，居甚贫。**然**长男发书进千金，如其父言。（《越王勾践世家》，2103）

───────────

① 参看席佳《近代汉语连词》，中国社会科学出版社 2010 年版，第 50 页。

例（1）"始"与"然"的搭配使用，勾勒出事件"先时预言和后时应证"间的顺承关系，例（2）"既行"→"至楚"→"然"、"发书进千金"叙述了"长男"拜访"庄生"的一系列行程，"然₁"位于表达行程最后一个步骤的句首，中间"庄生家……居甚贫"是"长男"、"至楚"所见的情形，属于插入性背景信息，"然₁"标记出主干事件发展的时间顺承关系，有利于加强前景信息间的连贯。

2. "然₁"标记事理顺承时，"然₁"连接的前启语段描述整个事件的过程，后续语段总结事件的结果。

（3）卫灵公闻孔子来，喜，郊迎。问曰："蒲可伐乎？"对曰："可。"灵公曰："吾大夫以为不可。今蒲，卫之所以待晋楚也，以卫伐之，无乃不可乎？"孔子曰："其男子有死之志，妇人有保西河之志。吾所伐者不过四五人。"灵公曰："善。"**然**不伐蒲。（《孔子世家》，2318）

例（3）中前启语段属于人物话语语境，后续句属于作者叙事语境，"然₁"实施了语境转换的语用行为。

3. 顺承关系标记"然₁"在先秦汉语中已经出现，如《庄子·外物》："吾得斗升之水然活耳。"（238）上古汉语中，顺承连词"然₁"是代词"然"语法化为转折连词"然₂"的中间阶段，朱城（2007）指出顺承连词"然₁"是回指代词"然"语法化为转折连词"然₂"的佐证①。"然₁"最早用为近指代词，表示"如此、这样"。洪波和蓝鹰②、张玉金③等指出顺承连词"然"由近指代词"然"虚化而来。近指代词"然"在先秦时期可以"单独成一逗"，如《礼记·少仪》："事君者，量而后入，不入而后量。凡乞假于人，为人从事者亦然。然，故上无怨而下远罪也。"（1512）④我们认为近指代词"然""自成一逗"的用法在语法化的过程中起到了关键性的作用：从位置上看，它处于上下语段中间，具有连词的

---

① 参看朱城《论转折连词"然"的形成》，《古汉语研究》2007年第3期。

② 参看洪波、蓝鹰《上古汉语虚词研究》，四川人民出版社2001年版，第225—227页。

③ 参看张玉金《出土战国文献虚词研究》，人民出版社2011年版，第379页。

④ 参看杨伯峻《古汉语虚词》，中华书局1981年版，第122页。

典型位置，符合联系项居中的原则；从语义上看，即使不使用代词"然"，上下语段构成的顺承关系仍很明确，由于常出现在顺承关系语段中，代词"然"的指代意义虚化，上下语段的顺承关系规约化成为"然"的编码意义，于是促使代词"然"语法化成为顺承连词"然₁"。

【然后】（122）

1. 顺承关系标记"然后"位于后续句句首，当连接的前后小句主语一致时，后续句主语承前省略；当前后小句主语不一致时，"然后"位于后续句主语的前面。

（1）景公与诸大夫郊迎，劳师成礼，**然后**反归寝。（《司马穰苴列传》，2612）

（2）高皇帝盖悔之甚，乃使刘敬往结和亲之约，**然后**天下忘干戈之事。（《平津侯主父列传》，3555）

"然后"可以连接一层复句、多层复句及句群。

（3）天地欣合，阴阳相得，煦妪覆育万物，**然后**草木茂，区萌达，羽翮奋，角觡生，蛰虫昭苏，羽者妪伏，毛者孕鬻，胎生者不殰，而卵生者不殈，则乐之道归焉耳。（《乐书》，1424）

（4）于是废先王之道，燔百家之言，以愚黔首。堕名城，杀豪俊，收天下之兵聚之咸阳，销锋镝，铸以为金人十二，以弱天下之民。**然后**践华为城，因河为池，据亿丈之城，临不测之谿以为固。良将劲弩，守要害之处，信臣精卒，陈利兵而谁何。天下已定，始皇之心，自以为关中之固，金城千里，子孙帝王万世之业也。（《陈涉世家》2367）

2. 《史记》中顺承关系标记"然后"以标记事理顺承关系为主，共计112例，约占91.8%。事理顺承标记"然后"前后句的逻辑语义关系有两种类型：

①原因+结果

（5）梁王恐，乃使韩安国因长公主谢罪太后，**然后**得释。（《梁孝王世家》，2521）

②条件＋结果

　　（6）天子问群臣议计，皆曰"必先纳聘，**然后**乃遣女"。（《大宛列传》，3820）

　　3.《史记》中部分顺承关系标记"然后"连接的前启句中有表示时间晚、历时长的词语，"然后"在语用上突出事情发生或结束得晚。

　　（7）伯禽曰："变其俗，革其礼，丧三年**然后**除之，故迟。"（《鲁周公世家》，1835）

　　（8）唯子赣庐于冢上，凡六年，**然后**去。（《孔子世家》，2342）

　　（9）遂往，至平城，匈奴果出奇兵围高帝白登，七日**然后**得解。（《刘敬叔孙通列传》，3274）

　　4. 顺承关系标记"然后"在先秦汉语中已经产生，如《左传·哀公十四年》："仲尼观之，曰：'麟也。'然后取之。"（2173 上）《郭店楚简·五行》："能为一，然后能为君子。"（18、16）顺承关系标记"然后"是一个复音连词，由指示代词"然"和时间名词"后"语法化而来。

　　出土先秦文献中，顺承关系标记"然后"已常使用，用法与《史记》大体一致，大多用为事理顺承标记，如《郭店楚简·语丛一》："知天所为，知人所为，然后知道，知道然后知命。"（29、30）也可用为时间顺承标记，如《上博楚简二·昔者君老》："太子前之母第，母第送，退，前之，太子再三，然后竝听之。"（1）不同之处主要有：①连接句群时，在出土先秦文献中"然后"位于后续语段的主语之后，如《上博楚简二·容成氏》："四海之内及四海之外皆请贡。禹然后始为之号旗，以辨其左右，思民毋惑。"（19、20）而《史记》中"然后"位于后续语段主语之前，如例（2）、（3）；②《史记》中顺承关系标记"然后"与前启句中有表示时间晚、历时长的词语连用，在语用上突出主观上认为事情发生或结束得晚，如例（7）、（8）、（9），而出土先秦文献中没有类似的用法；③出土先秦文献中，顺承关系标记"然后"所出现的文献带有地域性，仅出现在楚简之中①，而《史记》中"然后"的使用没有明显的地域倾向。

汉代，顺承关系标记"然后"产生出新的篇章语用功能，与前启句中表时间晚、历时长的词语一起，强调主观上认为事情发生或结束得晚，如《武威汉简·甲本服传》："父必三年然后娶，达子之志也。"（13）

顺承关系标记"然后"是一个复音连词，由指示代词"然"和时间名词"后"语法化而来。它虽然沿用至现代汉语，但是篇章功能发生了变化。在现代汉语中，顺承关系标记"然后"主要用为时间顺承关系标记，《现代汉语八百词》解释为"表示一件事情之后接着又发生另一件事情。前句有时用'先、首先'等。后句有时用'再、又、还'等"。在现代汉语口语中，表时间顺承关系标记的"然后"进一步语法化成为一个话语标记，具有"先后关系、列举标记、开启话题"等功能，在用为话语标记时，"然后"表示"前后相继"的语义成分依然在一定程度上得以保留。②

【因₁】（175）

1. 顺承关系标记"因₁"可以标记时间和事理顺承关系，它位于后续句句首，当前后主语一致时，后续句主语承前省略；当前后主语不一致时，"因₁"位于后续句主语的后面。

　　（1）子楚从不韦饮，见而说之，**因**起为寿，请之。（《吕不韦列传》，3029）

　　（2）荆数挑战而秦不出，乃引而东。翦**因**举兵追之，令壮士击，大破荆军。（《白起王翦列传》，2828）

2. "因₁"可以连接一层复句、多层复句，甚至可以进行前向跨小句连接。

　　（3）张良、陈平蹑汉王足，**因**附耳语曰："汉方不利，宁能禁信之王乎？不如因而立，善遇之，使自为守。不然，变生。"（《淮阴侯

① 参看张玉金《出土战国文献虚词研究》，人民出版社2011年版，第382页。
② 参看许家金《汉语自然会话中"然后"的话语功能分析》，《外语研究》2009年第2期。

列传》，3160）

（4）赵王既怒廉颇军多失亡，军数败，又反坚壁不敢战，而又闻秦反间之言，**因**使赵括代廉颇将以击秦。（《白起王翦列传》，2820）

（5）子婴$_i$既位，患之，乃称疾不听事，与宦者韩谈及其子谋杀高。高上谒，请病，Ø$_i$**因**召入，令韩谈刺杀之，夷其三族。（《李斯列传》，3092）

例（3）"因"连接的是一层复句；例（4）"因"连接的是一个多层复句；例（5）中后续句的主语承前省略，以零形主语 Ø$_i$ 的形式回指上文"子婴$_i$"，前启句"子婴$_i$既位……谋杀高"与后续句之间，插入了描写副话题（co-topic）① 的小句"高上谒，请病"，"因"实施了前向的跨小句连接，有利于使篇章叙事主干清晰。

3. 顺承关系标记"因$_1$"在先秦汉语中已经出现，如《左传·哀公二十一年》："齐人责稽首，因歌之，曰：'鲁人之皋，数年不觉，使我高蹈。唯其儒书，以为二国忧。'"（2181 上）《上博楚简四·昭王毁室》："王徙居于平漫，卒以大夫饮酒于平漫，因令至俑毁室。"（5）在出土的汉代文献中，"因$_1$"的用法和《史记》一致，当前后主语一致时，后续句主语承前省略，如《敦煌汉简》："幼卿君明足下，因请长实、子仲、少实诸弟。"（1871）；当前后主语不一致时，"因$_1$"位于后续句主语的后面，如《居延新简》："孔季英为斗艸吏，不居其亭，空其亭，居官下。绝使命，叩头叩头，孔季英因记李仲卿。"（E. P. T 65. 25A、B）中古汉语中，"因$_1$"一直沿用，如《世说新语·德行》："既还，知母憾之不已，因跪前请死。"（19）在近代汉语中，"因$_1$"在分句中的位置与《史记》中一致，特别是当前后主语不一致时，"因$_1$"位于后续句主语的后面，如《红楼梦》："王夫人遂起身，又说了两句闲话儿，方引李、凤二人去了。贾母因问黛玉念何书。"（3）席嘉（2010）认为"因$_1$""从这一点看它不具有连词的典型分布特征"，同时""'因$_1$'只有关联功能，没有副词义

---

① 副话题（co-topic）是在一个句子中，除位于句首的主要话题外，句子还可能涉及其他事物或事件，这一事物或事件在下一个小句中再次被提到，说明作者/说话人在谈论主要话题时，也意欲谈论它们，因此这个事物或事件成为副话题。参看 Xu，Yulong（许余龙），*Resolving Third-person Anaphora in Chinese Text：Toward a Functional-pragmatic Model*，Unpublished Hong Kong Polytechnic University Ph. D. dissertation，1995，p. 197.

项"。"因₁"在《敦煌变文集新书》中3例，《祖堂集》中仅1例，《元刊杂剧三十种》中没有用例，可见"在近代汉语口语中可能已经衰亡"①。我们认为，"因₁"由介词"因"虚化而来，在先秦时期连接功能已经定型，由于"因₁"不具有连词的典型特征，不符合联系项原则，没有进一步语法化，所以在近代汉语中逐渐失去活力，在口语文献中渐渐消亡，仅在书面语中使用较多。

【因而₁】（23）

1. 《史记》中顺承关系标记"因而₁"既可以标记时间顺承关系，也可以标记事理顺承关系。当后续句主语出现时，"因而₁"位于后续句主语的后面；当后续句主语不出现时，"因而₁"位于后续句句首。

（1）于是如其言，而杀苏秦者果自出，齐王**因而**诛之。（《苏秦列传》，2737）

（2）诚得劫秦王，使悉反诸侯侵地，若曹沫之与齐桓公，则大善矣；则不可，**因而**刺杀之。（《刺客列传》，3055）

2. "因而₁"由跨层结构"因介词/而连词"语法化形成。从《史记》的共时语言平面，我们可以看到"因而₁"语法化的过程：

（3）夫主有失行$_i$，臣下不能正言匡过以尊天子，反**因**过$_i$而诛之，代立践南面，非弑而何也？（《儒林列传》，3767）

（4）食其$_i$故得幸太后，常用事，公卿皆**因**∅$_i$**而**决事。（《吕太后本纪》，503）

（5）今杀相如，终不能得璧也，而绝秦赵之欢，不如**因而**厚遇之，使归赵，赵王岂以一璧之故欺秦邪！（《廉颇蔺相如列传》，2945）

（6）在秦者名错，与张仪争论，于是惠王使错将伐蜀，遂拔，**因而**守之。（《太史公自序》，3962）

例（3）至例（6）勾勒了"因而₁"语法化的过程。例（3）的语法

---

① 参看席嘉《近代汉语连词》，中国社会科学出版社2010年版，第49页。

结构是［介词"因"＋宾语"过"］＋连词"而"，其中宾语"过"回指上文的"失行"；例（4）中介词宾语省略，以零形的形式回指上文"食其"，语法结构为［［介词"因"＋宾语"∅$_i$"］＋连词"而"］；例（5）中介词"因"省略的宾语回指不明确，语法结构发生重新分析（re-analysis），由［［介词"因"＋宾语"∅$_i$"］＋连词"而"］重新分析为［介词"因"＋连词"而"］；例（6）中"因而"前没有修饰词，基本语法化成为一个顺承连词。语法结构上介词"因"的宾语省略及回指不明是促使"因而"语法化的主要动因。

3. 先秦汉语中，顺承关系标记"因而$_1$"已经产生，如《庄子·至乐》："庄子之楚，见空髑髅，髐然有形，撽以马捶，因而问之曰。"（151）《郭店楚简·六德》："子弟大材艺者大官，小材艺者少官，因而施禄焉。"（13、14）中古至近代汉语，"因而$_1$"一直沿用，如《晋书·佛图澄》："季龙恶之曰：'石者，朕也，葬我而去，吾将死矣。'因而遇疾。"（2490）《红楼梦》第七回："秦钟见问，因而答以实话。"（116），现代汉语中，"因而"只标记因果关系，顺承关系"因而$_1$"基本消失。

（二）【因遂】（2）【仍】（2）

《史记》中顺承关系标记"因遂"和"仍"都是西汉新产生的篇章连接标记。"因遂"和"仍"可以标记时间和事理顺承关系，其中"因遂"还可以充当从人物会话语境转入作者叙事语境的语用标记。

（1）张仪去楚，**因遂**之韩。（《张仪列传》，2772）

（2）欲自杀以激荆卿，曰："愿足下急过太子，言光已死，明不言也。"**因遂**自刎而死。（《刺客列传》，3054）

（3）淮南、衡山亲为骨肉，疆土千里，列为诸侯，不务遵蕃臣职以承辅天子，而专挟邪僻之计，谋为畔逆，**仍**父子再亡国，各不终其身，为天下笑。（《淮南衡山列传》，3737）

（4）自曹参荐盖公言黄老，而贾生、晁错明申、商，公孙弘以儒显，百年之间，天下遗文古事靡不毕集太史公。太史公**仍**父子相续纂其职。（《太史公自序》，3998）

"因遂"和"仍"中古至近代汉语一直低频沿用。"因遂"由顺承连词"因"和顺承关系副词"遂"同义复合而成，但是使用范围较窄，仅限于连接主语相同的前后语段，如《论衡·福虚》："楚惠王食寒菹而得蛭，因遂吞之，腹有疾而不能食。"（262）《朱子语类》卷一三七："世儒既无高明广大之见，因遂尊崇其书。"（3270）；另由于使用频率较低，我们认为"因遂"一直处于语法化的过渡阶段，没有真正凝结成复音连词。"仍"如《宋书·武帝纪》："初，公平齐，仍有定关、洛之意。"（35）《元史·世祖纪》："滨棣万户韩世安，坐私储粮食、烧毁军器、诈乘驿马及擅请诸王塔察儿益都四县分地等事，有司屡以为言，诏诛之，仍籍其家。"（134）现代汉语中，顺承关系标记"因遂"、"仍"基本消失。

（三）【爰】【焉】

【爰】（5）

顺承关系标记"爰"在《史记》中共出现5次，都用在模仿先秦早期语言的语体中。"爰"位于后续句句首，标记时间或事理顺承。

（1）汉既谲谋，禽信于陈；越荆剽轻，乃封弟交为楚王，**爰**都彭城，以强淮泗，为汉宗藩。（《太史公自序》，3989）

（2）申、吕肖矣，尚父侧微，卒归西伯，文武是师；功冠群公，缪权于幽；番番黄发，爰飨营丘。（《太史公自序》，3985）

顺承关系标记"爰"在先秦汉语早期已经出现，如《尚书·无逸》："作其即位，爰知小人之依，能保惠于庶民，不敢侮鳏寡。"（221下）到了西汉时期，顺承关系标记"爰"在一般的书面语体和口语语体中消失，仅用于模仿或引用先秦早期语言的语体中，如《淮南子·天文》："登于扶桑，爰始将行，是谓朏明。"（234）后世偶有沿用，也仅用于模仿先秦早期语言的语体中。

【焉】（2）

顺承关系标记"焉"可以连接复句和句群，位于后续句句首，标记时间顺承和事理顺承关系。连接相邻复句构成句群时，"焉"还可以标记次话题的转换。

（1）豫让曰："臣闻明主不掩人之美，而忠臣有死名之义。前君已宽赦臣，天下莫不称君之贤。今日之事，臣固伏诛，然愿请君之衣而击之，**焉**以致报仇之意，则虽死不恨。非所敢望也，敢布腹心！"

（《刺客列传》，3044）

（2）二十七年，始皇巡陇西、北地，出鸡头山，过回中。**焉**作信宫渭南，已更命信宫为极庙，象天极。（《秦始皇本纪》，306）

例（1）、（2）中后续句的主语都承前省略了。例（1）"焉"标记事理顺承关系；例（2）前启句叙述的是共同的主语"始皇"的一系列先后相承的活动，后续句"作信宫渭南"是与前启句相承的活动，"焉"标记了相邻复句的时间顺承关系。另外，后文"已更命信宫为极庙，象天极"以"宫"为次话题，话题从"始皇"转换为"宫"，可见"焉"标记了次话题的转换。

顺承关系标记"焉"在先秦汉语中较为常用，如《左传·昭公二十七年》："令尹子常贿而信谗，无极谮郤宛焉，谓子常曰：'子恶欲饮子酒。'"（2116下）《郭店楚简·老子丙本》："故大道废，焉有仁义。六亲不和，焉有孝慈。"（2、3、4、5）汉代以后，顺承关系标记"焉"逐渐消失，使用频率较低，如《淮南子·道应》："故老子曰：'贵以身为天下，焉可以托天下；爱以身为天下，焉可以寄天下矣！'"（848）此例在《马王堆帛书·老子甲本》中作"故贵为身于为天下，若可以托天下矣，爱以身为天下，如何以寄天下？"（115）《马王堆帛书·老子乙本》中作"故贵为身于为天下，若可以托天下矣；爱以身为天下，如可以寄天下矣"（54/228上、54/228下）。《郭店楚简·老子乙本》中作"□□□□□为天下，若可以托天下矣。爱以身为天下，若何以迭天下矣"（7、8）。可见在西汉时期"焉"虽然使用频率较低，但是仍然可以被当时人理解，在当时可能是一个带战国色彩的古语词，而"若"的顺承连词用法在西汉时期已经基本消失，可能当时人已经不太能理解。因为此处是直引老子的话，属于人物话语语境，如果使用在当时口语和书面语中使用频率较高的顺承关系标记"乃"和"则"等替代，就会让人产生古代人讲当代话的不和谐感，所以《淮南子·道应》引用时采用"焉"替代了"若"，既符合了"老子"战国时代人物的语言特点，又使西汉时期的人能理解。到了中古时期，顺承关系标记"焉"消失，不被当时人理解，同样的道理，顺承关系"则"和"乃"替代了"焉"，汉末河上公本作："故贵以身为天下者，则可寄于天下。爱以身为天下者，乃可以托于天下。"唐代傅奕本作："故贵以身为天下者，则可以托天下矣。爱以身为天下者，则可以寄天下矣。"

（四）【乃₁】【遂】【即₁】【亦₂】

顺承关系标记"乃₁、遂、即₁、亦₂"是关联副词，它们都位于后续句的谓语前，既可以标记时间顺承关系，也可以标记事理顺承关系。

【乃₁】（1762）

1. "乃₁"标记单纯的时间顺承关系时，一般连接一层复句，当复句由同一层次的多个小句构成时，"乃₁"位于最后一个小句中。

（1）成王观于记府，/₍顺承₎得周公旦沉书，/₍顺承₎**乃**流涕曰："孰谓周公旦欲为乱乎！"（《蒙恬列传》，3100）

2. "乃₁"标记事理顺承关系时，从语形上看，"乃₁"前的主语可以省略，省略的情况有两种：①前后主语一致时，后续句主语承前省略；②后续句主语是说话人时，可以省略。

（2）二世然高之言，**乃**更为法律。（《李斯列传》，3081）
（3）陈馀曰："汉杀张耳**乃**从。"（《张耳陈馀列传》，3114）

从语义上看，"乃₁"连接辖域较广，可以连接一层复句、多层复句及句群。

（4）秦王闻之，大喜，**乃**朝服，设九宾，见燕使者咸阳宫。（《刺客列传》，3058）
（5）至关，关令尹喜曰："子将隐矣，强为我著书。"于是老子**乃**著书上下篇，言道德之意五千余言而去，莫知其所终。（《老子韩非列传》，2591、2592）

事理顺承标记"乃₁"前后小句可以构成两种逻辑语义关系：
①原因＋结果

（6）嘉鄙野人，**乃**不知，将军幸教。（《袁盎晁错列传》，3302）

②条件＋结果

（7）意治病人，必先切其脉，**乃**治之。（《扁鹊仓公列传》，3386）

例（3）、（7）中，前后小句表示未然的事件，"乃"连接表达假设条件结果关系的复句。

3. 从语用上看，顺承关系标记"乃$_1$"可以标记从人物会话语境转入作者叙事语境。

（8）武帝曰："何不蚤言！"**乃**使使往先视之，在其家。（《外戚世家》，2388）

（9）蒙恬喟然太息曰："我何罪于天，无过而死乎？"良久，徐曰："恬罪固当死矣。起临洮属之辽东，城堑万馀里，此其中不能无绝地脉哉？此乃恬之罪也。"**乃**吞药自杀。（《蒙恬列传》，3100）

4. "乃$_1$"在先秦时期就已用为顺承关系标记，如《尚书·尧典》："乃命羲和。"（119 中）先秦时期，"乃$_1$"既可以用为单纯时间顺承关系标记，如《周家台秦墓简牍·病方及其他》"置垣瓦下，置牛上，乃以所操瓦盖之，坚埋之"（328），也可以用为事理顺承关系标记，如《睡虎地秦简·日书甲种》"十六岁弗更，乃狂"（119 贰）。先秦至西汉，事理顺承标记"乃$_1$"使用频率高于时间顺承标记"乃$_1$"，据郑路（2008）的统计，《左传》中标记因果关系的事理顺承标记"乃$_1$"出现 274 次，时间顺承标记"乃$_1$"出现 92 次。[①] 我们对《史记》进行了统计，事理顺承标记"乃$_1$"出现 1635 次，时间顺承标记"乃$_1$"出现 127 次。顺承关系标记"乃$_1$"从上古一直沿用至明清时期，如《世说新语·简傲》："陆兄弟殊失望，乃悔往。"（904）《红楼梦》第七十五回："这邢大舅便酒勾往事，醉露真情起来，乃拍案对贾珍叹道"。（1072）到了现代汉语中，表

---

① 参看郑路《〈左传〉时间范畴研究》，博士学位论文，中国人民大学，2008 年，第 106 页。

示时间顺承关系和一般事理顺承关系的"乃$_1$"的功能由"于是"承担，而"乃$_1$"连接"强调在一定条件下才发生"的事理顺承关系的功能，如《魏公子列传》："侯生视公子色终不变，乃谢客就车。"（2876）《居延新简》："诸有功，校皆有信，验乃行购赏。"（E. P. F 22. 692）在现代汉语中由副词"才"承担。

【遂】（693）

1. 顺承关系标记"遂"可以标记时间顺承关系及事理顺承关系，连接辖域较广，可以连接复句及句群。

（1）吴王既诛伍子胥，**遂**伐齐。（《伍子胥列传》，2638）

（2）赵王以为老，**遂**不召。（《廉颇蔺相如列传》，2953）

（3）及小白立，为桓公，公子纠死，管仲囚焉。鲍叔**遂**进管仲。（《管晏列传》，2579）

（4）季布曰："樊哙可斩也！夫高帝将兵四十余万众，困于平城，今哙奈何以十万众横行匈奴中，面欺！且秦以事于胡，陈胜等起。于今创痍未瘳，哙又面谀，欲摇动天下。"是时殿上皆恐，太后罢朝，**遂**不复议击匈奴事。（《季布栾布列传》，3289）

2. 在语用上，顺承关系标记"遂"可以标记从人物话语语境转入作者叙事语境。

（5）叔孙通笑曰："若真鄙儒也，不知时变。"**遂**与所征三十人西，及上左右为学者与其弟子百馀人为绵蕞野外。（《刘敬叔孙通列传》，3279）

（6）伯夷曰："父命也。"**遂**逃去。（《伯夷列传》，2569）

3. 事理顺承标记"遂"连接的前后小句表示已然的动作或事件，构成因果逻辑语义关系。并且，"遂"可以和事理顺承标记"于是、乃"及因果关系标记"以故"连用。

（7）既往，未及反，**于是遂**斩庄贾以徇三军。（《司马穰苴列传》，2612）

（8）吕不韦怒，念业已破家为子楚，欲以钓奇，**乃遂**献其姬。（《吕不韦列传》，3029）

（9）王实不病，汉系治使者数辈，**以故遂**称病。（《吴王濞列传》，3397）

4. 先秦汉语中顺承关系标记"遂"已经出现，如《左传·僖公四年》："蔡溃。遂伐楚，次于陉。"杜预注："遂，两事之辞。"（1792上）先秦至明清，"遂"一直沿用，如《颜氏家训·杂艺》："乱离之后，此术遂亡。"（581）《红楼梦》第七回："周瑞家的不敢惊动，遂进里间来。"（107）中古、近代，"遂"继承了先秦时期的功能，可以标记从人物话语语境转入作者叙事语境，如《论衡·书虚》："或曰：'后来之子必贵。'或曰：'不胜，之子必贱。'孔甲曰：'为余子，孰能贱之？'遂载以归，析缭，斧斩其足，卒为守者。"（197）可以与"于是"等连用，如《搜神记·五兵佩》："今妇人而以兵器为饰，又妖之大者也。遂有贾后之事，终以兵亡天下。"（228）

【即₁】（251）

1. 顺承关系标记"即₁"可以标记时间顺承关系和事理顺承关系。当"即₁"标记时间顺承关系时，它可以连接一层复句、多层复句及句群。"即₁"与"乃₁"、"遂"的最大不同在于，"即₁"强调前后事件或动作的紧密连接，可译为"立即就"、"马上就"。

（1）张良出，要项伯。项伯**即**入见沛公。（《项羽本纪》，394）

（2）睢详死，**即**卷以箦，置厕中。（《范睢蔡泽列传》，2901）

（3）太子曰："愿因先生得结交于荆卿，可乎？"田光曰："敬诺。"**即**起，趋出。（《刺客列传》，3054）

2. 事理顺承连接标记"即₁"前后小句构成的逻辑语义有两种类型：
①原因＋结果

（4）汉兵追至塞，度弗及，**即**罢。（《韩长孺列传》，3442）

②条件＋结果

（5）单于即不能，**即**南面而臣于汉。（《匈奴列传》，3496）

事理顺承标记"即₁"除了连接复句外，也可连接句群。

（6）扶苏为人仁，谓蒙恬曰："父而赐子死，尚安复请！"**即**自杀。（《李斯列传》，3080）

3. 顺承关系标记"即₁"可用为从人物会话语境向作者叙事语境转换的标记，如例（3）、（6）。

4. 顺承关系标记"即₁"大致是在战国末期至西汉时期产生，如《战国策·燕策》："今日不出，明日不出，即有死鹬。"（1767）在出土的汉代文献中，"即₁"也很常见，功能和《史记》基本一致，当标记时间顺承关系时，"即₁"强调前后事件紧密相连，在很短的时间内迅速发生，如《居延汉简》："'车上有人，疑类知弘，为处微司之。'函诺函即请同县卒樊文之。"（135.3，157.3）；当作事理顺承连接标记时，前后语段除了构成因果关系外，也可以构成条件关系，如《居延新简》："□怨昌劾辅火误，守乏，即诬箭言昌。"（E. P. T 56. 175）中古至近代汉语，"即₁"一直沿用，如《世说新语·言语》："桓征西治江陵城甚丽，会宾僚出江津望之，云：'若能目此城者有赏。'顾长康时为客，在坐，目曰：'遥望层城，丹楼如霞。'桓即赏以二婢。"（167、168）《儒林外史》第二十二回："主意已定，即在庵里取纸笔写了一个帖子。"（233）

【亦₂】（76）

1. 时间顺承标记"亦₂"可以连接复句及句群，标记两个动作或事件的相继出现。

（1）汉之二年冬，项羽遂北至城阳，田荣**亦**将兵会战。（《项羽本纪》，404）

（2）居顷之，孝文皇帝既益明习国家事，朝而问右丞相勃曰："天下一岁决狱几何？"勃谢曰："不知。"……于是上**亦**问左丞相平。平曰："有主者。"（《陈丞相世家》，2490）

2. 事理顺承标记"亦₂"可以连接复句及句群，标记后一个动作或事件是前一个动作或事件的合理延伸或结果，前后小句可以伴随时间上的先后关系，也可以仅仅是因果推论关系。

（3）帝纣闻武王来，**亦**发兵七十万人距武王。（《周本纪》，160）

（4）胶西王素闻董仲舒有行，**亦**善待之。（《儒林列传》，3773）

（5）我兄弟多，即君百岁后，秦必留我，而晋轻**亦**更立他子。（《秦本纪》，240）

（6）秦赵相毙，而王以全燕制其后，此燕之所以不犯寇也。且夫秦之攻燕也，逾云中、九原，过代、上谷，弥地数千里，虽得燕城，秦计固不能守也。秦之不能害燕**亦**明矣。（《苏秦列传》，2712、2713）

例（3）"亦"处于时间顺承标记向事理顺承标记过渡的中间阶段，前后小句除了事理相因外，时间上的先后相继也很明显；例（6）"亦"连接句群，后续句"秦之不能害燕明"是依据前启句所述的两个方面的原因得出的推论，前后句不关注时间的先后关系。

3. 先秦汉语中顺承关系标记"亦₂"已有用例，如《论语·颜渊》："子曰：'博学于文，约之以礼，亦可以弗畔矣夫！'"（2504 中）中古至近代，时间顺承标记"亦₂"被副词"又"替代，基本消失；事理顺承标记"亦₂"一直沿用，如《世说新语·雅量》："太学生三千人上书，请以为师，不许。文王亦寻悔焉。"（407）《西游记》第十四回："此时各各事毕，师徒与那老儿，亦各归寝。"（169）

三　小结

表 3－2　　　　　　顺承关系标记基本情况表

	词项	次数	历时发展				
			上古		中古	近代	现代
			先秦	西汉			
事理顺承标记	然则	29	＋	＋	＋	＋	＋ 书面语
	于是	756		＋	＋	＋	＋
	而乃₁	1		＋	＋	＋	

续表

词项	次数	历时发展				
		上古		中古	近代	现代
		先秦	西汉			
而₂	2175	+	+	+	+	
则₁	952	+	+	+_{事理}	+_{事理}	+_{书面语}
以₁	116	+	+	+	+	
然₁	3	+	+			
然后	122	+	+	+	+	+
因₁	175	+	+	+	+_{书面语}	
因而₁	23	+	+	+	+	
因遂	2		+	+	+	
仍	2		+	+	+	
爰	5	+	+			
焉	2	+	+			
乃₁	1762	+	+	+	+	+_{书面语}
遂	693	+	+	+	+	+_{书面语}
即₁	251	+	+	+	+	+_{书面语}
亦₂	76	+	+	+	+	

其中行首的合并单元格标注为"时间兼事理顺承标记"。

（1）《史记》顺承关系标记有两种类型：一是事理顺承标记，共计3个，约占16.7%；二是时间兼事理顺承标记，共计15个，约占顺承关系标记的83.3%。

（2）顺承关系标记的连接辖域较广，大多数可以连接复句及句群，包括"则₁、然₁、然后、因₁、因遂、仍、爰、焉、乃₁、遂、即₁、亦₂、然则、于是"共计14个，约占77.8%。"以₁、因而₁、而乃₁"的连接辖域较窄，只能连接复句。"因₁"较为特殊，能进行跨小句连接。顺承关系标记可以省略，省略后文意基本连贯，其中省略时间顺承关系标记后，篇章结构单位间的连贯度高于省略事理顺承关系标记。

（3）顺承关系标记实施的言语行为主要有四类：①"则₁、然₁、因遂、于是、乃₁、遂、即₁"可以标记从人物话语语境到作者叙事语境的转入；②"然则"在人物话语语境的一般疑问句中，实施话轮转换的言语行为；③"焉"在作者叙事语境中可以标记次话题的转换；④"而₂"引进相关的新的次话题。

（4）《史记》顺承关系标记在篇章信息组织中的基本功能是把时间先后相承的信息依次排列组织，时间先后可以是现实的时间先后顺序，也可以是心理上的时间先后顺序，如"则"。除了组织这种顺时性的信息外，《史记》中有的顺承关系标记还可以组织插入性信息或者相隔性信息，如"而$_2$"、"然$_1$"、"因$_1$"。

（5）"因遂、仍、于是、而乃$_1$"是新产生的顺承关系标记，大多数顺承关系标记在先秦时期就已经产生，共计16个，约占88.9%。大部分继承自先秦时期的顺承关系标记继承了先秦时期的篇章功能，有的还发展出新的篇章功能，如"然后"在汉代产生出新的篇章功能，与前启句中表时间晚、历时长的词语一起，强调主观上认为事情发生或结束得晚。《史记》中出现的顺承关系标记大多一直沿用至近代汉语（见表3-2），部分仍然在现代汉语中使用，只不过由于文言色彩较浓，一般仅见于书面语中，只有"然后、于是"成为了现代汉语中常见的顺承关系标记。时间兼事理顺承关系标记"因$_1$、则$_1$、遂"在后世沿用的过程中逐渐演变成事理顺承标记，功能趋于单一。汉代以后不再沿用的顺承关系标记有"然$_1$、爰、焉"，它们的共同特点是在上古汉语中使用频率较低。

第三节　递进关系标记

吕叔湘（1956）将"递进"解释为"两件事情的加合，可以是平列的，也可以有轻重之别。要是分轻重，大率是先轻后重，就是一层进一层"。区分"平列"和"递进"，"往往看说话的和听话的心理如何"[1]。要构成"递进"，说话人和听话人要在心理上预设（presupposition）两件事情有"轻重之别"，"递进关系标记"就是能激发起这种心理预设的预设触发语（presupposition trigger）。

递进关系标记是构成有标递进复句的重要手段，它标记前后小句具有更进一层的语义关系。递进关系标记在递进复句中有两种位置，既可以位于前启句，也可以位于后续句。位于前启句的递进关系标记，预示后续句的语义将以前启句为基点更进一层，我们称之为"预递标记"；位于后续

---

[1]　参看吕叔湘《中国文法要略》，第329—330页。

句的递进关系标记，标记后续句的语义在前启句的基础上更进了一层，我们称之为"承递标记"。

《史记》中递进关系标记共有 16 个：①预递标记"非独、非直、非唯"；②承递标记"而$_3$、而又、且$_2$、且又、又且、乃$_2$、况、而况、况于、又况、何乃、况乃、况乎"。

一 预递标记

【非独】（12）

1. "非独"是一个居前的前启句连接标记，构成"非独 p，q"的句式。当前后小句主语不同时，"非独"位于前启句主语的前面（共计 11例）；当前后小句拥有共同的主语时，"非独"位于共同主语的后面（共计 1 例）。

    （1）轸曰："**非独**仪知之也，行道之士尽知之矣。"（《张仪列传》，2780）

    （2）自古受命帝王及继体守文之君，**非独**内德茂也，盖**亦**有外戚之助焉。（《外戚世家》，2373）

"非独"常和连词"而、乃"，副词"亦、又"搭配使用，共计 8 例，约占 66.7%，构成"非独……，（而/乃）+（主语）+亦/又……"的固定格式。

    （3）**非独**女以色媚，**而**士宦**亦**有之。（《佞幸列传》，3849）

    （4）**非独**政能也，**乃**其姊**亦**烈女也。（《刺客列传》，3049）

    （5）攻城野战，获功归报，哙、商有力焉，**非独**鞭策，**又**与之脱难。（《太史公自序》，3994）

2. "非独"连接的预递句一般充当前启句，位于承递句的前面，偶尔也可以位于承递句的后面，充当后续句。这种后置的形式，在语用上进一步强调了承递句的内容，预递句预示递进关系的功能有所减弱，在篇章中具有追补的性质。

（6）壶遂曰："孔子之时，上无明君，下不得任用，故作<u>春秋</u>，垂空文以断礼义，当一王之法。今夫子上遇明天子，下得守职，万事既具，咸各序其宜，夫子所论，欲以何明？"太史公曰："唯唯，否否，不然。……<u>春秋采善贬恶，推三代之德，褒周室</u>，**非独**刺讥而已也。"（《太史公自序》，3977）

例（6）是"太史公"反驳"壶遂"提出的观点的一段对话，提前承递句"春秋采善贬恶，推三代之德，褒周室"有利于突出"太史公"自己的观点，"非独"连接的预递句属于已知信息，在篇章中起到追补"壶遂"的观点的作用。

"非独"除了连接一次递进复句外，还可以连接多次递进复句。

（7）然此**非独**行者之罪也，/_{递进}父兄之教不先，子弟之率不谨也；/_{递进}寡廉鲜耻，而俗不长厚也。（《司马相如列传》，3667）

3. "非独 p，q"构成的递进复句有"层进式"和"合取式"两种类型。层进式递进复句，前后分句 p 和 q 之间在范围或程度上存在某种递进关系，如例（1）公共的背景知识预设了"张仪"比普通的"行道之士"知道的事情多，因而 q"行道之士尽知之"比 p"张仪知之""知"的范围大，p 和 q 充当预递句和承递句的角色不能互换。合取式递进复句，前后分句 p 和 q 本身的语义没有程度和范围的差异，是并列关系，可以互换，互换后只是表达的语义重点不同，如例（2）p"内德茂"和 q"有外戚之助"是君主统治的两个并列因素，递进关系标记"非独……，亦"将并列关系转化成为递进关系，使得 q"有外戚之助"成为语义表达的重心。在层进式递进复句中，"非独"只是将隐性的递进关系显现出来；在合取式递进复句中，"非独"是构建递进关系的手段。

4. 《汉语大词典》未收"非独"，实际上"非独"在先秦时期就已经出现，如《孟子·告子上》："非独贤者有是心也，人皆有之。"（2752上）先秦时期，"非独"常和副词"亦、又、皆"搭配使用，构成"非独……，（主语）＋亦/又/皆……"的固定格式，如《墨子·天志上》："非独处家者为然，虽处国亦然。"（89）另"q，非独 p。"句式也出现了，"非独 p"具有"追补性质"，如《荀子·强国》："夫尚贤使能，赏有功，罚有罪，非独一人为之也。”（294）中古至近代，“非独”一直沿用，如《论衡·实知》：“放象事类以见祸，推原往验以处来事，贤者亦能，非独圣也。”（1073）《宋书·王微传》：“其举可陋，其事不经，非独搢绅者不道，仆妾皆将笑之。”（1666）《镜花缘》第五十六回：“可见二位姐姐学问，非独本郡众人所不能及，即天下闺才，亦当‘退避三舍’哩。”（418）

【非直】（3）

《史记》中“非直”构成“非直 p，q”句式，预递句 p 句末一般带上语气词“也”，构成表示否定判断语气的句子，承递句 q 都隐匿没有出现，读者可以对 p 进行语用推理，推导出隐含的递进信息 q。

（1）今田假、田角、田间于楚、赵，**非直**手足戚也，何故不杀？（《田儋列传》，3190）

（2）今吾国虽小，然而胜兵者可得十余万，**非直**适（適）戍之众，钒凿棘矜也，公何以言有祸无福？（《淮南衡山列传》，3728）

（3）且称楚之大，因大王之贤，所弋**非直**此也。昔者三王以弋道德，五霸以弋战国。（《楚世家》，2071、2072）

方一新引《楚世家》的例子指出“‘非直’本义为不只是、不仅仅是，不限于，用于单句”[①]。我们认为，篇章信息的表达可视为一个动态的过程，承递句 q 虽然在行文中隐匿不见（即语表上没有以编码的形式表达），但是读者可以通过语用推理，自行推导出这一隐含的递进信息 q。因此我们把“非直”看成一个预递标记。

先秦时期，预递标记“非直”已经出现，如《庄子·列御寇》：“今宋国之深，非直九重之渊也；宋王之猛，非直骊龙也；子能得车者，必遭其睡也。”（285）中古一直沿用，语法功能也进一步发展，“用于并列复句中的前一分句，常与‘又’、‘亦’等副词配合使用，表示递进关系”[②]，如《齐民要术·杂说》：“卷书勿用鬲带而引之，非直带湿损卷，又损首纸令穴；当衔竹引之。”（227）《水经注·渭水》：“迳岐山西，又

① 参看方一新《东汉语料与词汇史研究刍议》，《中国语文》1996 年第 2 期。

② 同上。

屈迳周城南，城在岐山之阳而近西，所谓居岐之阳也，非直因山致名，亦指水取称矣。"（442）大约在明代之后就不再使用了。

【非唯】（2）

《史记》中"非唯"是一个居前的前启句预递标记，仅出现 2 次，构成合取式的递进复句。

（1）**非唯**雨之，又润泽之；**非唯**濡之，氾尃濩之。（《司马相如列传》，3695）

在先秦时期，"非唯"是一个低频的连接标记，构成层进式的递进复句，在我们调查的语料范围内，总共只找到 2 例，它们是《左传·昭公八年》："其非唯我贺，将天下实贺。"（2052 下）《孟子·万章下》："非唯小国之君为然也，虽大国之君亦有之。"（2742 下）中古至近代汉语，"非唯"一直沿用，主要用于构成合取式的递进复句，如《世说新语·言语》："服五石散，非唯治病，亦觉神明开朗。"（87）《朱子语类》卷四四："然不曾先去自家身己上做得工夫，非唯是为那人不得，末后和己也丧了！"（1133）

二　承递标记

《史记》中的承递标记有两种类型：①一般承递标记，主要连接陈述句，标记一般递进关系，包括"而₃、而又、且₂、且又、又且、乃₂"；②反逼承递标记，主要连接带反问语气的疑问句，常和让步标记"尚、犹、且"等搭配使用，标记反逼递进关系，包括"况、而况、况于、况乃、况乎、又况、何乃"。

（一）一般承递标记

【而₃】（615）

1. "而₃"是一个居前的后续句连接标记，位于主语的前面，可连接一层或多层递进复句。

（1）（李斯）学已成，度楚王不足事，//递进**而**六国皆弱，/因果无可为建功者，欲西入秦。（《李斯列传》，3067）

（2）夫陈平、绛侯辅翼高帝，//顺承定天下，//顺柔为将相，/递进

而诛诸吕，//$_{顺承}$存刘氏。（《袁盎晁错列传》，3302）

2. "而$_3$"在篇章中构成"p，而$_3$q"的句式，"p，而$_3$q"一般为合取式的递进复句，并且"而$_3$"常表达将 p 和 q 联合起来一起导致了后续语段 s 的出现，"p，而$_3$q"和 s 构成［［p，而$_3$q］$_{原因}$+s$_{结果}$］的逻辑语义关系，如例（1）、（3）。

（3）马陵道狭，//$_{递进}$**而**旁多阻隘，/$_{因果}$可伏兵，乃斫大树白而书之曰"庞涓死于此树之下"。（《孙子吴起列传》，2621）

3. "而$_3$"在先秦汉语中已经产生，如《荀子·劝学》："君子博学而日参省乎己，则知明而行无过矣。"（2）先秦时期，"而$_3$"仅连接一层复句，如《郭店楚简·五行》："五行皆形于内而时行之，谓之君子。"（6）在西汉时期，"而$_3$"连接的辖域扩大，可连接多层复句，如例（2）。

先秦汉语中，"而$_3$"连接的复句已常与后续语段构成［［p，而$_3$q］$_{原因}$+s$_{结果}$］的逻辑语义关系，如《左传·宣公十二年》："其师老矣，//$_{递进}$而不设备，/$_{因果}$子击之，郑师为承，楚师必败。"（1880 中）

"而$_3$"一直沿用至中古时期，如《世说新语·德行》："张玄之、顾敷，是顾和中外孙，皆少而聪惠。和并知之，而常谓顾胜，亲重偏至，张颇不厌。"（30）在近代汉语中，"而$_3$"在口语中被"而且"替代，仅在文言色彩较浓的语体中出现，如清代袁枚《祭妹文》："吾又不知何日死，可以见汝；而死后之有知无知，与得见不得见，又卒难明也。"（1436）"而$_3$"在现代汉语中用于书面语。

【而又】（12）

1. 承递标记"而又"是一个居前的后续句连接标记，构成"p，而又q"的句式。《史记》中"而又"共出现 12 次，p 和 q 都具有共同的主语，q 的主语都承前省略了。

（1）人或说秦昭王曰："孟尝君贤，**而又**齐族也，今相秦，必先齐而后秦，秦其危矣。"（《孟尝君列传》，2849）

"而又"一般连接陈述句，偶尔也可以连接疑问句，构成让步反逼递进复句。

（2）夫子获罪于君以在此，惧犹不足，**而又**可以畔乎？（《吴太伯世家》，1754）

2. "而又"可以连接一层复句和多层复句，一般标记合取式递进关系。和"而₃"相似，"p，而又q"和后续语段s常构成 [[p，而又q]$_{原因}$ + s$_{结果}$] 的逻辑语义关系。其中后续语段s在篇章中可以没有编码，以隐性的形式存在，是需要通过语用推理得出的言外之义。

（3）于是天子察其行敦厚，///$_{并列}$辩论有余，///$_{并列}$习文法吏事，//$_{递进}$**而又**缘饰以儒术，/$_{因果}$上大说之。（《平津侯主父列传》，3550）

（4）楚王怒曰："秦诈我**而又**强要我以地！"不复许秦。（《楚世家》，2070）

例（4）在人物会话语境中，"楚王"没有明确说出后续语段s"不许秦"，听话人要从"p，而又q"推出言外之义s。在作者叙事语境中，s"不复许秦"是后文叙事的主干内容，由于语篇信息推进要求前景信息线索清晰，所以作者将s以有编码的形式"不复许秦"显现出来。

3. "而又"是由递进连词"而"和"又"同义复合构成，在先秦汉语中就已经出现，如《左传·昭公二十三年》："民无内忧，而又无外惧，国焉用城？"（2103 上）先秦汉语中，"而又"除了连接陈述句外，也可以连接疑问句，构成让步反逼递进复句，如《左传·襄公二十九年》："夫子获罪于君以在此，惧犹不足，而又何乐？"（2008 下）西汉时期，"而又"还可与"况"同义连用，构成让步反逼递进复句，如《说苑·尊贤》："虽舜禹犹亦受困，而又况乎俗主哉！"（174）《淮南子·说林》："尾生之言，不如随牛之诞，而又况一不信者乎！"（1234、1235）

西汉时期，"而又"可以构成同语式"A 而又 A"，获得临时的语用效果，如《新序·杂事》："虎会对曰：'为人臣而侮其主者，死而又死。'简子曰'何谓死而又死？'虎会曰：'身死，妻子又死，若是谓死而又死。君既已闻为人臣而侮其主者之罪矣，君亦闻为人君而侮其臣者乎？'"

（72、73）在这一语例中，同语式"死而又死"中递进连词前后都是连接"死"，违背了"而又"连接递进关系小句的功能，说话者"虎会"通过"死而又死"语表看似存在逻辑矛盾，语里临时获得了引起听话人注意和讨论的语用效果。在近代汉语中，同语式"A而又A"获得了"强调"的规约性语用含义，如《儿女英雄传》第二十九回："除是劈了烧火，那便无理而又无理，无理到那头儿了。"（418）《红楼梦》第五十六回："宝玉道：'这如何是梦？真而又真了。'"（796）

中古至近代，"而又"一直沿用，如《三国志·魏书·田畴传》："或说瓒曰：'田畴义士，君弗能礼，而又囚之，恐失众心。'"（341）到了现代汉语，"而又"只能标记句内成分的递进关系。

【且₂】（427）

1. 承递标记"且₂"是一个居前的后续句连接标记，后续句主语一般都出现，"且₂"位于主语的前面。

（1）夫鲁小国，而有战胜之名，则诸侯图鲁矣。**且**鲁卫兄弟之国也，而君用起，则是弃卫。（《孙子吴起列传》，2622）

2. "且₂"的连接辖域较广，可以连接复句及句群，并以连接句群为主，标记合取式递进关系。

（2）大王事秦，秦必求宜阳、成皋。今兹效之，明年又复求割地。与则无地以给之，不与则弃前功而受后祸。**且**大王之地有尽而秦之求无已，以有尽之地而逆无已之求，此所谓市怨结祸者也，不战而地已削矣。（《苏秦列传》，2723）

（3）平原君使者冠盖相属于魏，让魏公子曰："胜所以自附为婚姻者，以公子之高义，为能急人之困。今邯郸旦暮降秦而魏救不至，安在公子能急人之困也！**且**公子纵轻胜，弃之降秦，独不怜公子姊邪？"（《魏公子列传》，2877）

3. "且₂"常与发语词"夫"连用构成"且夫"，用于议论语体，"且夫"可多个连用，表达多重递进关系，语气一层进一层。

（4）龙且曰："吾平生知韩信为人，易与耳。**且夫**救齐不战而降之，吾何功？今战而胜之，齐之半可得，何为止!"遂战，与信夹潍水陈。（《淮阴侯列传》，3159、3160）

（5）范蠡曰："会稽之事，天以越赐吴，吴不取。今天以吴赐越，越其可逆天乎？且夫君王蚤朝晏罢，非为吴邪？谋之二十二年，一旦而弃之，可乎？**且夫**天与弗取，反受其咎。'伐柯者其则不远'，君忘会稽之厄乎？"（《越王勾践世家》，2094）

4. 先秦时期，"且₂"已用为承递标记，如《左传·隐公元年》："公曰：'尔有母遗，繄我独无。'颍考叔曰：'敢问何谓也?'公语之故，且告之悔。"（1716 下）在出土的先秦文献中，"且₂"是一个常见的承递标记，如《上博楚简五·季庚子问于孔子》："德以临民，民望其道而服焉，此之谓仁之以德。且管仲有言曰：'君子恭则遂，骄则侮。'"（4）"且夫"在出土先秦文献中已经出现，如《上博楚简五·季庚子问于孔子》："孔子曰：'由丘观之，则微言也已。且夫剗今之先人，丧三代之传史。'"（14）"且₂"中古、近代一直沿用，如《世说新语·言语》："《春秋》之义，内其国而外诸夏。且不爱其亲而爱他人者，不为悖德乎？"（74）《老残游记》第三回："此人既非候补，又非投效，且还不知他有什么功名，札子不甚好下。"（28）现代汉语中"且₂"基本被复音词"而且"替代。

【且又】（11）

《史记》中承递标记"且又"位于后续句主语的前面，共出现 11 次，都是连接多层复句或句群，标记合取式递进关系。

（1）景帝曰："错所穿非真庙垣，乃外堧垣，故他官居其中，**且又**我使为之，错无罪。"（《张丞相列传》，3235）

（2）樊哙，帝之故人也，功多，**且又**乃吕后弟吕嬃之夫，有亲且贵，帝以忿怒故，欲斩之，则恐后悔。（《陈丞相世家》，2487）

（3）乌孙国分，王老，而远汉，未知其大小，素服属匈奴日久矣，**且又**近之，其大臣皆畏胡，不欲移徙，王不能专制。骞不得其要领。（《大宛列传》，3818）

（4）臣曰："夫齐，霸国之馀业而最胜之遗事也。练于兵甲，习于战攻。王若欲伐之，必与天下图之。与天下图之，莫若结于赵。且

又淮北、宋地，楚魏之所欲也，赵若许而约，四国攻之，齐可大破也。"（《乐毅列传》，2935）

先秦时期，承递标记"且又"主要连接复句，标记层进式递进关系，如《左传·僖公八年》："臣不及也，且又不顺。"（1799 下）秦汉之际，"且又"的连接辖域和连接功能扩大，主要连接多层复句及句群，标记合取式递进关系。中古至近代，"且又"一直沿用，功能基本相同，如《三国志·魏书·陈矫传》"王薨于外，天下惶惧。太子宜割哀即位，以系远近之望。且又爱子在侧，彼此生变，则社稷危矣。"（644）《红楼梦》第一一三回："那时贾府的人虽都知道，只为贾政新丧，且又心事不宁，也不敢将这些没要紧的事回禀。"（1555）

【又且】（1）

1. 承递标记"又且"仅出现 1 次，连接相邻复句构成句群，标记合取式递进关系。

（1）宛国饶汉物，相与谋曰："汉去我远，而盐水中数败，出其北有胡寇，出其南乏水草。又且往往而绝邑，乏食者多。"（《大宛列传》，3824）

"又且"还见于先秦、西汉的其他文献中，但是一般以连接一层及多层复句为主。例如：

（2）非徒危己也，又且危父矣。（《韩非子·外储说左下》，307）

（3）王曰："必不得宋，又且为不义，曷为攻之！"（《淮南子·修务训》，1325）

2. "且又"和"又且"是同素异序词，《史记》中"且又"的使用频率高于"又且"，篇章连接功能基本相同。《汉语大词典》只收录了"又且"，引例为《水浒传》第一百回："张清对琼英道：'不该深入重地，又且众寡不敌。'"《初刻拍案惊奇》卷二十五："做鸨儿龟子的，吮血磨牙，不管天理，又且转眼无情，回头是计。"（2/851）但是据我们调查，直到明清之际，"且又"还和"又且"并存使用，如《水浒传》第二十二回："那汉道：'我虽不曾认的，江湖上久闻他是个及时雨宋公明。且又仗义疏财，扶危济困，是个天下闻名的好汉。'"（287）《二刻拍案惊奇》卷三十九："众道士嫌他惯讨便宜，且又使酒难堪，这番务要瞒着了他。"（1835）

【乃₂】（1）

1. "乃₂"是一个居前的后续句连接标记，连接相邻复句，标记篇章信息的合取式递进关系。

（1）非独政能也，**乃**其姊亦烈女也。（《刺客列传》，3049）

2. 合取式递进标记"乃₂"不单独使用，一般与预递标记"非独"、"非直"、"不惟"等搭配使用，构成"非独/非直/不惟……乃"的固定格式。这种格式还见于汉代的其他语料，如《春秋繁露·玉杯》："非直不子，乃少恶之。"（27）《说苑·至公》："二三子再拜稽首曰：'不惟晋国适享之，乃唐叔是赖之。'"（357）

（二）反逼承递标记

【况】（28）【而况】（10）【况于】（9）

1. "况、而况、况于"都是居前的后续句连接标记，位于后续句主语的前面，可以连接一层及多层复句，标记篇章信息的层进式递进关系。

（1）王者尚不能行之于臣下，**况**同列乎！（《伍子胥列传》，2640）

（2）夫千乘之王，万家之侯，百室之君，尚犹患贫，**而况**匹夫编户之民乎！（《货殖列传》，3924）

（3）且庸人尚羞之，**况于**将相乎！（《廉颇蔺相如列传》，2947、2948）

（4）甚哉，妃匹之爱，君不能得之于臣，//父不能得之于子，/**况**卑下乎！（《外戚世家》，2373）

（5）及其调和谐合，//鸟兽尽感，/**而况**怀五常，//含好恶，自然之势也？（《乐书》，1392）

（6）及其贵极富溢，//一夫开说，///身折势夺而以忧死，/**况于**羁旅之臣乎？（《穰侯列传》，2814）

2. "p，况/而况/况于 q"，p 中常有让步关系标记"尚、且、犹"等与"况、而况、况于"搭配使用。"况、而况、况于"一般连接反问句，q 的述位省略（"况"25 例占 89.2%，"而况"9 例占 90%，"况于"8 例占 88.9%）。

（7）窃人之财，**犹**曰是盗，**况**贪天之功以为己力乎？（《晋世家》，1994）

（8）夫罪轻**且**督深，**而况**有重罪乎？（《李斯列传》，3084）

（9）臣**犹**知之，**况于**君乎？（《晋世家》，1992）

"况、而况、况于"也可以连接陈述句，q 的述位不省略（"况"3 例占 10.8%，"而况"1 例占 10.0%，"况于"1 例占 11.1%）。

（10）夫以一赵**尚**易燕，**况**以两贤王左提右挈，而责杀王之罪，灭燕易矣。（《张耳陈馀列传》，3109）

（11）且夫清道而后行，中路而后驰，**犹**时有衔橛之变，**而况**涉乎蓬蒿，驰乎丘坟，前有利兽之乐而内无存变之意，其为祸也不亦难矣！（《司马相如列传》，3676）

（12）秦乃在河西晋，去梁千里，而祸若是矣，又**况于**使秦无韩，有郑地，无河山而阑之，无周韩而间之，去大梁百里，祸必由此矣。（《魏世家》，2235、2236）

连词"而况"和介词"于"可组成反逼承递短语"而况于"。

（13）子义闻之，曰："人主之子，骨肉之亲也，**犹**不能持无功之尊，无劳之奉，而守金玉之重也，**而况于**予乎？"（《赵世家》，2184）

3. 一般情况下，句子的主位表达已知信息，述位表达新信息，句子的常规焦点在述位，因而主位常承前省略，而述位一般不能省略。但是"况、而况、况于"连接的反问句中，q 的述位都承前省略了，q 中只出现名词性的主位。我们认为"况/而况/况于 q"述位省略句式出现的动因是：q 的信息焦点是对比焦点，强调 q 主位与 p 主位的对比变化，"况/而况/况于"是强调主位的对比焦点标记词。反问句"况/而况/况于 q 乎/哉/也？"具有言外之义，它隐含的回答就是省略的述位，反问语气强调"对比之下更进一层"的言外之义。

4. "况、而况、况于、而况于"在先秦汉语中已经产生，如《左传·僖公十五年》："一夫不可狃，况国乎！"（1806 中）《左传·文公六年》："先王违世，犹诒之法，而况夺之善人乎！"（1844 上）《商君书·赏刑》："颠颉之有宠也，断以殉，而况于我乎！"（102）《吕氏春秋·应同》："荣且利，中主犹且为之，况于贤主乎？"（684）在出土先秦文献中存在"况"和"而况于"的用例，用法和传世文献一致，如《上博楚简六·孔子见季桓子》："桓子曰：'斯不赴，吾子悉言之，犹恐弗知，况其如微言之乎？'"（22）《郭店楚简·缁衣》："龟筮犹弗知，而况于人乎。"（46）

"况、而况"一直沿用到现代汉语书面语中，但是功能发生了变化。中古时期，"况"连接反问句时，q 中的述位可以不省略，如《后汉书·桓谭传》："自子贡以下，不得而闻，况后世浅儒，能通之乎？"（960）现代汉语中"而况"在书面语中用作递进连词，不过"p，而况 q"中 q 的句式发生变化，"而况"不再是强调主位的对比焦点标记词，述位部分不一定因与 p 的述位相同而省略，如"他本来就不善于言谈，而况又在稠人广众之间，越发显得局促不安了"（引自《现代汉语八百词》（增订本），194）。"况于"从上古沿用至明清之际，功能基本不变，如《古今小说·张道陵七试赵升》："论我等气力，便是山也穿得过，况于石乎？"（514）

【又况】（2）

反逼承递标记"又况"和"况、而况、况于"的基本功能相似，《史记》中只出现 2 例，都是连接多层复句。

（1）夫以秦王之暴而积怒于燕，足为寒心，**又况**闻樊将军之所在乎？（《刺客列传》，3052）

（2）臣请与大王提剑而归汉，汉王必裂地而封大王，**又况**淮南，淮南必大王有也。（《黥布列传》，3137）

例（2）中"又况"既是层进式递进标记，又兼作对比焦点主位"淮南"的标记词，由于没有带上反问语气词，述语"淮南必大王有也"必须出现。

"又况"在先秦时期已经产生，如《庄子·人间世》："夫支离其形者，犹足以养其身，终其天年，又况支离其德者乎！"（44）中古至近代，"又况"一直沿用，但功能发生了变化，当连接反问句时，q中的述位可以不省略，如《朱子语类》卷一三三："今桓公名为尊王室，若庄公不赴，非是叛齐，乃叛周也。又况桓公做得气势如此盛大，自家如何便复得仇？"（3198）大约明清时期，"又况"基本消失。

【何乃】（3）

"何乃"是西汉时期新产生的连接标记，和"况、而况、况于"等的基本功能相似。《史记》中"何乃"出现3次，连接的都是省略述位的反问句。

（1）任安曰："将军尚不知人，**何乃**家监也！"（《田叔列传》，3347）

（2）且秦举咸阳而弃之，**何乃**越也！（《东越列传》，3586）

（3）尉曰："今将军尚不得夜行，**何乃**故也！"（《李将军列传》，3451）

"何乃"一直沿用至明清时期，功能基本一致，如《论衡·案书》："阴阳相浑，旱湛相报，天道然也，何乃修雩设龙乎？"（1169）《后汉书·袁隗妻传》："及初成礼，隗问之曰：'妇奉箕帚而已，何乃过珍丽乎？（2976）'"明代李东阳《太白行》："龙攀凤附不自由，何乃弃君来事仇。"（67）

【况乃】（1）

"况乃"是一个居前的后续句连接标记，连接相邻句群，标记篇章信息的层进式递进。"p，况乃 q"，q是反问句，但不同于"况、而况、况于"连接省略述位的反问句，反问句"况乃 q"的主位和述位可以都出现，反问语气位于显现的述位。

（1）二夷交侵，当盛汉之隆，以此知功臣受封侔于祖考矣。何者？自《诗》、《书》称三代"戎狄是膺，荆荼是征"，齐桓越燕伐山戎，武灵王以区区赵服单于，秦缪用百里霸西戎，吴楚之君以诸侯役百越。**况乃**以中国一统，明天子在上，兼文武，席卷四海，内辑亿万之众，岂以晏然不为边境征伐哉！（《建元以来侯者年表》，1219）

反逼承递标记"况乃"首见于《史记》，是西汉时期新产生的连接标记。中古至近代，"况乃"一直沿用，如《后汉书·刘瑜传》："邹衍匹夫，杞氏匹妇，尚有城崩霜陨之异；况乃群辈咨怨，能无感乎！"（1856）唐代元结《舂陵行》："追呼尚不忍，况乃鞭扑之。"（2704）大约明清时期，"况乃"基本消失。

【况乎】（2）

"况乎"是一个居前的后续句连接标记，连接相邻小句，标记篇章信息的层进式递进。"p，况乎 q"，q 可以是省略述位的反问句，也可以是不省略述位的反问句。

（1）鳌夫为之垂涕，**况乎**上圣，又恶能已？（《司马相如列传》，3673）

（2）夫鸟兽之于不义也尚知辟之，而**况乎**丘哉！（《孔子世家》，1926）

"况乎"先秦时期已经出现，如《孟子·万章下》："以士之招招庶人，庶人岂敢往哉？况乎以不贤人之招招贤人乎？"（2745 下）中古至近代，"况乎"一直沿用，如《后汉书·鲜卑传》："而欲以齐民易丑虏，皇威辱外夷，就如其言，犹已危矣，况乎得失不可量邪！"（2992）《朱子语类》卷一八："只如时节虽不好，但上面意思略转，下面便转。况乎圣贤是甚力量！"（2684）大约明清时期基本消失。

三　小结

表 3 - 3　　　　　　　　　　递进关系标记基本情况表

词项		次数	历时发展				
			上古		中古	近代	现代
			先秦	西汉			
预递标记	非独	12	+	+	+	+	
	非直	3	+	+	+	+	
	非唯	2	+	+	+	+	

续表

	词项	次数	历时发展				
			上古		中古	近代	现代
			先秦	西汉			
承递标记	一般承递标记	而₃ 615	+	+	+	+	+
		而又 12	+	+	+	+	
		且₂ 427	+	+	+	+	
		且又 11	+	+	+	+	
		又且 1	+	+	+	+	
		乃₂ 1		+			
	反逼承递标记	况 28	+	+	+	+	+ 书面语
		而况 10	+	+	+	+	+ 书面语
		况于 9	+	+	+	+	
		又况 2	+	+	+	+	
		何乃 3		+	+	+	
		况乃 1		+	+	+	
		况乎 2	+	+	+	+	

（1）《史记》中递进关系标记有两种类型：①预递标记，共计 3 个，约占 18.7%；②承递标记，共计 13，约占 81.3%。其中承递标记有两个小类：①一般承递标记，共计 6 个；②反逼承递标记，共计 7 个。

（2）预递标记既可以标记合取式递进关系，也可以标记层进式递进关系，主要连接复句。承递标记中，一般承递标记主要连接陈述句，标记合取式递进关系，"而₃、而又、且₂、乃₂"能连接相邻复句，"且₂、且又、又且"可以连接句群，总体上看连接辖域较广；反逼承递标记标记层进式递进关系，普遍都能连接复句，只有"况乃"能连接句群。递进关系标记的连接辖域由广到窄可以作如下排列：一般承递标记＞反逼承递标记＞预递标记。

承递标记的两个小类在其标记的篇章逻辑语义关系和连接的句式类型两个方面表现出对称性：

一般承递标记　　　　　陈述句/合取式递进

反逼承递标记　　　　　反问句/层进式递进

（3）反逼承递标记连接的后续句，可以是带反问语气的小句或句子，除"况乃"外一般后续句中只出现主位，不出现述位，它们在起篇章连接功能的同时，还标记句子对比焦点，实施了提醒读者注意主位前后对比变化的言语行为。

（4）《史记》中新产生的递进关系标记有"乃$_2$、何乃、况乃"3个，大部分递进关系标记都在先秦时期就产生了，共计13个，约占81.2%。《史记》中出现的递进关系标记基本都沿用到了近代汉语时期，"而$_3$、况、而况"在现代汉语中仍然使用，其中"况、而况"只见于书面语。

（5）《史记》中递进关系标记大部分继承自先秦汉语，篇章连接功能和先秦汉语中基本一致，如"非独、非直、且$_2$、又且、况、而况、况于、又况、况乎"；先秦时期少部分递进关系标记的篇章连接功能在西汉时期有所发展和改变，如"非唯、而$_3$、且又"。

受到文体和文献数量的影响，出土的先秦和西汉时期文献中递进关系标记的数目大大少于《史记》中的数目，除了"而$_3$"、"且$_2$"、"况"、"而况于"外，其他递进关系标记在先秦至西汉的出土文献中没有出现。

《史记》中出现的递进关系标记的篇章连接功能，涵盖了西汉时期递进关系标记的绝大部分用法。只有个别西汉时期递进关系标记的功能，它们在《史记》中没有出现，如"而又"在西汉其他语料中可以构成同语式"A而又A"，但在《史记》中没有出现这种用法。

《史记》中的递进关系标记，大部分沿用至中古和近代汉语，有的功能基本保持一致，如"况于、何乃、况乃、况乎"；有的产生了新的功能，如"非直、而又、况、而况、又况"。

第四节　选择关系标记

选择关系标记连接两个或几个小句构成选择复句，标示对多种情况进行选择。《史记》选择关系标记共有9个，包括"且$_3$、抑、若$_1$、其$_1$、亡其、宁、与、与其、将"。

目前学界关于"选择复句"的范围和分类存在很大分歧，主要有以下四种代表性的意见：①吕叔湘《中国文法要略》（1944/1982）在"离合·向背"类表达范畴中讨论了"交替"关系，"交替关系就是'数者居其一'的关系"，也就是抉择句包含的关系。交替关系可分为"尽性"和

"不尽性"交替关系，还有用假设句法表示的交替关系。① ②黎锦熙《新著国语文法》（1924/1992）把"选择句"分为"两商的"和"相消的"两类。"两商的"是指"二者任选其一，所以并举待商"；"相消的"是指"二者必居其一，因为两不相容"②。③王维贤（1994）把选择复句分为"任选句、限选句、优选句"三种，"任选句指复句中表示几个分句代表的几种事物或情况可以任选其中之一的选择句"；"限选句指复句中表示几个分句代表的几种事物或情况只能选择其中之一的选择句"；"优选句表示在两个分句所代表的两种事物或情况中说话人经过评估比较取其一种舍其一种的选择复句"③。④ 黄伯荣、廖序东（2003）等认为选择复句可分为"未定选择"和"已定选择"两大类。其中"未定选择"指"分别说出两种或几种可能的情况，让人从中选择"，包括"任选"、"限选"两类；"已定选择"指"说出选定其中一种，舍弃另一种"，包括"先取后舍"、"先舍后取"两类。④

第四种意见基本上全面涵盖了汉语选择复句的各个次类，我们认为汉语选择复句的分类实际上反映了汉语选择范畴能够表达的各种次关系范畴：从时间上看，可表达"选择已定"、"选择未定"两种关系；从方式上看，可表达"限选"、"任选"两种关系；从结果上看，可表达"优选"、"舍弃"两种关系。

据此，我们把《史记》选择关系标记分为两种类型：①未定选择标记，包括"且$_3$、抑、若$_1$、其$_1$、亡其"；②已定选择标记，包括"宁、与、与其"。选择关系标记"将"较为特殊，兼具标记未定选择和已定选择两种功能。

一 未定选择标记

【且$_3$】（4）【抑】（2）

"且$_3$、抑"都是居前的后续句连接标记，连接一层复句。当前后小句主语一致时，后续句主语承前省略；当前后小句主语不一致，后续句主语

① 参看吕叔湘《中国文法要略》，第346页。

② 参看黎锦熙《新著国语文法》，第204—205页。

③ 参看王维贤、张学成、卢曼云、程怀友《现代汉语复句新解》，华东师范大学出版社1994年版，第255—268页。

④ 参看黄伯荣、廖序东《现代汉语》（增订三版），高等教育出版社2003年版，第163页。

出现时，"且₃、抑"位于后续句主语的前面。"且₃、抑"连接疑问句，标记未定选择关系。

　　（1）吾方燕私，丞相辄来请事。丞相岂少我哉？**且**固我哉？（《李斯列传》，3088）

　　（2）子击因问曰："富贵者骄人乎？**且**贫贱者骄人乎？"（《魏世家》，2211）

　　（3）郦生入，则长揖不拜，曰："足下欲助秦攻诸侯乎，**且**欲率诸侯破秦也？"（《郦生陆贾列传》，3245）

　　（4）广尝与望气王朔燕语，曰："自汉击匈奴而广未尝不在其中，而诸部校尉以下，才能不及中人，然以击胡军功取侯者数十人，而广不为后人，然无尺寸之功以得封邑者，何也？岂吾相不当侯邪？**且**固命也？"（《李将军列传》，3453、3454）

　　（5）又问曰："孔子适是国必闻其政。求之与？**抑**与之与？"（《仲尼弟子列传》，2655、2656）

　　（6）叔孙昭子求内其君，无病而死。不知天弃鲁乎？**抑**鲁君有罪于鬼神也？（《鲁周公世家》，1855）

　　"且₃、抑"在先秦时期就已用为选择关系标记，用法和《史记》基本相同，如《礼记·曾子问》："日有食之，则有变乎？且不乎？"（1400下）《左传·哀公二十六年》"子将大灭卫乎，抑纳君而已乎？"（2182中）在出土先秦文献中，"且"标记选择关系，除了可以用于选择问句，还可以用于正反问句中，如《睡虎地秦简·法律答问》："妻有罪以收，妻媵臣妾、衣器当收，且畀夫？畀夫。"（171）《睡虎地秦简·法律答问》："顷畔'封'也，且非是？"（64）"抑"在出土先秦文献中与《史记》用法相同，用于选择问句，如《上博楚简五·季庚子问于孔子》："肥，从有事之后，抑不知民务之焉在？"（1）"且"、"抑"中古以后都基本消失。"抑"在先秦汉语中是一个常见的选择关系标记，据管燮初（1994）的统计，"抑"在《左传》选择关系标记中出现频率居第二，共计10次。① 到了秦汉时期，"抑"使用频率降低，如《吕氏春秋》、《盐铁

---

① 参看管燮初《左传句法研究》，安徽教育出版社1994年版，第354页。

论》中选择关系标记"抑"都没有出现。①　《史记》中选择关系标记
"抑"虽然出现了 2 次，但是使用的语境较为特殊，例（5）是引用先秦
人物"陈子禽"的话，例（6）则是对《左传·昭公二十六年》"不知天
之弃鲁耶，抑鲁君有罪于鬼神，故及此也？"（2113 上）的改写，可见
"抑"在西汉时期已是一个低频，且带有先秦语言色彩的选择关系标记。
而"且$_3$"还可以在西汉时期人物的口语中使用，如例（3）、（4）。因此，
我们认为《史记》中"且$_3$"和"抑"的最大不同是使用的语体色彩
不同。

【若$_1$】（1）

《史记》中选择关系标记"若"仅出现一次，是一个居前的后续句连
接标记，连接多层复句。"若$_1$"连接陈述句，标记多种情况的交替出现。

（1）自以为侵，因神与谋。淫雨不霁，水不可治。**若**为枯旱，风
而扬埃，蝗虫暴生，百姓失时。（《龟策列传》，3897、3898）

"若$_1$"在先秦汉语中已经产生，如《左传·定公元年》："若从践土，
若从宋，亦唯命。"（2131 下）出土先秦文献中，"若$_1$"多标示句内的选
择关系，如《睡虎地秦简·秦律十八种》："百姓有资赎债而有一臣若一
妾，有一马若一牛，而欲居者，许。"（司 121）"若$_1$"一直沿用至中古汉
语，如《论衡·难岁》："其移东西，若徙四维，相之如者，皆吉。"
（1017）

【其$_1$】（1）

"其$_1$"在《史记》中是一个居前的后续句连接标记，连接一层复句。
"其$_1$"只用于连接疑问句，标记未定选择关系。

（1）秦赵与国，以强征兵于韩，秦诚爱赵乎？**其**实憎齐乎？物之
甚者，贤主察之。（《赵世家》，2176）

先秦时期，"其$_1$"就可以用为选择关系标记，如《庄子·养生主》：

---

① 参看殷国光《〈吕氏春秋〉词类研究》，商务印书馆 2008 年版，第 354 页；白兆麟《〈盐
铁论〉句法研究》，商务印书馆 2003 年版，第 121—122 页。

"天与？其人与？"（30）"其₁"还可以构成"其₁……，其₁……"的固定格式，如《庄子·逍遥游》："天之苍苍，其正色邪？其远而无所至极邪？"（1）中古至近代汉语"其₁"一直低频沿用，如《论衡·祀义》："而罪欤？其鲍之罪欤？"（1051）唐韩愈《祭十二郎文》："呜呼，其信然邪？其梦邪？其传之非其真邪？"（338）

【亡其】（1）

"亡其"是一个居前的后续句连接标记，用于疑问句中，和副词"意者"搭配使用，连接多层复句，标记未定选择关系。

> （1）语之至者，臣不敢载之于书，其浅者又不足听也。意者臣愚而不概于王心邪？**亡其**言臣者贱而不可用乎？自非然者，臣愿得少赐游观之间，望见颜色。（《范雎蔡泽列传》，2905）

"亡其"在先秦时期已用为选择关系标记，如《韩非子·外储说左上》："一日，申子请仕其从兄官，昭侯曰：'非所学于子也，听子之谒，败子之道乎？亡其用子之谒？'"（285）喻遂生认为选择连词"亡其"与否定副词"亡"有明显的渊源关系，"最早是用 A 和与之相反的'亡其A'构成选择项，后来用 A 和'亡其＋非 A'构成选择项，因为 A 和'非 A'已经相反，'亡其'不再表否定意义就虚化为表示选择关系的连词了"①。我们赞同这种看法。"亡其"只在上古汉语中使用，中古以后基本消失。

二 已定选择标记

【宁】（14）

1. "宁"是一个副词性的选择关系标记，它既在句内修饰谓语，又在篇章中连接复句，标记对某一待选项进行优先选取。"宁"既可以位于前启句，构成"宁 p，q"句式；也可以位于后续句，构成"p，宁 q"句式。当"宁"位于前启句时，后续句中常有否定副词"无、不"与之搭配使用，构成"宁……，无/不……"的固定格式。

---

① 参看喻遂生《古汉语"亡其"小议》，《思想战线》2003 年第 6 期。

（1）臣闻鄙谚曰："**宁**为鸡口，**无**为牛后。"（《苏秦列传》，2723）

（2）汉王笑谢曰："吾**宁**斗智，**不能**斗力。"（《项羽本纪》，412）

"宁 p，q"中，后续句 p 还可以是反问句，表达对某一待选项的否定、舍弃的主观态度。

（3）**宁**赴常流而葬乎江鱼腹中耳，又安能以皓皓之白而蒙世俗之温蠖乎！（《屈原贾生列传》，2998）

当"宁"位于后续句时，前启句中常有选择标记"与"与之搭配使用，构成"与……，宁……"的固定格式。

（4）**与**人刃我，**宁**自刃。（《鲁仲连邹阳列传》，2978）

与"宁"标记的优选句相对的是舍弃句，舍弃句在语篇中可以隐匿不现，以零编码的形式存在，听话人可以从"宁 p"蕴含的言外之义推出舍弃句的内容。

（5）弟子有公良孺者……谓曰："吾昔从夫子遇难于匡，今又遇难于此，命也已。吾与夫子再罹难，**宁**斗而死。"斗甚疾。（《孔子世家》，2318）

2. "宁"在复句中的位置可以影响整个复句在篇章中的语用功能。沈家煊认为语言内部可以"分出三个概念世界或概念领域来，即行为领域、知识领域、言语领域，简称行域、知域、言域"[1]。沈家煊曾用"行、知、言"三域理论分析复句内部的语义关系。[2] 我们认为，复句和复句之间的篇章关系也同样可以用"行、知、言"三域进行分析。"功能语法研究认为，句子的句末成分一般是语义表达的重心。这是因为句子的

---

[1]　参看沈家煊《三个世界》，《外语教学与研究》2008 年第 6 期。

[2]　参看沈家煊《复句三域"行、知、言"》，《中国语文》2003 年第 3 期。

信息编排常常遵循从旧到新的原则，越是靠近句末的成分，其传达的信息内容越新。如果推而广之，我们会发现，不独单句如此，有些复句也同样具有这样的信息安排规律，即后置的分句是整个复句的表义重心所在。"①

《史记》中"宁"连接的选择复句就是这种类型，当"宁"位于前启句，"宁 p，q"的语义重点在 q，突出表达"舍弃"的语义，整个复句在篇章中用于进一步解释说明或呼应上文语段 s 的内容，属于"知域"。

（6）庄周笑谓楚使者曰："千金，重利；卿相，尊位也。子独不见郊祭之牺牛乎？养食之数岁，衣以文绣，以入大庙。当是之时，虽欲为孤豚，岂可得乎？子亟去，无污我s。我**宁**游戏污渎之中自快p，**无**为有国者所羁，终身不仕，以快吾志焉q。"（《老子韩非列传》，2596）

例（6）选择复句"我宁游戏……，无为……焉"的语义重点在表达否定意义的后续句"无为……焉……"整个选择复句是进一步补充说明上文"子亟去，无污我"。

当"宁"位于后续句时，"p，宁 q"的语义重点在"宁 q"，突出表达"优选"的语义，整个复句在表达优选语义的同时，还实施了"决定"的言语行为，说出"愿意选择 q"即实施了"决定实行 q"的言语行为，启发下文语段 s 所述事件或行为的发生，属于"言域"。"宁 q"既可以是在作者叙事语境中实施"决定"的言语行为，也可以是在人物话语语境中实施"决定"的言语行为。在人物话语语境中，实施"决定"言语行为的人既可以是说话人，也可以是听话人。

（7）燕将见鲁连书，泣三日，犹豫不能自决。欲归燕，已有隙，恐诛；欲降齐，所杀虏于齐甚众，恐已降而后见辱。喟然叹曰："**与**人刃我p，**宁**自刃q。"乃自杀s。（《鲁仲连邹阳列传》，2978）

（8）相如曰："秦以城求璧而赵不许，曲在赵。赵予璧而秦不予赵城，曲在秦。均之二策，**宁**许以负秦曲q。"王曰："谁可使者？"相如曰："王必无人，臣愿奉璧往使。城入赵而璧留秦；城不入，臣请完璧归赵。"赵王于是遂遣相如奉璧西入秦。（《廉颇蔺相如列传》，2944）

---

① 参看王灿龙《"宁可"的语用分析及其他》，《中国语文》2003 年第 3 期。

例（7）在人物话语语境中，"燕将"说出"与人刃我，宁自刃"即实施了"决定自刃"的言语行为；在作者叙事语境中，作者引用"燕将"话语的目的在于说明"燕将"做出了"决定自杀"的言语行为，后文"乃自杀"是"燕将"决定自杀的后续结果，选择复句"与人刃我，宁自刃"和后文"乃自杀"存在隐含的因果关系。例（8）"宁许以负秦曲"是舍弃分句隐含不见的选择复句，有两种可能的情况：一是作者完整记录了人物对话的全过程，说话人"相如"说出"宁许以负秦曲"后，听话人"王"实施了"决定负秦曲"的言语行为，会话中没有表现这一过程的形式编码，在下一个话轮中，听话人"王"以决定"予璧"为前提直接开始讨论派谁任使者的问题。二是作者受到书面语的制约，引用的对话省略了"王"采纳"相如"的建议而决定"予璧"的话语，选择句"宁许以负秦曲"没有在人物话语语境中实施"决定"的言语行为，但是在作者叙事语境中，"宁许以负秦曲"仍起到了暗示"王"决定予璧的言语行为。

3. "宁"在先秦时期已用为选择关系标记，如《左传·宣公十二年》："孙叔曰：'进之。宁我薄人，无人薄我。'"（1881下）中古时期，出现了同义的复音词"宁可、宁愿、宁肯、宁当"等，元明清以后"宁"完全被"宁可、宁愿、宁肯"替代。①"宁"在现代语中，用在成语、格言之类②，不再充当篇章连接标记。

【与】（2）【与其】（4）

1. "与、与其"都是居前的前启句连接标记。"与"在《史记》中出现了两次，都是与"宁"搭配使用，构成"与……，宁……"的固定格式。

　（1）礼，**与**奢也，**宁**俭。（《平津侯主父列传》，3563）
　（2）**与**人刃我，**宁**自刃。（《鲁仲连邹阳列传》，2978）

"与其"跟"岂若"、"不如"搭配使用，构成"与其……，岂若/不如……"的固定格式。

----

① 参看王天佑《对"宁可、宁愿、宁肯"语法化的历时考察》，《西华大学学报》2009年第4期；曾晓洁《隋以前汉译佛经中的复音连词研究》，硕士学位论文，湖南师范大学，2003年，第13页。

② 参看吕叔湘主编《现代汉语八百词》，第419页。

（3）且**与其**从辟人之士，**岂若**从辟世之士哉！（《孔子世家》，2324）

（4）**与其**生而无义，固**不如**烹！（《田单列传》，2963）

（5）**与其**以秦醳卫，**不如**以魏醳卫，卫之德魏，必终无穷。（《魏世家》，2225）

（6）**与其**以死瘞市，**不如**以生瘞市。（《魏世家》，2231）

2. "与、与其"连接一层选择复句，标记舍弃待选项。固定格式"与 p，宁 q"、"与其 p，岂若/不如 q"都是典型的择优推断句式，表示 p 和 q 两相比较权衡之下，舍弃 p，选择 q，从 p 到 q 是从否定到肯定的推断关系。[1] 充当 p 和 q 的成分，常在语法结构上相似，内容上表现出一定的对比关系，如例（1）p "奢"和 q "俭"都是单音节形容词，语义上是一组极性反义词；例（3）p "从辟人之士"和 q "从辟世之士"语法结构上都是动宾短语，内容上"辟世之士"比"辟人之士"在当时的社会道德评价标准中更受褒奖。

3. "与、与其"先秦时期就已用为已定选择标记，如《韩非子·难二》："与吾得革车千乘，不如闻行人烛过之一言也。"（368）《殷周金文集成·中山王𰜌鼎铭》："与其溺于人也，宁溺于渊。"（5·2840）

三　未定兼已定选择标记

【将】（9）

1. "将"是一个居前的后续句连接标记，可以连接一层或多层复句，构成"p，将 q"句式，p 和 q 一般拥有共同的主语，q 的主语承前省略。"将"既可以连接疑问句，也可以连接陈述句。当"p，将 q"是疑问句时，"将"标记未定选择关系。

（1）文曰："人生受命于天乎？**将**受命于户邪？"（《孟尝君列传》，2847）

---

① 参看邢福义《汉语复句研究》，商务印书馆 2001 年版，第 135—138 页。

2. 当"p，将 q"是陈述句时，p 中常有否定副词"非"和"将"搭配使用，构成"非……，将……"的固定格式，"将"标记的是优选性的已选定选择关系。

（2）凡臣之言，**非**以求免于咎也，**将**以谏而死，愿陛下为万民思从道也。（《蒙恬列传》，3100）

"将"还可以连接三个具有选择关系的相邻小句，位于最后一个小句的句首。

（3）王所待于晋者，**非**有马汗之力也，又非可与合军连和也，**将**待之以分楚众也。（《越王勾践世家》，2097）

3. 选择关系标记"将"在先秦汉语中已经出现，如《庄子·至乐》："夫子贪生失理，而为此乎？将子有亡国之事，斧钺之诛，而为此乎？将子有不善之行，愧遗父母妻子之丑，而为此乎？将子有冻馁之患，而为此乎？将子之春秋故及此乎？"（151）中古至近代一直沿用，如《汉书·龚遂传》："今欲使臣胜之邪，将安之也？"（3639）明代刘基《卖柑者言》："若所市于人者，将以实笾豆，奉祭祀，供宾客乎？将炫外以惑愚瞽乎？"（146）明清以后逐渐消失。

四　小结

表 3－4　　　　　　　　　选择关系标记基本情况表

	词项	次数	历时发展				
			上古		中古	近代	现代
			先秦	西汉			
未定选择标记	且₃	4	+	+			
	抑	2	+	+			
	若₁	1	+	+	+		
	其₁	1	+	+	+	+	
	亡其	1	+	+			

续表

词项		次数	历时发展				
			上古		中古	近代	现代
			先秦	西汉			
已定选择标记	宁	14	+	+	+	+	
	与	2	+	+	+		
	与其	4	+	+	+	+	+
兼类	将	9	+	+	+	+	

（1）上文我们提到汉语选择范畴能够表达四类次选择范畴：①从时间上看，可表达"选择已定"、"选择未定"两种关系；②从方式上看，可表达"限选"、"任选"两种关系；③从结果上看，可表达"优选"、"舍弃"两种关系。《史记》选择关系标记形成二级语义表达模型：

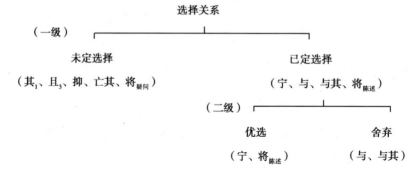

选择关系

（一级）

未定选择 —— 已定选择

（其₁、且₃、抑、亡其、将疑问）（宁、与、与其、将陈述）

（二级）

优选 —— 舍弃

（宁、将陈述）（与、与其）

（2）《史记》选择关系标记的类型和句式表现出大致对称的关系，未定选择标记对应疑问句，已定选择标记对应陈述句。除未定选择标记"若₁"外，未定选择标记"其₁、且₃、抑、亡其、将"用于疑问句，已定选择标记"宁、与、与其、将"用于陈述句。

（3）《史记》选择关系标记标示的选择关系类型没有后世丰富，在范畴化的过程中不强调选择方式上"限选"和"任选"的区别。"限选"和"任选"关系依靠小句内容本身体现，如"且₃"中例（3）"助秦攻诸侯"和"率诸侯破秦"两个待选项在事理上互不相容，所以复句表达的是限选性的选择关系，而"若₁"中例（1）待选项"淫雨不霁，水不可治"和"为枯旱，风而扬埃，蝗虫暴生"列举的是两种可能交替出现的情况，二者可以兼容，整个复句表达任选性的选择关系。

（4）已定选择标记"宁"居于后续句时，整个复句在篇章中实施了"决定"的言语行为。

（5）《史记》中的选择关系标记在先秦汉语中都已经出现，没有产生新的选择关系标记。大部分选择关系标记在中古或近代汉语中消失，在现代汉语中仍旧沿用的只有"与其"。

第四章

《史记》篇章逻辑连接标记（下）

第一节　因果关系标记

因果关系标记是标记分句间存在因果联系，构成有标因果复句的重要手段。因果关系是一对基本的哲学范畴，是客观物质世界普遍联系的基本形式之一。语言中的因果关系纷繁复杂，语言中的因果关系既可以是客观世界各种形式的因果联系在语言中的反映，也可以是人类主观认知世界中的因果逻辑思维方式在语言中的反映。学界对汉语因果关系的范围和分类分歧较多：

马建忠在《马氏文通》中仅把因果关系看成是承接关系的一种，在讨论"承接连字"中的"而"、"则"、"故"时，所举语例较多为因果关系复句。①

黎锦熙《新著国语文法》（1924/1992）是较早单独讨论因果范畴的著作，他认为"原因句"包括"目的句"，把因果连词分为"表因的连词"和"表果的连词"两类。②

吕叔湘在《中国文法要略》（1944/1982）"释因·纪效"表达范畴中讨论了因果关系，他认为"两件事情间的因果关系，可以有两种说法：或是说甲事为乙事之因，或是说乙事为甲事之果。前者可以称为释因句，后者可以称为纪效句"。他指出"原因"范畴可以分为"事实的原因"、"行事的理由"和"推论的理由"三类。他还认为因果和时间联系紧密，不是偶然发生的先后事件隐含因果关系；目的的概念和因果的概念有密切的

① 参看马建忠《马氏文通》，第281—310页。
② 参看黎锦熙《新著国语文法》，第215—216页。

关系，"来自外界者为原因，存于胸中者为目的"。他提出广义的因果关系包括"用'要是'和'就'连系的假设句，用'既然'和'就'连系的推论句，以及用'因为'和'所以'连系的因果句"[1]。

杨伯峻、何乐士（1992/2001）把古汉语复句系统分为"并列复句"、"连贯复句"、"偏正复句"三大类，其中因果复句属于偏正复句大类。他们按照原因分句和结果分句的先后位置，把因果复句分为两类：一是先因后果复句；一是先果后因复句。他们在讨论因果复句时所举语例包括表目的的复句，但没有单独对表目的的复句展开讨论。[2]

邢福义（2001）提出"复句三分系统"，首先把复句分为一级复句"因果类复句、并列类复句、转折类复句"[3]。其中"因果类复句是表示广义因果关系的各类复句的总称"，"以'因果聚合'的共同点为根基"，又"根据关系标志所构成的不同句式，因果类复句可以分为因果句、推断句、假设句、条件句、目的句，等等"。

《史记》因果关系标记共有 17 个，它们是连词"唯$_1$（维）、由、为、既$_2$、是、是以、是故、故、故乃、以故、以此、因而$_2$、用此、以$_2$、用、因$_2$"，副词"本"。

我们依据连接标记所标记的小句的语义类型的不同，把《史记》中的因果关系标记分为"原因标记"和"结果标记"两大类。

一 原因标记

（一）说明性原因标记

【唯$_1$（维）】（3）

"唯$_1$（维）"是居前的前启句连接标记，连接一层复句，标记说明性原因分句。

（1）神者，物受之而不能知其去来，故圣人畏而欲存之。**唯**欲存之，神之亦存。（《律书》，1488）

（2）朕既不敏，常畏过行，以羞先帝之遗德；**维**年之久长，惧于

---

① 参看吕叔湘《中国文法要略》，第 386—388 页。

② 参看杨伯峻、何乐士《古汉语语法及其发展》（修订本），第 963—971 页。

③ 参看邢福义《汉语复句研究》，第 38 页。

不终。(《孝文本纪》，542)

    (3) **维**德菲薄，不明于礼乐。(《孝武本纪》，597)

    《史记》中"唯₁(维)"仅出现3例，都是用于模仿先秦语言色彩的语体中。"唯₁(维)"在先秦时期就已产生，如《诗·魏风·葛屦》："维是褊心，是以为刺。"(357 中)《左传·哀公七年》："今其存者，无数十焉。唯大不字小，小不事大也。"(2163 中)《郭店楚简·老子甲本》："夫唯弗居也，是以弗去也。"(17、[45]、18)西汉以后基本消失。

【由】(4)

    "由"连接表示说明性原因的分句，位于主语的前面，可以和结果标记"故"搭配使用，构成"由……，故……"的固定格式。

    (1) **由**所杀蛇白帝子，//并列杀者赤帝子，/因果**故**上赤。(《高祖本纪》，442)

    "由"连接的原因分句可以后置，有强调原因的表达效果。

    (2) 往古国家所以乱也，**由**主少母壮也。(《外戚世家》，2394)

    (3) 陈胜虽已死，//转折其所置遣侯王将相竟亡秦，/因果**由**涉首事也。(《陈涉世家》，2364)

    "由"的辖域较广，既可以连接一层复句，如例(2)，也可以连接多层复句，如例(1)、例(3)。"由"可以管辖多个小句，如例(1)"由"管辖两个具有并列关系的小句。

    另外，"由"连接的原因句可以单独用于回答提问，连接具有因果关系的句群。如：

    (4) 陈涉无千乘之尊，尺土之地，身非王公大人名族之后，无乡曲之誉，非有孔、墨、曾子之贤，陶朱、猗顿之富也，然起穷巷，奋棘矜，偏袒大呼而天下从风，此其故何也？**由**民困而主不恤，下怨而上不知，俗已乱而政不修，此三者陈涉之所以为资也。(《平津侯主父列传》，3556)

说明性原因标记"由"在先秦汉语中已经出现，如《商君书·定分》："夫卖者满市而盗不敢取，由名分已定也。"（145）连词"由"是由标记句内成分因果关系的介词"由"语法化而来，《史记》中介词"由"常和回指代词"是"、"此"构成"由是"、"由此"，它们有时可以标记句间的因果关系，我们认为在"由是"、"由此"中起到连接作用的是回指代词"是"和"此"，介词"由"的作用仍是在句内标记因果关系，如《孔子世家》："阳虎绌曰：'季氏飨士，非敢飨子也。'孔子由是退。"（2300）《秦始皇本纪》："齐人茅焦说秦王曰：'秦方以天下为事，而大王有迁母太后之名，恐诸侯闻之，由此倍秦也。'"（290）

【为】（62）

"为"连接表示说明性原因的分句，位于主语的前面。"为"连接的原因分句在因果复句中的位置灵活，既可以充当前启句，构成"为 p，q"句式；也可以充当后续句，构成"p，为 q"句式。

当"为"连接的原因句充当前启句时，前启句与表结果的后续句构成"先原因后结果"的逻辑语义关系，结果句中常有结果标记"故"与"为"搭配使用，构成"为……，故……"的固定格式。

（1）良鄂然，欲殴之。**为**其老，强忍，下取履。（《留侯世家》，2459）

（2）寡人之使骑劫代将军，**为**将军久暴露于外，**故**召将军且休，计事。（《乐毅列传》，2934）

"为"连接的原因句还可以后置，和结果句构成"先结果后原因"的逻辑语义关系。前置的结果句中常有标示结果的固定结构"（之）所以……者"与之搭配使用，构成"（之）所以……者，为……"的固定格式。

（3）且夫韩、魏**之所以**重畏秦**者**，**为**与秦接境壤界也。（《苏秦列传》，2728）

（4）然政**所以**蒙污辱自弃于市贩之间**者**，**为**老母幸无恙，妾未嫁也。（《刺客列传》，3048）

在特殊的语境中，可以只出现"为"标示的原因句，而不出现结果句。

（5）高闻李斯以为言，乃见丞相曰："关东群盗多，今上急益发繇治阿房宫，聚狗马无用之物。臣欲谏，**为**位贱。此真君侯之事，君何不谏？"（《李斯列传》，3087）

例（5）"赵高"说话的意图在于"劝说""李斯"上谏，因而把说话的重点放在说明李斯应上谏，"为位贱"的结果句"臣不谏"不出现，有淡化对"劝说"语言行为不利的背景信息，达到突出说话重点的语用效果。

"为"既可以连接一层复句，如例（3）、例（5）；也可以连接多层复句，如例（1）、例（2）、例（4）；还可以连接相邻复句构成句群，其中"为"连接的原因句用于回答提问。

（6）天下有明主则诸侯不得擅厚者，何也？**为**其割荣也。（《范睢蔡泽列传》，2905）

（7）蝮螫手则斩手，螫足则斩足。何者？**为**害于身也。（《田儋列传》，3190）

"为"在先秦汉语中就已用为说明性原因标记，如《孟子·万章上》："为不顺于父母，如穷人无所归。"（2733下）出土先秦文献中，"为"用作原因标记较为少见，它可用于前启句构成"为 p，q"的格式，如《殷周金文集成·墜喜壶铭》："为佐大族，以持民节，宗词客敢为禋壶九。"（9700），也可以用于后续句，与"所以"构成"所以 p，为 q"的格式，如《郭店楚简·老子乙本》："吾所以有大患者，为吾有身。"（9）连词"为"是由在句内标记因果关系的介词"为"语法化而来，在汉代连词"为"的用法更加丰富，语法化程度进一步提高，如可仅出现"为"标示的原因句，而不出现结果句，如例（5），"为"标示的原因句还可以单独用以回答问题，如例（6）、例（7）。

【本】（7）

情态副词"本"除了在句中修饰谓语外，在篇章中预示着后文将出现由已经发生的 p 导致出现的结果 q，p 和 q 之间存在因果关系。

从语形上看，"本"连接的原因句 p 和结果句 q 既可以相邻，也可以相隔。从语义上看，"本 p"既可以是引起 q 发生的全部原因，也可以仅是导致 q 发生的诸多原因之一。

（1）上欲勿诛，是时公孙弘为御史大夫，乃言曰："齐王自杀无后，国除为郡，入汉，<u>主父偃**本**首恶</u>p，<u>陛下不诛主父偃，无以谢天下</u>q。"乃遂族主父偃。（《平津侯主父列传》，3562）

（2）<u>怀公故大臣吕省、郤芮**本**不附文公</u>p，文公立，<u>恐诛</u>s，乃欲与其徒谋烧公宫，杀文公q。（《晋世家》，1993）

例（1）中原因句 p 和结果句 q 相邻，p"主父偃本首恶"是导致 q"陛下不诛主父偃，无以谢天下"的全部原因。例（2）中原因句 p 和结果句 q 相隔，中间插入了后时发生的另一原因 s。

《史记》中情态副词"本"后只有一例没有出现表达结果的后续句。

（3）是胡越起于毂下，而羌夷接轸也，岂不殆哉！虽万全无患，<u>然**本**非天子之所宜近也</u>s。且夫清道而后行，中路而后驰，犹时有衔橛之变；而况涉乎蓬蒿，驰乎丘坟，前有利兽之乐而内无存变之意，其为祸也不亦难矣！（《司马相如列传》，3676）

例（3）中情态副词"本"修饰的小句 S 与上下文小句没有固定的逻辑连接关系。S 可以描写成"NP 本 VP/NP 也"，这在《史记》中是一种有标记的句式。而在无标记的句式中，如例（1）、例（2），情态副词"本"修饰小句 p，其后必定出现具有因果关系的 q。也就是说，"本"连接 p，预示着表示因果关系的 q 的出现，如果 q 不出现，就感觉话没有说完。而 S"NP 本 VP/NP 也"句式则依靠在句末使用具有完句功能的语气副词"也"来使句意和语气完整。

情态副词"本"在先秦时期已经产生，如《荀子·君道》："故明主有私人以金石珠玉，无私人以官职事业，是何也？曰：本不利于所私也。"（242）"本"S 与询问结果的"是何也"构成了广义的因果关系。《史记》中副词"本"包括时间副词"本"和情态副词"本"两类。情态副词"本"和时间副词"本",在先秦典籍中出现的时间大致相同,但是许多学者都认为情态副词的语法化程度高于时间副词,如袁毓林(2002)指出"时间副词一般位于语气副词之后","它跟谓语动词的关系比语气副词紧密"①;杨荣祥(2005)指出"语气副词的语法化程度相对高于其他类副词","语气副词几乎不与现实世界的客观概念发生直接的联系,这是高度语法化的表现"②。因而我们认为情态副词"本"很可能是由时间副词"本"进一步虚化而来。

(二)推论性原因标记

【既$_2$】(34)

"既$_2$"是一个居前的前启句连接标记,标示推论性原因关系,它连接的原因小句是已经发生的事情,后续句是根据已然的前启句推出的结论或判断。

(1)太子**既**善郑,郑信太子。(《伍子胥列传》,2629)

"既$_2$"可以与结果标记"以故"搭配使用,构成"既……,以故……"的固定格式。

(2)世**既**多司马兵法,**以故**不论,著穰苴之列传焉。(《司马穰苴列传》,2614)

"既$_2$"在先秦时期已用为推论性原因标记,如《庄子·齐物论》:"使同乎若者正之?既与若同矣,恶能正之!"(25)

原因连词"既$_2$"是由表已然的时间副词"既"语法化而来,《史记》中有反映"既"尚处于语法化过渡阶段的语例。

(3)吾**既**已临天下矣,欲悉耳目之所好,穷心志之所乐,以安宗庙而乐万姓,长有天下,终吾年寿,其道可乎?(《李斯列传》,

---

① 袁毓林:《多项副词共现的语序原则及其认知解释》,《语言学论丛》第二十六辑,商务印书馆2002年版,第313页。

② 杨荣祥:《近代汉语副词研究》,商务印书馆2005年版,第378页。

3081）

（4）夫子**既**已感寤而赎我，是知己；知己而无礼，固不如在缧绁
之中。（《管晏列传》，2584）

根据例（3）、例（4）我们推测，时间副词"既"语法化的主要动因
是由于句中出现了其他表已然的时间副词（如"已"）修饰谓语，并且在
语法位置上较副词"既"更靠近谓语中心语，造成副词"既"表已然的
语义羡余，句内修饰功能削弱，语法化为句间的连接标记。受到保留原则
的影响，"既"一般标记依据已然的事实来作出推论或判断。

二　结果标记

【是】（26）

"是"是一个居前的后续句连接标记，位于结果句中，标记结果关
系。"是"在句中的位置灵活，可以自由地位于主语的前面或者后面。

（1）刑罚罕用，罪人**是**希。（《吕太后本纪》，515）

（2）孔子曰："伯夷、叔齐，不念旧恶，怨**是**用希。"（《伯夷列
传》，2569）

（3）我固当死。长平之战，赵卒降者数十万人，我诈而尽坑之，
是足以死。（《白起王翦列传》，2824）

（4）今梁赵相攻，轻兵锐卒必竭于外，老弱罢于内。君不若引兵
疾走大梁，据其街路，冲其方虚，彼必释赵而自救。**是**我一举解赵之
围而收弊于魏也。（《孙子吴起列传》，2619—2620）

"是"的连接辖域较广，既可以连接一层复句如例（1）、例（2），也
可以连接多层复句如例（3），还可以连接由复句构成的句群如例（4）。

学界对上古汉语中结果标记"是"的词性和功能存在争议，管燮初
认为"是"是因果连词，[①] 如《左传·襄公二十八年》："无乃非盟载之
言，以阙君德，而执事有不利焉，小国是惧。"（1999 中）何乐士
（2006）认为"是"在先秦汉语中是顺承连词，译为"因此"、"因而"、

---

① 参看管燮初《左传句法研究》，第 359 页。

"就"等。① 在《史记》中"是"连接的前后语段都具有因果关系，特别是部分语段间存在不包含先后时间关系的因果关系如例（2），因此，我们认为将"是"视为因果连词更为适合。连词"是"是由指示代词"是"语法化而来，代词"是"在篇章中可以回指上文的句子或句群等内容，由于受到保留原则的影响，连词"是"的连接辖域较广，可以连接复句及句群。先秦时期，"是"已用为因果连接标记，如《荀子·哀公》："舜不穷其民，造父不穷其马，是舜无失民，造父无失马也。"（546）《上博楚简六·平王问郑寿》："臣弟丧，谦恭淑德，民是观望。"（6、7）

【是以】（122）

"是以"是一个居前的后续句连接标记，可以位于主语的前面或者后面，构成"p，是以 q"的句式。

（1）太后好黄老之言，而魏其、武安、赵绾、王臧等务隆推儒术，贬道家言，**是以**窦太后滋不说魏其等。（《魏其武安侯列传》，3419）

（2）今在骨髓，臣**是以**无请也。（《扁鹊仓公列传》，3360）

"是以 q"中的主语还可以承前话题省略。

（3）至平原君子与余善，**是以**得具论之。（《郦生陆贾列传》，3259）

"是以"的连接辖域较广，可以连接一层复句、多层复句及句群，并且以连接多层复句和句群为主，共计 120 例，占 98.36%。"是以"连接多层复句和句群时，常常不仅标示 p 和 q 之间的因果联系，而且标示了 q 是对 p 的主观性的议论和阐发。

（4）昔卞和献宝，楚王刖之；李斯竭忠，胡亥极刑。**是以**箕子详狂，接舆辟世，恐遭此患也。（《鲁仲连邹阳列传》，2980）

（5）臣闻地广者粟多，国大者人众，兵强则士勇。**是以**太山不让

土壤，故能成其大；河海不择细流，故能就其深；王者不却众庶，故能明其德。是以地无四方，民无异国，四时充美，鬼神降福，此五帝、三王之所以无敌也。（《李斯列传》，3073—3074）

"是以"见于先秦早期，是上古汉语中常见的结果标记，如《诗经·小雅·甫田》："维其有之，是以似之。"（480 上）在出土先秦文献中，"是以"既可以连接小句，如《郭店楚简·太一生水》："太一生水，水反辅太一，是以成天。天反辅太一，是以成地。"（1、[2]）也可以连接句群，如《睡虎地秦简·语书》："古者，民各有乡俗，其所利及好恶不同，或不便于民，害于邦。是以圣王作为法度，以矫端民心，去其邪僻，除其恶俗。"（1、2）

【是故】（52）

"是故"是一个居前的后续句连接标记，一般位于主语的前面，以连接多层复句和句群为主，共计 51 次，约占 98%。此外的一例（见例（1））出现在对话中，也可以视为在对话中连接句群。"p，是故 q"除了标示所连接的语段 p 和 q 间存在因果联系外，还标示 q 对 p 进行议论和阐发，带有很强的主观感情色彩。

（1）子路使子羔为费、郈宰，孔子曰："贼夫人之子！"子路曰："有民人焉，有社稷焉，何必读书然后为学！"孔子曰："**是故**恶夫佞者。"（《仲尼弟子列传》，2674）

（2）夫衡人者，皆欲割诸侯之地以予秦。秦成，则高台榭，美宫室，听竽瑟之音，前有楼阙轩辕，后有长姣美人，国被秦患而不与其忧。**是故**夫衡人日夜务以秦权恐愒诸侯以求割地，故愿大王孰计之也。（《苏秦列传》，2717）

（3）臣闻明主不恶切谏以博观，忠臣不敢避重诛以直谏，**是故**事无遗策而功流万世。（《平津侯主父列传》，3554）

（4）人化物也者，灭天理而穷人欲者也。于是有悖逆诈伪之心，有淫佚作乱之事。**是故**强者胁弱，众者暴寡，知者诈愚，勇者苦怯，疾病不养，老幼孤寡不得其所，此大乱之道也。是故先王制礼乐，人为之节：衰麻哭泣，所以节丧纪也；钟鼓干戚，所以和安乐也；婚姻冠笄，所以别男女也；射乡食飨，所以正交接也。礼节民心，乐和民

声，政以行之，刑以防之。(《乐书》，1404)

吕叔湘（1944/1982）认为"'是故'只表示事理的后果（即上句为理由而非原因)"①。但是我们在《史记》中发现"是故"既可以表示事理的后果，如例（1）、例（2）、例（4）；也可以表示事实的后果，如例（3）。"是故"在《史记》中的用法和在先秦时期的用法基本相同，如《左传·成公十三年》："能者养以之福，不能者败以取祸。是故君子勤礼，小人尽力。"（1911 中）出土先秦文献中，"是故"可连接小句，如《上博楚简三·中弓》："有城，是故有司不可不先也。"（9）也可连接句群，如《上博楚简五·季庚子问于孔子》："丘也闻君子田肥民则安，邪民不鼓。是故贤人大于邦，而有劬心。"（18）

【故】（1013）

"故"是上古汉语中一个常见的结果标记，位于结果句的句首。"故"连接的结果句一般位于原因句的后面，充当后续句。

（1）妪曰："人杀吾子，**故**哭之。"（《高祖本纪》，438）

（2）孝惠以此日饮为淫乐，不听政，**故**有病也。（《吕太后本纪》，500）

（3）勃曰："愿见相君，无因，**故**为子扫，欲以求见。"（《齐悼惠王世家》，2418）

"故"连接的结果句偶尔也可以置于原因句的前面，充当前启句。"故"可以和标示先果后因的固定格式"……者，……也"搭配使用，构成"故……者，……也"的固定格式。

（4）**故**遣将守关者，备他盗出入与非常也。（《项羽本纪》，396）

"故"既可以标示事理的结果，如例（1）；也可以标示事实的结果，如例（2）、例（3）；还可以标示目的性的结果，如例（4）。

"故"在先秦时期已用为结果标记，如《论语·子罕》："吾少也贱，

---

① 吕叔湘：《中国文法要略》，第 397 页。

故多能鄙事。"（2490 上）《吕氏春秋·本生》："故圣人之制万物也，以全其天也。"（22）出土先秦文献中，"故"也是一个常用的结果标记，如《上博楚简二·子羔》："尧之见舜之德贤，故让之。"（16）《睡虎地秦简·语书》："以一曹事不足独治也，故有公心。"（9）

【故乃】（2）

"故乃"是一个居前的后续句连接标记，《史记》中出现 2 次，用于连接多层复句，标记结果关系。

（1）对曰："病名多相类，不可知，故古圣人为之脉法，以起度量，立规矩，县权衡，案绳墨，调阴阳，别人之脉各名之，与天地相应，参合于人，**故乃**别百病以异之，有数者能异之，无数者同之。"（《扁鹊仓公列传》，3382）

（2）四面风德，二方之君鳞集仰流，愿得受号者以亿计。**故乃**关沫、若，徼牂柯，镂零山，梁孙原。创道德之涂，垂仁义之统。（《司马相如列传》，3673）

在《史记》之前，"故乃"就已用为结果标记，连接一层及多层复句，如《尚书·吕刑》："穆穆在上，明明在下，灼于四方，罔不惟德之勤，故乃明于刑之中，率乂于民棐彝。"（248 下）《庄子·徐无鬼》："苦于山林之劳，故乃肯见于寡人。"（209）

【以故】（93）

"以故"是一个居前的后续句连接标记，可以自由位于句中主语的前面或后面，主语也可以承前话题省略，不出现。

（1）充告丹，丹**以故**废。（《五宗世家》，2529）

（2）上之得为嗣，大长公主有力焉，**以故**陈皇后骄贵。（《外戚世家》，2386）

（3）上素骄淮南王，弗为置严傅相，**以故**至此。（《淮南衡山列传》，3716）

"以故"辖域较广，可以连接一层复句、多层复句及句群，标记结果关系。

（4）长老曰："苦为河伯娶妇，**以故**贫。"（《滑稽列传》，3872）

（5）长公主欲予王夫人，王夫人许之。长公主怒，而日谗栗姬短于景帝曰："栗姬与诸贵夫人幸姬会，常使侍者祝唾其背，挟邪媚道。"景帝**以故**望之。（《外戚世家》，2383）

因果关系标记"以故"在战国末期已经出现，如《荀子·议兵》："凡诛，非诛其百姓也，诛其乱百姓者也。百姓有扞其贼，则是亦贼也。以故顺刃者生，苏刃者死，奔命者贡。"（278）"以故"的使用频率较低，不见于《左传》、《论语》、《孟子》等多部先秦古籍。西汉时期，"以故"使用频率则大幅增加，成为一个常见的结果标记。出土汉代文献中，"以故"也很常见，如《居延新简》："使兄首加非法于君，以故不以时临。"（E. P. T52. 165）《敦煌汉简》："马毋穀气，以故多物故。"（164）

何金松（1994）认为"以故"是"二字同义连用"[1]。我们认为"以故"是由介词"以"和名词"故"构成的固定结构"以……故……"逐渐语法化成为标记结果关系的连词。我们试着在《史记》的共时平面描述这一语法化过程。

（6）太子**以**秦女之**故**，不能无怨望，愿王少自备也。（《伍子胥列传》，2628）

（7）后五年，昭王用应侯谋，纵反间卖赵，赵**以其故**，令马服子代廉颇将。（《范雎蔡泽列传》，2918）

（8）王温舒者，……择郡中豪敢任吏十余人，以为爪牙，皆把其阴重罪，而纵使督盗贼，快其意所欲得。此人虽有百罪，弗法，即有避，因其事夷之，亦灭宗。**以其故**齐赵之郊盗贼不敢近广平，广平声为道不拾遗。（《酷吏列传》，3794）

例（6）、例（7）和例（8）大致勾勒了"以故"语法化的过渡阶段。例（6）介宾短语"以秦女之故"是句内的原因状语，虽然也表达了原因关系范畴，但是不带有篇章连接功能；例（7）中介宾短语"以其故"一方面在句内作原因状语，另一方面回指代词"其"在

---

①　参看何金松《虚词历时词典》，湖北人民出版社1994年版，第450页。

篇章中回指上文副话题"应侯"，整个短语通过代词"其"的回指功能间接具备了篇章功能；例（8）中介宾短语"以其故"位于句子的最外层，成为整个句子的原因状语，代词"其"回指上文的语段，回指对象较例（7）广泛而且模糊，介宾短语"以其故"的篇章功能增强。最后介宾短语中代词"其"省略不见，"以／（其）故"重新分析（Reanalysis）成一个因果连词"／以故／"如例（2）、例（3），在篇章中连接因果语段，标示结果关系，可以自由位于句子主语的前面或后面，具有了连词的基本特征。

【以此】（3）

"以此"是一个居前的后续句连接标记，连接多层复句和句群，标记结果关系。

（1）晁错为太子家令，得幸太子，数从容言吴过可削。数上书说孝文帝，文帝宽，不忍罚，**以此**吴日益横。（《吴王濞列传》，3399）

（2）其在朝，君语及之，即危言；语不及之，即危行。国有道，即顺命；无道，即衡命。**以此**三世显名于诸侯。（《管晏列传》，2583）

（3）上时问人，仁曰："上自察之。"然亦无所毁。**以此**景帝再自幸其家。（《万石张叔列传》，3336）

《史记》中"以此"正处在语法化的过渡阶段，大部分"以此"是由表原因的介词"以"和回指上文的指示代词"此"组合而成的固定结构，位于主语后面谓语前面，如《扁鹊仓公列传》："肾气有时间浊，在太阴脉口而希，是水气也。肾固主水，故以此知之。"（2800）只有例（1）、例（2）、例（3）三例位于主语前，可以看成连词。"以此"在先秦时期已经出现，如《左传·僖公十五年》："小人耻失其君，而悼丧其亲，不惮征缮，以立圉也，曰：'必报仇，宁事戎狄。'君子爱其君，而知其罪，不惮征缮，以待秦命，曰：'必报德，有死无二。'以此不和。"（1808上）出土先秦文献中，"此以"比较常见，而"以此"比较少见，据张玉金（2011）统计，全部的战国文献中仅出现一次，《上博楚简二·民之父

母》：“君子以此横于天下。”①（6）

【因而₂】（15）

"因而₂"是一个居前的后续句连接标记，可以位于主语的前面或后面，可以连接一层复句或多层复句，标记结果关系。

（1）俗之所欲，**因而**予之；俗之所否，**因而**去之。（《管晏列传》，2581）

（2）主意所不欲，**因而**毁之；主意所欲，**因而**誉之。（《汲郑列传》，3753）

（3）臣常游困于齐而乞食人，蹇叔收臣。臣**因而**欲事齐君无知，蹇叔止臣，臣得脱齐难，遂之周。（《秦本纪》，236）

（4）田横之高节，宾客慕义而从横死，岂非至贤！余**因而**列焉。（《田儋列传》，3195）

李小军（2009）认为"因而₂"是由连动结构的"因＋而＋VP"语法化而来。② 我们认为"因而₂"应该是由处于不同语法结构层次的介词"因"和连词"而"组成的跨层结构"［因介词＋（宾语）］＋而＋VP"语法化而来。下面几个语例反映了"因而"语法化的过程：

（5）楚兵罢食尽，此天亡楚之时也，不如**因**其机**而**遂取之。（《项羽本纪》，415）

（6）食其故得幸太后，常用事，公卿皆**因而**决事。乃追尊郦侯父为悼武王，欲以王诸吕为渐。（《吕太后本纪》，503）

（7）韩信遂平齐，乞自立为齐假王，汉**因而**立之。（《田儋列传》，3193）

（8）周章已君吴，**因而**封之。（《吴太伯世家》，1741）

例（5）［介词"因"＋宾语"其机"］＋连词"而"，宾语"其机"

---

① 参看张玉金《出土战国文献虚词研究》，人民出版社 2011 年版，第 247 页。

② 参看李小军《"从而"、"因而"的功能差异及其历时解释》，《汉语学习》2009 年第 1 期。

出现，以名词的形式回指前文的"楚兵罢食尽，此天亡楚之时也"。例（6）中"因而决事"实际上是"因（食其）决事"，介词宾语"食其"省略。李小军（2009）把例（7）作为"因而"处于语法化过渡阶段的例证，指出"因"是表示"趁机"义的动词，我们认为把"因"分析为动词比较勉强。何乐士（2006）指出上古汉语中［介词"因"＋宾语］表示"动作行为趁一定的时机进行"是常见的语法组合，并且"宾语泛指时机、形式、机会时，常省略"。① 因而我们认为把例（7）中的"因"分析为介词更为合适。例（7）、（8）中介词"因"的宾语承前省略，以零形回指的形式回指前文的整个事件，不再像例（6）回指某一具体成分，也就是说零形回指的内容更宽泛更不明确，于是促使"因/而"重新分析成"/因而/"。先秦汉语中"因而"的组合已经出现，不过都是处于不同语法结构层次的跨层结构组合，西汉时期"因而"逐渐语法化成为一个连词，如例（4）。

【用此】（4）

"用此"是一个居前的后续句连接标记，可以位于主语的前面或后面，连接多层复句和句群，标记结果关系。

（1）其射，见敌急，非在数十步之内，度不中不发，发即应弦而倒。**用此**，其将兵数困辱，其射猛兽亦为所伤云。（《李将军列传》，3452）

（2）项氏之所坑杀人以千万数，而布常为首虐。功冠诸侯，**用此**得王，亦不免于身为世大僇。（《黥布列传》，3144）

（3）三月，吴楚平，一岁之中，则无盐氏之息什倍，**用此**富埒关中。（《货殖列传》，3952）

（4）于是夔行乐，祖考至，群后相让，鸟兽翔舞，箫韶九成，凤皇来仪，百兽率舞，百官信谐。帝**用此**作歌曰："陟天之命，维时维几。"（《夏本纪》，101）

"用此"是一个具有连接功能的固定词组，由表原因的介词"用"和指示代词"此"组合而成。上古汉语中，"用此"处于从固定词组向因果

---

① 参看何乐士《古代汉语虚词词典》，第518页。

连词语法化的过渡阶段。我们在传世的先秦文献中只找到一例"用此"作为原因关系标记,《墨子·非命上》:"义人在上,天下必治,上帝山川鬼神必有干主,万民被其大利。吾用此知之。"(268)此例和例(4)接近,"用此"在承担篇章连接作用的同时,在句中还充当状语修饰谓语。例(2)、(3)"p,用此 q"中,q 的主语承前省略,"用此"居于连接项的中间。只有例(1)中"用此"居于 p 主语的前面,不再充当句子内部的状语,居于连接项中间的位置更为明确,成为单纯的篇章连接标记。"用此"在上古汉语中没有完成语法化的过程,中古以后基本消失不见。

三　因果兼类标记

【以₂】(122)

"以₂"可以连接原因句、结果句和目的句。当"以₂"连接原因句时,"以₂"是一个居前的前启句连接标记,可以位于主语的前后,可以连接一层复句或多层复句,标记原因关系。后续句有时有结果标记"故"与之搭配使用,构成"以₂……,故……"的固定格式,另外,"以₂"连接的原因句可以和结果句位置颠倒,位于句末,构成先果后因关系的复句。

(1)臣**以**无能,不得待罪行间。(《吴王濞列传》,3407)

(2)其子曰张挚,字长公,官至大夫,免。**以**不能取容当世,**故**终身不仕。(《张释之冯唐列传》,3317)

(3)秦**以**不蚤定扶苏,令赵高得以诈立胡亥,自使灭祀,此陛下所亲见。(《刘敬叔孙通列传》,3281)

(4)夫燕之所以不犯寇被甲兵者,**以**赵之为蔽其南也。(《苏秦列传》,2712)

(5)后九年,越王勾践遂灭吴,杀王夫差;而诛太宰嚭,**以**不忠于其君,而外受重赂,与己比周也。(《伍子胥列传》,2638)

当"以₂"连接结果句时,是一个居前的后续句连接标记,在结果句中主语承前话题省略,一般连接一层复句,标记事实的结果。

（6）宰我为临菑大夫，与田常作乱，**以**夷其族，孔子耻之。（《仲尼弟子列传》，2654）

（7）始皇曰："天下共苦战斗不休，**以**有侯王。赖宗庙，天下初定，又复立国，是树兵也，而求其宁息，岂不难哉！廷尉议是。"（《秦始皇本纪》，303）

当"以₂"连接目的句时，是一个居前的后续句连接标记，可以连接一层复句和多层复句，标记目的性结果关系。

（8）三百人者闻秦击晋，皆求从，从而见缪公窘，亦皆推锋争死，**以**报食马之德。（《秦本纪》，239）

（9）良因说汉王曰："王何不烧绝所过栈道，示天下无还心，**以**固项王意。"（《留侯世家》，2463）

（10）问左右，左右或默，或言马**以**阿顺赵高。（《秦始皇本纪》，341）

"以₂"在先秦时期就可以连接原因句、结果句和目的句，见于传世文献和出土文献，如《论语·先进》："以吾从大夫之后，不可徒行也。"（2498下）《国语·周语中》："昔吾骤谏王，王弗从，以及此难。"（51）《尚书·尧典》："克明俊德，以亲九族。"（119上）《睡虎地秦简·封诊式》："以某数更言，无解辞，笞讯某。"（5）《睡虎地秦简·法律问答》："妻有罪以收。"（17）《上博楚简二·容成氏》："禹然后始为之号旗，以辨左右，思民毋惑。"（20）"以₂"连接原因句和目的句的篇章功能一直沿用至近代汉语，而连接结果句的功能在中古以后基本消失。

【用】（15）

"用"可以连接原因句、结果句和目的句。当"用"连接原因句时，是一个居前的前启句连接标记，连接一层复句或多层复句，标记原因关系。有时与"故"、"而"构成"用……，故/而……"的固定格式。

（1）孝文帝十四年，匈奴大入萧关，而广以良家子从军击胡，**用**善骑射，杀首虏多，为汉中郎。（《李将军列传》，3447）

（2）临江王，適长太子也，以一言过，废王临江；**用**宫垣事，卒自杀中尉府。（《韩长孺列传》，3440）

（3）陈皇后母大长公主，景帝姊也，数让武帝姊平阳公主曰："帝非我不得立，已而弃捐吾女，壹何不自喜而倍本乎！"平阳公主曰："**用**无子**故**废耳。"（《外戚世家》，2386）

（4）魏其、武安皆以外戚重，灌夫**用**一时决策**而**名显。（《魏其武安侯列传》，3433）

当"用"连接结果句时，是一个居前的后续句连接标记，连接一层复句或多层复句，标记结果关系。

（5）臣有作福作威玉食，其害于而家，凶于而国，人**用**侧颇辟，民**用**僭忒。（《宋微子世家》，1941）

（6）启曰："嗟！六事之人，予誓告女：有扈氏威侮五行，怠弃三正，天**用**剿绝其命。（《夏本纪》，104）

（7）孤不天，不能事君，君**用**怀怒，以及敝邑，孤之罪也。（《楚世家》，2041）

当"用"连接目的句时，是一个居前的后续句连接标记，《史记》中"用"标记目的性结果关系仅一例。

（8）广曰："彼虏以我为走，今皆解鞍以示不走，**用**坚其意。"（《李将军列传》，3449）

连词"用"在先秦早期是常见的结果标记，如《尚书·益稷》："朋淫于家，用殄厥世。"（143 中）在汉代，结果标记"用"在口语中不常见，而多出现在带先秦语言色彩的书面语体中，《史记》结果标记"用"共计六例，其中有五例是引用先秦早期的文献或是模仿先秦语言色彩的语体。连词"用"在秦汉时期新产生出标记原因关系的篇章功能。

【因$_2$】（65）

"因$_2$"可以连接原因句和结果句。当连接原因句时，"因"是一个居前的后续句连接标记，连接一层或多层复句，标记原因关系，常和"乃""故"等构成"因……，乃/故……"的固定格式。

（1）臧儿长女嫁为金王孙妇，生一女矣，而臧儿卜筮之，曰两女皆当贵。**因**欲奇两女，**乃**夺金氏。（《外戚世家》，2382）

（2）始皇至沙丘崩，祕之，群臣莫知。是时丞相李斯、公子胡亥、中车府令赵高常从。高雅得幸于胡亥，欲立之，又怨蒙毅法治之而不为己也，**因**有贼心，**乃**与丞相李斯、公子胡亥阴谋，立胡亥为太子。（《蒙恬列传》，3097）

（3）**因**杅敖与左贤王战，不利，引归。（《匈奴列传》，3503）

（4）老子所贵道，虚无，**因**应变化于无为，**故**著书辞称微妙难识。（《老子韩非列传》，2608）

当连接结果句时，"因"是一个居前的后续句连接标记，可以连接一层或多层复句，标记结果关系。

（5）贰师恐，**因**留敦煌。（《大宛列传》，3026）

（6）功多，秦不能尽封，**因**以法诛之。（《项羽本纪》，390）

（7）吴人怜之，为立祠于江上，**因**命曰胥山。（《伍子胥列传》，2636、2637）

（8）重耳畏杀，**因**固谢，不敢入。（《晋世家》，1988）

"因"在先秦时期就可以用作原因标记及结果标记，如《左传·桓公十五年》："郑伯因栎人，杀檀伯，而遂居栎。"（1758 中）《孟子·梁惠王上》："若民，则无恒产，因无恒心。"（2671 中）《上博楚简三·恒先》："互气之生，因复其所欲，明明天行，唯复以不废，知既而亡思不殄。"（9、5）《上博楚简四·柬大王泊旱》："邦家大旱，因歉知于邦。"（18）原因标记"因"一直沿用至现代汉语的书面语，结果标记"因"中古以后基本消失。

四　小结

表 4 – 1　　　　　　　　　　　　　　因果关系标记基本情况表

| | | 词项 | 次数 | 历时发展 | | | | |
| | | | | 上古 | | 中古 | 近代 | 现代 |
				先秦	西汉			
原因标记	说明性原因标记	唯₁（维）	3	+	+			
		由	4	+	+	+	+	
		为	62	+	+	+	+	
		本	7	+	+	+	+	
	推论性原因标记	既₂	34	+	+	+	+	
结果标记		是	26	+	+	+	+	
		是以	122	+	+	+	+	
		是故	52	+	+	+	+	
		故	1013	+	+	+	+	+ 书面语
		故乃	2	+	+	+	+	
		以故	93	+	+	+	+	
		以此	3	+	+	+	+	
		因而₂	15		+	+	+	+
		用此	4	+	+			
兼类		以₂	122	+ 因/果/目	+ 因/果/目	+ 因/目	+ 因/目	
		用	15	+ 果	+ 因/果/目	+ 因/目	+ 因/目	
		因₂	65	+ 因/果	+ 因/果	+ 因	+ 因	+ 因（书）

（1）《史记》中因果关系标记共计 17 个，可分为原因标记和结果标记两大类，基本涵盖了后世因果标记的各种类型。①原因标记共计 5 个，约占 29.4%，都是单音节词，数量和使用的频率都远低于结果标记，但是原因标记的范畴化程度更高，依据所表达的原因的性质不同，原因标记又可分为说明性原因标记和推论性原因标记两小类；②结果标记共计 9 个，约占 52.9%，以双音节词为主，一个结果标记往往既可以表事实的结果又可以表事理的结果，如"是故"、"是以"等；③"以₂、用、因₂"

是因果兼类的连接标记，约占 17.7%。其中"以$_2$、用"可以标示原因句、结果句及目的句，"因$_2$"可以标示原因句和结果句。

（2）双音节的结果标记"故乃、是以、是故、以故、以此、因而$_2$、用此"的辖域较广，都可以连接多层复句，其中"是以、是故、以故、以此"还可以连接句群。"是以、是故"除了标示先因后果的逻辑语义关系外，还标示后续句对前启句进行主观性的议论和阐述的言语行为。

（3）从来源看，《史记》中绝大部分因果关系标记都是继承自先秦时期的因果关系标记。只有"因而$_2$"是西汉时期新形成的结果标记，"用"标记原因关系也是西汉时期新产生的连接功能。从沿用情况看，《史记》中大部分因果关系标记都沿用至近代汉语，其中"因而$_2$"仍是现代汉语中常见的结果标记；而"唯$_1$（维）、用此"则在中古以后基本消失。在历时发展的过程中，因果兼类标记逐渐向单功能方向发展，中古以后，"因$_2$"成为单功能的原因标记，"以$_2$、用"标示结果关系的功能也逐渐消失。

第二节　转折关系标记

转折关系标记是标记语段间转折关系的重要手段。吕叔湘（1944/1982）指出，凡是表达的上下两事不谐和，句意背理就是转折句。[①] 不谐和或背理多半是因为甲事在我们心中引起一种预设，而乙事却轶出这个预期，因此由甲事到乙事不是一贯的，其间有一转折。由于转折关系本身的复杂性，汉语语法学家对转折句的范围和归类有不同的看法。

马建忠（1898/1983）把"但是"等转折连词归入"转理连字"，指出"转理连字者，所以反上文而转申一义也"；把"虽然"等归入"推拓连字"，指出"推拓连字者，所以开上文而展拓他意也"[②]。

黎锦熙（1924/1992）在《新著国语文法》中认为转折句属于联合复句，不包括让步句，后在《汉语语法教材》中进一步指出转折句"形式上是等立复句，在意义范围上却有轻重偏全之别"。黎锦熙将转折连词分

[①]　参看吕叔湘《中国文法要略》，第 340 页。

[②]　参看马建忠《马氏文通》，第 5、311、316 页。

为"重转的连词"、"轻转的连词"和"意外的连词"三种。①

吕叔湘（1944/1982）在"离合、相背"表达范畴中讨论了转折关系，而把让步关系归为"擒纵、衬托"表达范畴。他指出除了连词外，部分限制词也可以表示转折关系，如文言中的"反"、"顾"等。吕叔湘认为转折句主要可以分为两类：①一般的转折句，"上句之意轻，下句之意重"；②保留句，"上重下轻，下句的力量只抵消上句的一部分"。他指出"正反"、"对待"和"转折"的关系密切，部分正反句和对待句含有转折关系。②

邢福义（2001）认为转折句"指分句与分句之间是有逆转关系的一类复句"，他提出的转折句比一般所说的转折句的范围广，包括"A，但是B"，"虽然A，但是B"，"即使A，也B"，"宁可A，也（不）B"，"无论A，都B"，"A，否则B"六种类型的复句。③

王维贤（1994）认为转折句包括传统的让步句和转折句，"这两类句子的前一个分句同后一个分句之间所具有的某种蕴含和推断关系是直接的，这两类句子的关联词语直接表示这种关系"④。

上述各家的争议焦点主要是转折句和让步句是否是同一类关系的复句，我们认为转折句和让步句存在重叠的地方，但是单纯从连接标记所标示的语段的逻辑语义关系看，转折关系标记和让步关系标记是两种篇章连接功能不同的连接标记，只是在构成让步句时，让步关系标记常和转折关系标记搭配使用。

《史记》中转折关系标记共有 11 个：①连词性转折标记，包括"而$_4$、而乃$_2$、顾$_1$、然$_2$、然而、则$_2$"；②副词性转折标记，包括"顾$_2$、乃$_3$、反、又$_2$、亦$_3$"。

一　连词性转折标记

【而$_4$】（657）

杨树达《词诠》："而，转接连词，可译为'然'及今语之'却'，

①　参看黎锦熙《新著国语文法》，第7、209页。

②　参看吕叔湘《中国文法要略》，第333—346页。

③　参看邢福义《汉语复句研究》，第45—46页。

④　参看王维贤等《现代汉语复句新解》，第177页。

惟意较轻耳。"（409）《史记》中转折关系标记"而$_4$"是一个居前的后续句连接标记，位于主语的前面，可以连接一层复句、多层复句及句群，构成"p，而$_4$q"的句式。连词"而"是上古汉语中功能最为灵活的连接标记，马建忠（1898/1983）认为"'而'字之为连字，不惟用于承接，而用为推转者亦习见焉。然此皆上下文义为之"[①]。吕叔湘（1944/1982）认为"'而'字是一个极不着边际的关系词，不管句意的逆顺或向背"[②]。我们认为，"而"不具有预示逻辑语义关系的功能，只是显现语段间的各种逻辑语义关系。《史记》中"而$_4$"连接的转折句"p，而$_4$q"中，p和q之间存在着两种不同类型的转折语义关系：一种是对照性转折关系；一种是一般的转折关系。

①对照性转折关系

（1）王自夺之，使相偿之，是王为恶**而**相为善也。（《田叔列传》，3343）

（2）当晋昭公时，诸大夫强**而**公族弱，赵简子为大夫，专国事。（《扁鹊仓公列传》，3353）

吕叔湘（1944/1982）指出"真正的对待关系"是"上下小句的意义相背，两事互相映发，构成一种对照"，"真正的对待关系和转折关系很相近"[③]。我们把"真正的对待关系"称为"对照"，《史记》中部分对照句中包含转折关系，如例（1）、例（2）译为现代汉语时"而$_4$"须译为转折连接标记"但是"、"可是"、"却"等。对照句中的"转折"语义来自于对照句的内容轶出人们的背景知识形成的预设，如例（1）中人们的背景知识预设"王比相更应为善"，而对照句"王为恶而相为善"与之相违；例（2）背景知识预设"公族应比大夫强"，而对照句"诸大夫强而公族弱"与之相反。另外，对照句p和q中常有成对的反义词出现，如例（1）中的"恶"和"善"，例（2）中的"强"和"弱"，它们表示事物间进行比较后得出的对立和相反，这种"对照关系"加强了"轶出预期"

---

① 参看马建忠《马氏文通》，第282页。

② 参看吕叔湘《中国文法要略》，第336页。

③ 同上书，第335页。

的转折语气。

②一般的转折关系

（3）今秦虽破长平军，**而**秦卒死者过半，国内空。（《白起王翦列传》，2823）

（4）始吾与公为刎颈交，今王与耳旦暮且死，**而**公拥兵数万，不肯相救，安在其相为死！（《张耳陈馀列传》，3111）

（5）文帝怒曰：“此人亲惊吾马，吾马赖柔和，令他马，固不败伤我乎？**而**廷尉乃当之罚金！”（《张释之冯唐列传》，3315）

“而$_4$”连接的 p 和 q 从逻辑语义上看，前启句 p 表前提或原因，后续句 q 表示与 p 的预期相反的情况或结果；从信息推进的角度看，p 先于 q 发生，提供了 p 出现的背景信息，“p ＋而$_4$＋ q”的线性序列实际上就是从次要信息到主要信息，从背景到前景的推进过程。

先秦汉语中“而$_4$”已是常见的转折关系标记，如《尚书·秦誓》：“人之彦圣，而违之，俾不达。”（256 下）出土先秦文献中，“而$_4$”也可以连接两种类型的转折句，一是连接对照性转折句，如《睡虎地秦简·为吏之道》：“贱士而贵货贝。”（8 贰）一是连接一般转折关系句，如《上博楚简二·从政》：“可言而不可行，君子不言；可行而不可言，君子不行。”（甲 11）“而$_4$”一直沿用至近代汉语，如《古今小说·吴保安弃家赎友》：“吴保安不肖，幸与足下生同乡里，虽缺展拜，而慕仰有日。”（328）其中，对照性转折关系标记“而$_4$”至今沿用，《现代汉语八百词》指出转折连词“而$_4$”“连接小句，表示相对或相反的两件事”[①]。

【而乃$_2$】（1）

“而乃$_2$”是一个居前的后续句连接标记，在《史记》中只出现 1 次，连接一层复句，标记对照性转折关系。

（1）今吴之有越，犹人之有腹心疾也。而王不先越**而乃**务齐，不亦谬乎！（《伍子胥列传》，2635）

[①]　参看吕叔湘主编《现代汉语八百词》（增订本），第 192 页。

上古汉语中，"而乃$_2$"是由连词"而"和"乃"同义复合构成，标记的是同一话题内部的转折关系，可以连接一层复句或多层复句，如《庄子·盗跖》："天下何故不谓子为盗丘而乃谓我为盗跖？"（262）《淮南子·主术训》："今人之才，或欲平九州，并方外，存危国，继绝世，志在直道正邪，决烦理挐，而乃责之以闺阁之礼，奥窔之间；或佞巧小具，诣进愉说，随乡曲之俗卑下众人之耳目，而乃任之以天下之权，治乱之机；是犹以斧劗毛，以刃抵木也，皆失其宜矣。"（656）

到了中古汉语中，"而乃$_2$"发展出新的篇章功能——标记话题的转换。《汉语大词典》也指出连词"而乃"可以"表示转折或另起话题"，首引的例证是南朝宋宗炳《明佛论》："夫一局之弈，形算之浅，而弈秋之心，何尝有得，而乃欲率井蛙之见，妄抑大猷，至独陷神于天井之下，不以甚乎？"（8/774）

【顾$_1$】（11）

连词"顾$_1$"是一个居前的后续句连接标记，可以连接一层复句或多层复句，标记保留性的转折关系，后续句旨在修正前启句，可译为"可是"、"只是"。"p，顾q"间的转折关系具体有两种类型：

①后续句q与前启句p形成的预期部分抵触，预期的内容没有出现。

（1）信曰："此在兵法，**顾**诸君不察耳。"（《淮阴侯列传》，3156）

（2）如姬之欲为公子死，无所辞，**顾**未有路耳。（《魏公子列传》，2878）

②后续句q与前启句p相抵触，p是预期的"原因1"，q是与预期的"原因1"相对的"原因2"，对q进行肯定实际上就修正了预期的p。

（3）仰视曰："泄公邪？"泄公劳苦如生平驩，与语，问张王果有计谋不。高曰："人情宁不各爱其父母妻子乎？今吾三族皆以论死，岂以王易吾亲哉！**顾**为王实不反，独吾等为之。"（《张耳陈馀列传》，3117）

（4）相如曰："夫以秦王之威，而相如廷叱之，辱其群臣，相如虽驽，独畏廉将军哉？**顾**吾念之，强秦之所以不敢加兵于赵者，徒以

吾两人在也。今两虎共斗，其势不俱生。"（《廉颇蔺相如列传》，
2948）

"顾$_1$"先秦时期已经产生，如《礼记·祭统》："是故，上有大泽，
则惠必及下，顾上先下后耳，非上积重而下有冻馁之民也。"（1604 中）
"顾$_1$"一直沿用至近代汉语。

【然$_2$】（318）

《助字辨略》卷二："然，转语。"（67）《经传释词》卷七："然，词
之转也，亦常语也。"（157）"然$_2$"是一个居前的后续句连接标记，位于
主语的前面，可以连接一层复句、多层复句及句群，标记一般转折关系。
"然$_2$"可以和让步关系标记"虽"构成"虽……，然$_2$……"的固定
格式。

（1）今桀纣**虽**失道，**然**君上也；汤武虽圣，臣下也。（《儒林列
传》，3767）

（2）晏婴乃荐田穰苴曰："穰苴**虽**田氏庶孽，**然**其人文能附众，
武能威敌，愿君试之。"（《司马穰苴列传》，2611）

"p，然$_2$q"中，p 可以是引用的人物语言，q 表达作者对人物语言轶
出预期的总结或主观评价，"然$_2$"标记了从人物话语语境到作者评论语境
的转折性转入。

（3）朝廷见，人或毁曰："不疑状貌甚美，然独无奈其善盗嫂何
也！"不疑闻，曰："我乃无兄。"**然**终不自明也。（《万石张叔列传》，
3335）

（4）上时问人，仁曰："上自察之。"**然**亦无所毁。（《万石张叔
列传》，3336）

"然$_2$"可以标记保留性转折关系，"p，然$_2$q"中，p 和 q 是相关的两
个次话题，q 从相反的方面对 p 进行修正和补充，可译为"不过"。

（5）虞卿料事揣情，为赵画策，何其工也！及不忍魏齐，卒困于

大梁，庸夫且知其不可，况贤人乎？**然**虞卿非穷愁，亦不能著书以自见于后世云。（《平原君虞卿列传》，2872）

"然₂" 位于二次转折句的外层，一般不能省略。

（6）今子长八尺，///转折 乃为人仆御，//转折 **然**子之意自以为足，/妾是以求去也。（《管晏列传》，2584）

（7）今臣将兵三十余万，身虽囚系，//转折 其势足以倍畔，/转折 **然**自知必死而守义者，不敢辱先人之教，以不忘先主也。（《蒙恬列传》，3099）

学界对转折连词"然₂"出现的时代及语法化过程争议较多：①关于转折连词"然₂"出现的时代。王力（1989）认为"直到汉代以后，'然'字才单独用作转理连词"①。钱宗武（2004）认为今文《尚书》中已经有语例"'然'用来连接分句，表示转折"②。我们认为"然₂"在先秦汉语中已经有用为转折连词的比较成熟的语例，如《荀子·王制》："故虎豹为猛矣，然君子剥而用之。"（162）《上博楚简五·季庚子问于孔子》："孔曰：'言则嬺矣。然恶勿变，先人之所瀘勿起。'"（15）②关于转折连词"然₂"语法化的过程。吕叔湘（1944/1982）认为"'然'字的开始盛行在'然而'之后，我们可以说他是'然而'之省，以'然'摄'而'；我们也可以说是'虽然'之省，那就本来不一定要随以'而'字"③。刘利（2005）认为"然"和"然而"平行演变为连词。④ 朱城（2007）认为"'然'先有了转折连词的用法，然后才与连词'而'结合，形成同义并列复合词"⑤。我们基本认同朱城的看法，但是不赞同他提出的"上下文的语意关系是代词演变为连词的决定性因素"的意见，我们认为，代词"然"语法化为转折连词"然₂"受到了两方面因素的影响：一方面由于代词"然"的指代不明，句子中出现其他指代成分，代

---

① 参看王力《汉语语法史》，商务印书馆 1989 年版，第 146 页。

② 参看钱宗武《今文〈尚书〉语法研究》，商务印书馆 2004 年版，第 242 页。

③ 参看吕叔湘《中国文法要略》，第 342 页。

④ 参看刘利《上古汉语的连词"然而"》，《中国语文》2005 年第 2 期。

⑤ 参看朱城《试论转折连词"然"的形成》，《古汉语研究》2007 年第 3 期。

词"然"的指代功能冗余，逐渐语法化为句间的连接成分；另一方面由于受到上下文转折语意的影响，"然₂"逐渐成为转折关系连接标记。

（8）项王喑呜叱咤，千人皆废，**然**不能任属贤将，此特匹夫之勇耳。（《淮阴侯列传》，3150）

（9）豫让曰："既已委质臣事人，而求杀之，是怀二心以事其君也。且吾所为者极难耳！**然**所以为此者，将以愧天下后世之为人臣怀二心以事其君者也。"（《刺客列传》，3043）

【然而】（41）

"然而"是一个居前的后续句连接标记，位于主语的前面，可以连接一层复句、多层复句及句群，标记转折关系。

（1）秦之所害于天下者莫如赵，**然而**秦不敢举兵伐赵者，何也？畏韩、魏之议其后也。（《苏秦列传》，2716）

（2）天下已定，始皇之心，自以为关中之固，金城千里，子孙帝王万世之业也。始皇既没，馀威振于殊俗。**然而**陈涉瓮牖绳枢之子，氓隶之人，而迁徙之徒也。材能不及中人，非有仲尼、墨翟之贤，陶朱、猗顿之富也。蹑足行伍之间，俛仰仟佰之中，率罢散之卒，将数百之众，转而攻秦。（《陈涉世家》，2367）

连接一层复句或多层复句时，"然而"可以和让步连接标记"虽"搭配使用，构成"虽……，然而……"的固定格式。

（3）秦**虽**僻远，**然而**心怨含怒之日久矣。（《张仪列传》，2775）

（4）楚**虽**有富大之名而实空虚；其卒**虽**多，**然而**轻走易北，不能坚战。（《张仪列传》，2765）

转折连词"然而"在先秦汉语中就已经产生，如《孟子·梁惠王上》："七十者，衣帛食肉，黎民不饥不寒，然而不王者，未之有也。"（2666 下）《上博楚简四·曹沫之阵》："臣是故不敢以故答，然而古亦有大道焉。"（7、8）我们在上文提到转折连词"然"在先秦汉语中也已出现，由此可见，转折连词"然"和转折连词"然而"出现的时代大致相近。

【则₂】（43）

"则₂"是一个居前的后续句连接标记，可以位于主语的前面或者后面，连接一层复句或多层复句。"则₂"建构的语篇成分间的转折关系具体有三种类型：

①后续句与前启句的心理预期完全相反，"则₂"标记一般转折关系。

（1）今夫天下布衣穷居之士，身在贫贱，虽蒙尧、舜之术，挟伊、管之辩，怀龙逢、比干之意，欲尽忠当世之君，而素无根底之容，虽竭精思，欲开忠信，辅人主之治，**则**人主必有按剑相眄之迹，是使布衣不得为枯木朽株之资也。（《鲁仲连邹阳列传》，2987）

②后续句与前启句的心理预期部分抵触，"则₂"标记保留性转折关系。

（2）欲免去，惧大诛至；欲见谢，**则**未知何如。（《张释之冯唐列传》，3316）

③强调后续句与前启句的对立，标记对照性转折关系。

（3）庸主赏所爱而罚所恶；明主**则**不然，赏必加于有功，而刑必断于有罪。（《范睢蔡泽列传》，2904、2905）

有时可以和让步关系标记"虽"构成"虽……，则₂……"的固定格式。

（4）秦**虽**欲深入，**则**狼顾，恐韩、魏之议其后也。（《苏秦列传》，2728）

"则₂"在先秦时期已被用作转折关系标记，如《论语·子路》："欲速则不达。"（2507下）《上博楚简六·凡物流形》："出则又入，终则又

始，至则又反。"（乙18）

二　副词性转折标记

【顾₂】（7）

《史记》中"顾"兼属连词和副词，其中副词"顾₂"可译为"反倒"、"却"，具有篇章连接功能，连接一层或多层复句，标记对照性转折关系。

（1）绛侯绾皇帝玺，将兵于北军，不以此时反，今居一小县，**顾**欲反邪！（《绛侯周勃世家》，2503）

（2）臣等身被坚执锐，多者百余战，少者数十合，攻城略地，大小各有差。今萧何未尝有汗马之劳，徒持文墨议论，不战，**顾反**居臣等上，何也？"（《萧相国世家》，2434）

（3）且陛下病甚，大臣震恐，不见臣等计事，**顾**独与一宦者绝乎？（《樊郦滕灌列传》，3205）

"顾₂"可以和让步关系标记"虽"搭配使用，构成"虽……，顾₂……"的固定格式。

（4）秦服其劳而赵受其利，**虽**强大不能得之于小弱，小弱**顾**能得之于强大乎？（《赵世家》，2185）

先秦汉语中"顾₂"已用为转折关系标记，如《韩非子·五蠹》："势诚易以服人，故仲尼反为臣，而哀公顾为君。"（447）《放马滩秦简·日书乙》："使千里外，顾复还，不可以壬癸到家。"（319）中古至近代汉语一直沿用。

【乃₃】（47）

副词"乃₃"带有强烈的转折语气，修饰整个后续小句，标记一般性转折关系。后续句和前启句的事实或预期相反。

（1）见楚使，即详惊曰："吾以为亚父使，**乃**项王使！"（《陈丞相世家》，2485）

（2）今子长八尺，**乃**为人仆御，然子之意自以为足，妾是以求去也。（《管晏列传》，2584）

"乃₃"可以和副词"反"同义连用，修饰谓语。

（3）伍子胥仰天叹曰："嗟乎！谗臣嚭为乱矣，王**乃反**诛我。"（《伍子胥列传》，2636）

先秦汉语中副词"乃₃"已用为转折关系标记，如《尚书·康诰》："有厥罪小，乃不可不杀。"（203下）《放马滩秦简·日书乙》："不见大患，乃见死人，其奈外君殹。"（269）中古时期，副词"乃₃"可位于主语前，逐渐语法化为转折连词，如《梁书·袁昂传》："虽礼无明据，乃事有先例，率迷而至，必欲行之。"（452）

【反】（32）

一般性转折关系。"p，反q"既可以是一层复句，也可以是多层复句。

（1）当断不断，**反**受其乱。（《春申君列传》，2879）

（2）夫主有失行，臣下不能正言匡过以尊天子，**反**因过而诛之，代立践南面，非弑而何也？（《儒林列传》，3767）

（3）范阳辩士蒯通说信曰："将军受诏击齐，而汉独发间使下齐，宁有诏止将军乎？何以得毋行也！且郦生一士，伏轼掉三寸之舌，下齐七十余城，将军将数万众，岁余乃下赵五十余城，为将数岁，**反**不如一竖儒之功乎？"（《淮阴侯列传》，3159）

另外，在人物的会话语境中，说话者轶出上一个说话者的说话内容时，前启句可以承前省略，仅出现"反"连接的后续句。

（4）人或说黯曰："自天子欲群臣下大将军，大将军尊重益贵，君不可以不拜。"ₚ黯曰："夫以大将军有揖客，**反**不重邪？"q（《汲郑列传》，3751）

副词"反"常和转折关系标记"而"、"顾"、"乃"同义连用。

（5）于是襄子乃数豫让曰："子不尝事范、中行氏乎？智伯尽灭之，而子不为报仇，**而反**委质臣于智伯。智伯亦已死矣，而子独何以为之报仇之深也？"（《刺客列传》，3044）

（6）夫韩、魏之兵未弊而救之，是吾代韩受魏之兵，**顾反**听命于韩也。（《田敬仲完世家》，2283）

（7）相舍后园近吏舍，吏舍日饮歌呼。从吏恶之，无如之何，乃请参游园中，闻吏醉歌呼，从吏幸相国召按之。**乃反**取酒张坐饮，亦歌呼与相应和。（《曹相国世家》，2451）

先秦汉语中，副词"反"常用为转折关系标记，如《楚辞·离骚》："荃不察余之中情兮，反信谗而齌怒。"（9）《睡虎地秦简·日书乙种》："辛卯壬午不可宁人，人反宁之。"（192 贰）

【又₂】（35）

《助字辨略》卷四："又字，转语，犹云抑也。"（233）"又₂"位于后续句谓语的前面，连接一层或多层复句，标记一般性转折关系，后续句表达与前启句的事实或预期相抵触的另一方面，转折语气较轻。

（1）今不因此而灭之，**又**将宽之，不亦难乎！（《吴太伯世家》，1766）

（2）今天下初定，死者未葬，伤者未起，**又**欲起礼乐。（《刘敬叔孙通列传》，3279）

"又₂"可以和连词性转折关系标记"而"组合使用。

（3）广结发与匈奴大小七十余战，今幸从大将军出接单于兵，**而**大将军**又**徙广部行回远，而又迷失道，岂非天哉！（《李将军列传》，3456）

（4）夫子获罪于君以在此，惧犹不足，**而又**可以畔乎？（《吴太伯世家》，2771）

"又₂"可以和让步关系标记"纵"、"虽"搭配使用，构成"纵/虽……，又₂……"的固定格式。

（5）今**纵**弗忍杀之，**又**听其邪说，不可。（《张仪列传》，2771）

（6）百姓**虽**劳，**又**恶可以已哉？（《司马相如列传》，3673）

转折关系标记"又₂"在先秦汉语中已经出现，如《荀子·王霸》："不能治近，又务治远；不能查明，又务见幽；不能当一，又务正百，是悖者也。"（224）上古至今一直沿用，《现代汉语八百词》（增订本）指出副词"又"可以表示转折语气，"常和'可是、但是、却、而、虽然'相配合"①。《史记》中"又"兼属并列关系标记和转折关系标记，汉语存在"并列 > 转折"的语法化轨迹和演变序列。② 因而，转折关系标记"又₂"很可能由并列关系标记"又₁"语法化而来。另外，"'又'是转折与非转折的分野"③，因而"又₂"的转折语气较轻微。

【亦₃】（56）

副词"亦₃"带转折语气，位于后续句谓语的前面，标记保留性转折关系。

（1）功冠诸侯，用此得王，**亦**不免于身为世大僇。（《黥布列传》，3144）

"亦₃"常和让步关系标记"虽"、"惟"搭配使用，构成"虽/惟……，亦₃……"的固定格式。

（2）君卒然捐馆舍，君**虽**恨于臣，**亦**无可奈何。使臣卒然填沟壑，君虽恨于臣，亦无可奈何。（《范雎蔡泽列传》，2915）

（3）夫秦常积众暴兵数十万人，**虽**有覆军杀将系虏单于之功，**亦**适足以结怨深仇，不足以偿天下之费。（《平津侯主父列传》，3555）

---

① 参看吕叔湘主编《现代汉语八百词》（增订本），第 634 页。

② 参看马清华《并列连词的语法化轨迹及其普遍性》，《民族语文》2003 年第 1 期。

③ 参看刘贤俊《现代汉语连词联系项的多能性》，《世界汉语教学》2005 年第 4 期。

当前启句表示极端性的让步时，后续句表示转折的同时还表示递进关系。

（4）富贵如可求，**虽**执鞭之士，吾**亦**为之。（《伯夷列传》，2573）

（5）**惟**信**亦**为大王不如也。（《淮阴侯列传》，3150）

转折关系标记"亦₃"在先秦汉语中已经出现，如《诗·召南·行露》："谁谓女无家，何以速我讼。虽速我讼，亦不女从。"（288下）南北朝时期，副词"也"出现，开始逐渐替代"亦₃"，截至唐末"也"可以用为转折关系标记，如《韩擒虎话本》："但某乙虽自幼年，也览亡父兵书。"（302）到了金代，在实际口语中，"也"对"亦₃"的历时替换已基本完成。到了元明时代，"亦₃"已较为少见。① 现代汉语中，"亦₃"基本消失，"也"替换"亦₃"用为转折关系标记，如"他虽然幼稚，也明白这里有危险"。

三 小结

表 4 - 2 转折关系标记基本情况表

词项	次数	历时发展				
		上古		中古	近代	现代
		先秦	西汉			
连词性转折标记 而₄	657	+ 一般/对照	+ 一般/对照	+ 一般/对照	+ 一般/对照	+ 对照
而乃₂	1	+ 转折	+ 转折	+ 转折/话题转换	+ 转折/话题转换	
顾₁	11	+	+	+	+	
然₂	318	+	+	+	+	
然而	41					+ 书面
则₂	43	+	+	+	+	

---

① 参看李宗江《"也"的来源及其对"亦"的历时替换》，《语言研究》1997 年第 2 期。

续表

词项	次数	历时发展				
		上古		中古	近代	现代
		先秦	西汉			
顾₂ 副词性转折标记	7	+	+	+	+	
乃₃	47	+	+	+	+	
反	32	+	+	+	+	+ 书面
又₂	35	+	+	+	+	+
亦₃	56	+	+	+	+	

（1）《史记》转折关系标记共 11 个，从词性上看，有连词性转折标记和副词性转折标记两种类型；从标记的转折关系的类型来看，有一般性转折、保留性转折、对照性转折三种，但是转折关系的类型和转折标记之间并没有形成整齐的对应关系，转折关系标记并未依据标记的转折关系的类型在下位范畴进行范畴化，一个转折关系标记往往可以标记多种类型的转折关系，如"而₄"可以标记"一般性转折"和"对照性转折"，"然₂"可以标记"一般性转折"和"保留性转折"。

（2）《史记》的转折关系标记在篇章中能连接两种类型的复句：①连接转折复句是转折关系标记的基本功能；②"而₄、然₂、然而、则₂、顾₂、又₂、亦₃"可以和让步关系标记"虽"等搭配使用，构成让步转折复句。

（3）从来源看，《史记》中转折关系标记都继承自先秦汉语。从沿用的情况看，除了"亦₃"在中古以后逐渐被同功能的"也"替换以外，《史记》中大部分转折关系标记都沿用至近代汉语。在历时发展的过程中，部分转折关系标记的功能发生了一定变化：①功能扩大，如"而乃₂"在中古以后，除了标记转折关系，还增加了标记话题转换的篇章功能；②功能缩小，如"而₄"在《史记》中能标记一般性转折和对照性转折两种类型的转折关系，而在现代汉语中仅能标记对照性转折关系。

第三节　假设关系标记

假设关系标记是标记语段表示未然事件，构成假设句的重要手段。假设关系语段所表达的是在现实世界没有实现的虚拟事件，它既可以是在将来发生的、有可能成真的事件，也可以是与实际情况相反的已发生的事件。汉语中的假设关系和条件关系关系密切，学者对二者的归属问题看法不一：吕叔湘（1944/1982）主张把假设句和条件句统称为假设句；① 黎锦熙（1924）、邢福义（1985；2001）、王维贤（1994）、徐春阳（2002）等则认为假设句和条件句应分别属于两种不同类型的复句。假设句和条件句的归属纷争源于二者存在较多的重叠之处，张志公（1962）认为假设句"前边的偏句假设一种情形，后边的正句说出要是假设的情形实现了就会有怎样的结果"②。王维贤（1994）指出现代汉语假设复句的代表句型"如果 p，那么 q""从语气角度看它表示的是假设，而就前后小句的事理关系看，前一小句是后一小句的原因，二者属于因果关系"③。林裕文（1987）认为"假设同条件是从不同的角度说的。所谓假设，是指叙述的内容尚未证实；所谓条件，是指分句与分句之间的一种关系"④。我们对连接标记的归类主要依据连接标记所标示的语段的逻辑语义关系，因而假设句和条件句的交叉不会影响假设关系标记的归类，假设关系标记在语篇中具有显示或预示语段的假设语义的功能，构成以假设条件关系复句为主的假设句。

《史记》中假设关系标记共有 31 个，它们是"苟、即$_2$、必、若$_2$、设、令、使、有、则$_3$、其$_2$、且$_4$、或、借使、藉使、假使、假令、如、如令、如有、有如、诚、诚令、诚使、向令、向（乡）使、微、自非、则已、即已、不然、不者"。

《史记》中假设关系标记可分为两种类型：一种是肯定性假设标记，它们包括"苟、即$_2$、必、若$_2$、设、令、使、有、则$_3$、其$_2$、且$_4$、或、借使、藉使、假使、假令、如、如令、如有、有如、诚、诚令、诚使、向令、向（乡）使"；一种是否定性假设标记，它们包括"微、自非、则已、即已、不然、不者"。

---

① 参看吕叔湘《中国文法要略》，第 407 页。

② 参看张志公《汉语知识》，人民教育出版社 1962 年版，第 174 页。

③ 参看王维贤等《现代汉语复句新解》，第 153 页。

④ 参看林裕文《偏正复句》，《汉语知识讲话》4，上海教育出版社 1987 年版，第 36 页。

一 肯定性假设标记

肯定性假设标记连接的前启句首先假设一种虚拟的情况出现，然后后续句根据这种情况推测出现相应的结果。

【苟】（31）

"苟"位于表假设的语段中，是一个居前的前启句连接标记，可以位于主语的前面或者后面，用于连接陈述句或疑问句。

（1）王**苟**以错不善，何不以闻？（《吴王濞列传》，3411）

（2）康子患盗，孔子曰："**苟**子之不欲，虽赏之不窃。"（《孔子世家》，2331）

"苟"标记的假设语义的管辖范围即语义辖域较宽，可以管辖一个小句或多个小句。

（3）**苟**利所在，不知礼义。（《匈奴列传》，3461）

（4）吴王骄日久，国多奸。今**苟**欲劾治，/_{假设}彼不上书告君，//即利剑刺君矣。（《袁盎晁错列传》，3301）

（5）**苟**先君无废祀，//民人无废主，//社稷有奉，/_{假设}乃吾君也。（《吴太伯世家》，1761）

"苟p，q"中，p和q之间可以存在两种语义关系，一般是"p假设＋q结果"，还可以是"p假设＋q评述"。

（6）**苟**能入我国，报子以乘轩，免子三死，毋所与。（《卫康叔世家》，1922）

（7）今诸王**苟**能存亡继绝，振弱伐暴，以安刘氏，社稷之所愿也。（《吴王濞列传》，3403）

p一般是假言句，还可以是实言句。当p为假言句时，p既可以是未然的将来事件，也可以是与实际相反的过去事件。

（8）**苟**富贵，无相忘。（《陈涉世家》，2351）

（9）始吾与公为刎颈交，今王与耳旦暮且死，而公拥兵数万，不肯相救，安在其相为死！**苟**必信，胡不赴秦军俱死？（《张耳陈馀列传》，3111）

当 p 是实言句时，假设关系标记"苟"具有化实为虚的语用功能，用于质疑，表达了说话人对 p 暂且认同的主观态度。

（10）上曰："**苟**各有主者，而君所主者何事也？"（《陈丞相世家》，2490）

（11）式曰："臣生与人无分争。式邑人贫者贷之，不善者教顺之，所居人皆从式，式何故见冤于人！无所欲言也。"使者曰："**苟**如此，子何欲而然？"（《平准书》，1719）

"苟"在先秦汉语早期已经用为假设关系标记，如《周易·系辞》："苟非其人，道不虚行。"（78 上）《郭店楚简·成之闻之》："上苟倡之，则民鲜不从矣。"（[11]、9）"苟"一直到近代汉语还在使用，如《警世通言·范鳅儿双镜重圆》："曾相约，苟存性命，夫不再娶，妇不再嫁。"（467）

【即₂】（80）

"即₂"是一个居前的前启句连接标记，可以自由位于主语的前面或后面，可以用于连接陈述句或疑问句。

（1）今将军初兴，未如魏其，**即**上以将军为丞相，必让魏其。（《魏其武安侯列传》，3419）

（2）且陛下**即**问长安中盗贼数，君欲强对邪？（《陈丞相世家》，2490）

"即₂"一般用于连接一层复句，管辖一个小句，语义辖域较窄；有时可以与顺承关系标记"则"构成"即₂……，则……"的固定搭配。"即₂ p，q"是假言句，p 表示对未然事件的假设，q 表示依据 p 推出的结果，并且 p 假设的事件一般发生在 q 之前，构成"假设＋结果"的逻辑关系。

（3）今单于**即**能前与汉战，天子自将兵待边；单于**即**不能，即南面而臣于汉。（《匈奴列传》，3496）

（4）是时高帝病甚，人有恶哙党于吕氏，**即**上一日宫车晏驾，则哙欲以兵尽诛灭戚氏、赵王如意之属。（《樊郦滕灌列传》，3206）

当"即₂p，q"中p假设的事件发生在q之后时，q是p发生的前提条件，构成"假设＋前提条件"的逻辑关系，整个复句的语义重点在条件关系。

（5）杨信既见单于，说曰："**即**欲和亲，以单于太子为质于汉。"（《匈奴列传》，3497）

先秦时期，"即₂"已用为假设关系标记，如《左传·昭公十二年》："即欲有事，何如？"（2063中）《睡虎地秦简·法律答问》："甲盗羊，乙知，即端告曰甲盗牛，问乙为诬人，且为告不审？当为告盗加赃。"（45）"即₂"中古至近代汉语一直沿用。

【必】（57）

"必"位于表假设的前启句，后续小句表示结果。《史记》中"必"可译为"如果一定要……"一般位于谓语的前面，只有两例位于主语的前面；另外"必"带有强烈的肯定判断的主观语气，对小句谓语有修饰作用，因而我们认为《史记》中"必"处于语法化的过渡阶段，更接近情态副词，具有双重功能，一方面在句内修饰谓语，一方面在篇章中标示假设关系。

（1）王翦曰："大王**必**不得已用臣，非六十万人不可。"（《白起王翦列传》，2827）

（2）陛下**必**欲废適而立少，臣愿先伏诛，以颈血汙地。（《刘敬叔孙通列传》，3281）

（3）说不欲行，汉强使之。说曰："**必**我行也，为汉患者。"（《匈奴列传》，3482）

"必"可以和顺承关系标记"则"搭配使用，构成"必……，则……"的固定格式。

（4）**必**秦国之所生然后可，**则**是夜光之璧不饰朝廷，犀象之器不为玩好，郑、卫之女不充后宫，而骏良駃騠不实外厩，江南金锡不为用，西蜀丹青不为采。（《李斯列传》，3072）

（5）公子光曰："使以兄弟次邪，季子当立；**必**以子乎，**则**光真适嗣，当立。"（《刺客列传》，3039）

先秦汉语中，"必"已用为假设关系标记，如《论语·颜渊》："子贡曰：'必不得已而去于斯三者，何先？'"（2503下）《上博楚简四·昭王毁室》："尔必止小人，小人将韵寇。"（2）语境的因素是表肯定判断的情态副词"必"语法化为假设连词"必"的主要动因，蒋绍愚（2005）指出副词"必"演变为假设连词的主要原因是由于常位于假设句的句首，假设句的假设语义集中在"必"的身上，于是演变为假设连词。①

【若₂】（72）

假设关系标记"若₂"是一个居前的前启句连接标记，可以位于主语的前面或后面，可与"必、则"等搭配使用，构成固定格式。从句型上看，"若₂"可以位于陈述句或表反问语气的疑问句中。

（1）**若**君不修德，舟中之人尽为敌国也。（《孙子吴起列传》，2623）

（2）王**若**欲伐之，**必**与天下图之。（《乐毅列传》，2935）

（3）今孔丘述三五之法，明周召之业，王**若**用之，**则**楚安得世世堂堂方数千里乎？（《孔子世家》，2328）

"若₂"可以连接一层复句或多层复句，语义辖域较广，可以管辖一个或多个小句。

（4）赵**若**受我，秦怒，必攻赵。（《白起王翦列传》，2819）

（5）**若**知贤而俞弗立，则是不忠而惑主也。（《蒙恬列传》，

---

① 参看蒋绍愚《古汉语词汇纲要》，商务印书馆2005年版，第220页。

3098）

"若$_2$p，q"中，p 都是将来发生的未然事件，p 和 q 间的逻辑语义关系有四种类型：①假设＋结果，如例（1）；②假设（结果）＋前提条件，如例（2）；③假设＋结果（原因＋结果），如例（4）；④假设＋评述，如例（5）。

"若$_2$"连接的假设复句可以排列使用，在篇章中列举各种可能的情况及其推论的结果，具有周遍列举的语用效果。

（6）**若**亲有严客，髡卷韝鞠䁂，待酒于前，时赐余沥，奉觞上寿，数起，饮不过二斗径醉矣。**若**朋友交游，久不相见，卒然相睹，欢然道故，私情相语，饮可五六斗径醉矣。**若**乃州闾之会，男女杂坐，行酒稽留，六博投壶，相引为曹，握手无罚，目眙不禁，前有堕珥，后有遗簪，髡窃乐此，饮可八斗而醉二参。（《滑稽列传》，3859）

假设连词"若$_2$"在先秦汉语早期已经出现，如《国语·鲁语下》："若我往，晋必患我，谁为之贰？"（189）《放马滩秦简·日书甲》："壬亡其盗可得矣。若得，必有死者，男子矣。"（29）上古汉语中，假设连词"若$_2$"和"如"都是常见的假设关系连接标记，"若$_2$"的使用频率高于"如"，管燮初（1994）统计《左传》中假设连词"若"出现 347 次，假设连词"如"出现 7 次，[1] 我们统计《史记》中假设连词"若$_2$"出现72 次，假设连词"如"出现 13 次。通过对比，可以看到从《左传》到《史记》，上古汉语中假设连词"若$_2$"的使用频率在逐渐降低，而假设连词"如"的使用频率在不断增加，到了中古汉语，这一趋势更加明显，邬新花（2006）统计《论衡》中假设连词"若"出现 20 次，假设连词"如"出现 459 次，[2] "如"的使用频率逐渐高于"若"。

【设】（1）

---

[1] 参看管燮初《左传句法研究》，第 366—367 页。

[2] 参看邬新花《东汉佛经与〈论衡〉连词比较研究》，硕士学位论文，湖南师范大学，2006 年，第 71 页。

　　《史记》中假设关系标记"设"仅出现 1 次，是一个居前的前启句连接标记，连接一层复句，位于表假设的小句中，整个句子是表反问语气的疑问句。

　　（1）此特帝在，即录录，**设**百岁后，是属宁有可信者乎？（《魏其武安侯列传》，3429）

　　假设连接标记"设"在先秦汉语中已经出现，但是使用频率较低。中古时期，"设"的使用频率增加，并且产生了一批由语素"设"构成的复音假设连词，如"设使"、"设令"、"设若"、"设或"等。另外东汉时期，"设"还进一步发展出标记假设让步关系的篇章功能，如《论衡·定贤》："设孔子不作，犹有遗言，言必有起，犹文之必有为也。"（1122）

【令】（6）

　　（1）文帝怒曰："此人亲惊吾马，吾马赖柔和，**令**他马，固不败伤我乎？而廷尉乃当之罚金！"（《张释之冯唐列传》，3315）

　　（2）赵郝曰："虞卿诚能尽秦力之所至乎？诚知秦力之所不能进，此弹丸之地弗予，**令**秦来年复攻王，王得无割其内而媾乎？"（《平原君虞卿列传》，2868）

　　（3）人主闻之，曰："**令**朔在事无为是行者，若等安能及之哉！"（《滑稽列传》，3866）

　　（4）太后怒，不食，曰："**今**我在也，而人皆藉吾弟，**令**我百岁后，皆鱼肉之矣。且帝宁能为石人邪！此特帝在，即录录，设百岁后，是属宁有可信者乎？"（《魏其武安侯列传》，3429）

　　（5）温舒顿足叹曰："嗟乎，**令**冬月益展一月，足吾事矣！"（《酷吏列传》，3795）

　　（6）贯高、赵午等十余人皆相谓曰："乃吾等非也。吾王长者，不倍德。且吾等义不辱，今怨高祖辱我王，故欲杀之，何乃汙王为乎？**令**事成归王，事败独身坐耳。"（《张耳陈馀列传》，3115、3116）

　　《史记》中假设关系标记"令"有如下的特点：①从语形层面看：a. 可以位于陈述句或表反问语气的疑问句中；b. 位于表假设的语段中，

是一个居前的前启句连接标记，都位于主语的前面；②从语义层面看：a. "令"用于连接一层复句，管辖一个小句，语义辖域较窄；b. "令 p，q"中，p 可以是将来发生的未然事件，如例（2）、例（4）、例（6），也可以是与实际相反的事件如例（1）、例（3）、例（5）；c. p 和 q 间存在"假设＋结果"的逻辑语义关系。

假设关系标记"令"在先秦汉语中已经产生，《汉语大词典》首引《晏子春秋·谏上四》："晏子曰：'幸矣章遇君也！令章遇桀、纣者，章死久矣。'于是公遂废酒。"（1/1118）据我们调查，假设连词"令"的使用频率较低，不见于《左传》、《论语》、《孟子》、《荀子》等重要传世文献。出土先秦文献中也没有"令"用为假设连词的语例，出土汉代文献中仅见一例，《居延汉简》："直效于居□乐土，众勿忘贾言属为之，有朱阳顿□，……令一当杂，身忠心非，不慄然。"（551.4A）到了东汉时期，假设连词"令"可以和"则"构成"令……，则……"的固定格式，并且可以用于连接多层复句，如《论衡·语增》："令池在深室之中，则三千人宜临池坐。前俯饮池酒，（后）仰食肴膳，倡乐在前，乃为乐耳。"（349）

【使】（38）

假设关系标记"使"可以位于陈述句或反问句中，是一个居前的前启句连接标记，一般位于主语的前面，可与"亦、则"等搭配使用，构成"使……，亦/则……"固定格式。

（1）平曰："嗟乎，**使**平得宰天下，**亦**如是肉矣！"（《陈丞相世家》，2480）

（2）上怒曰："**使**张敖据天下，岂少而女乎？"（《张耳陈馀列传》，3117）

（3）平原君曰："**使**文能取胜，**则**善矣。文不能取胜，则歃血于华屋之下，必得定从而还。"（《平原君虞卿列传》，2862）

"使"可以连接一层复句或多层复句，语义辖域较广，可以管辖一个或多个小句。

（4）**使**武安侯在者，族矣。（《魏其武安侯列传》，3433）

（5）今秦攻魏，魏急而公子不恤，**使**秦破大梁而夷先王之宗庙，

公子当何面目立天下乎？（《魏公子列传》，2881）

（6）释之前进曰："**使**其中有可欲者，虽锢南山犹有郤；**使**其中无可欲者，虽无石椁，又何戚焉！"（《张释之冯唐列传》，3313、3314）

"使 p，q"中，p 可以是将来发生的未然事件，如例（1）；也可以是与实际相反的事件，如例（4）。p 和 q 间的逻辑语义关系有三种类型：①假设＋结果，如例（2）；②假设＋评述，如例（3）；③假设＋（让步＋结果），如例（6）。

从更大的篇章范围看，"使"连接的假设复句能够排列使用，分别列举各种可能出现的情况及其结果，具有周遍列举的语用效果，后项假设复句的假设关系标记可以出现或承前省略。

（7）**使**秦破赵，君安得有此？**使**赵得全，君何患无有？（《平原君虞卿列传》，2865）

（8）薛公对曰："布反不足怪也。**使**布出于上计，山东非汉之有也；出于中计，胜败之数未可知也；出于下计，陛下安枕而卧矣。"（《黥布列传》，3141）

假设关系标记"使"先秦时期已经产生，如《国语·吴语》："使死者无知，则已矣。若其有知，吾何面目以见员也！"（562）

【有】（4）

《史记》中假设关系标记"有"是一个居前的前启句连接标记，居于表假设的语段中，后续句常有"则、必"与之搭配使用。"有"连接一层复句，"有 p，q"中 p 可以是主谓结构小句，主语位于"有"的前面；p 还可以是动词性非主谓小句。

（1）然其喉下有逆鳞径尺，人**有**婴之，**则**必杀人。（《老子韩非列传》，2607）

（2）**有**用，齐、秦**必**轻君。（《孟尝君列传》，2852）

（3）臣闻小国之与大国从事也，**有**利**则**大国受其福，**有**败**则**小国受其祸。（《平原君虞卿列传》，2871）

假设关系标记"有"先秦时期已经产生，如《庄子·外物》："人有能游，且得不游乎？人而不能游，且得游乎？"（241）《上博楚简一·性情论》："有其为人之慧如也，弗牧不可。有其为人之蓁如也，弗校不足。"（38、39）西汉以后，假设关系标记"有"使用频率较低，由于受到汉语复音化发展趋势的影响，逐渐降级为复音节假设关系标记"有如"和"如有"的构词语素。《汉语大词典》对假设连词"有"，仅举《续资治通鉴·宋徽宗宣和二年》中"良嗣曰：'今日约定，不可与契丹复合也。'金主曰：'有与契丹乞和，亦须以燕京与尔家方和。'"（6/1141）这一条孤证。我们发现，此书证存在讹误，清阮元撰《续资治通鉴》所依据的史料来源为南宋杨仲良《皇宋通鉴长编纪事本末》卷一四二："良嗣曰：'今日约定，不可与契丹复合也。'金主曰：'有如契丹乞和，亦须以燕京与尔家方许和。'"（4448）实作假设双音连词"有如"①，而并非单独使用"有"来表示假设关系。

【则₃】（11）

（1）诚得劫秦王，使悉反诸侯侵地，若曹沫之与齐桓公，则大善矣；**则**不可，**因而**刺杀之。（《刺客列传》，3055）

（2）文公曰："子**则**自以为有罪，寡人亦有罪邪？"（《循吏列传》，3745）

（3）秦富十倍天下，地形强。今闻章邯降项羽，项羽乃号为雍王，王关中。今**则**来，沛公恐不得有此。（《高祖本纪》，457）

（4）如食顷，小败；熟五斗米顷，大败。**则**风复起，有云，其稼复起。各以其时用云色占种所宜。（《天官书》，1340）

（5）谨守成皋，**则**汉欲挑战，慎勿与战，毋令得东而已。（《项羽本纪》，413）

（6）女**则**有大疑，谋及女心，谋及卿士，谋及庶人，谋及卜筮。（《宋微子世家》，1941、1942）

"则₃"，《词诠》："假设连词。若也，苟也。"（248）《史记》中假设关系标记"则₃"有如下特点：①从语形层面看：a. 位于陈述句或疑问句

---

① 参见下文"有如"条。

中；b. 是一个居前的前启句连接标记，可与顺承连接标记"因而"、"亦"搭配使用；c. "则$_3$p，q"中 p 的语法结构可以是主谓短语或动词短语，当 p 是主谓短语时，"则$_4$"可以位于主语的前面或者后面；当 p 是动词短语时，"则$_3$"的主语承前省略，也可将其视为零形主语，这一零形主语既可以回指上文的次话题，如例（3）回指上文的"项羽"，也可以回指上文的语段，如例（1）回指的是上文"得劫秦王，使悉反诸侯侵地"。②从语义层面看：a. "则$_3$"可以连接一层复句或多层复句，语义辖域较广，可以管辖一个或多个小句；b. "则$_3$p，q"中，p 一般是将来发生的未然事件，p 和 q 间存在"假设＋结果"的逻辑语义关系。③从更大篇章的范围看，"则$_3$"连接的假设复句可以和其他假设复句排列使用，列举各种可能出现的情况及其结果，具有周遍列举的语用效果，如例（1）、例（4）。

"则$_3$"在先秦汉语中已用为假设关系标记，如《左传·僖公六年》："谚有之曰：'心则不竞，何惮于病。'"（1798 下）"则"一直沿用至中古汉语，如《汉书·谷永传》："陛下则不深察愚臣之言，忽于天地之戒，咎根不除，水雨之灾，山石之异，将发不久。"（3453）

【其$_2$】（5）

《经传释词》卷五："其，犹'若'也。"（110）"其$_2$"是一个居前的前启句连接标记，可以位于主语的前面或后面，只出现在陈述句中。"其$_2$"可以连接一层复句或多层复句，语义辖域较窄，仅管辖一个假设小句。

（1）扁鹊曰："疾之居腠理也，汤熨之所及也；在血脉，针石之所及也；**其**在肠胃，酒醪之所及也；**其**在骨髓，虽司命无奈之何。今在骨髓，臣是以无请也。"（《扁鹊仓公列传》，3360）

（2）今夫韩、魏，中国之处而天下之枢也，王**其**欲霸，必亲中国以为天下枢，以威楚、赵。（《范雎蔡泽列传》，2910）

（3）匈奴俗，见汉使非中贵人，**其**儒先，以为欲说，折其辩；**其**少年，以为欲刺，折其气。（《匈奴列传》，3497）

"其$_2$p，q"中，p 和 q 间有三种类型的逻辑语义关系：①假设＋结果，如例（1）；②假设（结果）＋前提条件，如例（2）；③假设＋结果

（原因＋结果），如例（3）。

假设关系标记"其$_2$"在先秦汉语中已产生，如《诗·小雅·小旻》："谋之其臧，则具是违；谋之不臧，则具是依。"（449 上）《睡虎地秦简·秦律十八种》："隶臣妾其从事公，隶臣月禾二石，隶妾一石半，其不从事，勿稟。"（仓 49）上古汉语中，假设关系标记"其$_2$"一般只出现在陈述句中，到了中古汉语时期，"其$_2$"出现的句法环境扩展，除陈述句外，还可以位于表反问语气的疑问句中，如《论衡·幸偶》："物善恶同，遭为人用，其不幸偶，犹可伤痛，况含精气之徒乎？"（42）中古以后"其$_2$"逐渐消失，仅偶尔出现在模仿先秦语体的文言中，如清方苞《狱中杂记》："其极刑，曰'顺我，即先刺心，否则四支解尽，心犹不死。'"（710）

【且$_4$】（6）

假设关系标记"且$_4$"是一个居前的前启句连接标记，可以位于主语的前面或后面，可以位于陈述句或表反问语气的疑问句中，常和顺承关系标记"则"搭配使用，构成"且$_4$……，则……"的固定格式。

（1）君**且**欲霸王，非管夷吾不可。（《齐太公世家》，1791）

（2）**且**使我有雒阳负郭田二顷，吾岂能佩六国相印乎！（《苏秦列传》，2732）

（3）**且**王必恶越，臣请东见越王，令出兵以从，此实空越，名从诸侯以伐也。（《仲尼弟子列传》，2658）

（4）**且**先出地而后绝齐，**则**秦计不为。先绝齐而后责地，则必见欺于张仪。（《楚世家》，2064、2065）

"且$_4$"既可以连接一层复句，如例（1）、例（2）；也可以连接多层复句，如例（3）、例（4）；"且$_4$"的假设语义可以管辖一至两个小句。"且$_4$p，q"中，p 可以是未然的将来事件，如例（1），还可以是与实际相反的事件，如例（2）。p 和 q 间有两种类型的逻辑语义关系：①假设（结果）＋条件，如例（1）；②假设＋结果，如例（2）。

"且$_4$"在先秦时期已经出现，如《左传·桓公八年》："楚人上左，君必左，无与王遇。且攻其右，右无良焉，必败。"（1754 中）中古以后逐渐消失。

【或】（1）

《史记》中"或"仅出现1次，位于表假设的语段中，是一个居前的前启句连接标记，后续句表示推论的结果。

（1）其人好武，皆令诸吏带剑，带剑前奏事。**或**有不带剑者，当入奏事，至乃借剑而敢入奏事。（《张丞相列传》，3237）

先秦时期，"或"已用为假设关系标记，传世文献中，我们共检得4例，全部出自《左传》，如《左传·宣公三年》："今公子兰，姑甥也，天或启之，必将为君，其后必藩。"（1869上）出土文献中，假设关系标记"或"的用法与传世文献一致，是一个居前的前启句连接标记，如果主语出现，"或"位于主语的后面，如《睡虎地秦简·秦律十八种》："上即发委输，百姓或之县徭及移输者，以律论之。"（效49）

【借使】（1）

假设关系标记"借使"由假设连词"借"和"使"同义复合而成，位于表假设的语段中，是一个居前的前启句连接标记。

（1）**借使**秦王计上世之事，并殷周之迹，以制御其政，后虽有淫骄之主而未有倾危之患也。（《秦始皇本纪》，352、353）

例（1）中"借使"连接多层复句，假设语义管辖两个小句，"借使 p，q" q 中"虽有淫骄之主"和"而未有倾危之患也"构成"让步+转折"的逻辑关系，因而 p 和 q 构成"假设+结果（让步+转折）"的逻辑语义关系。

"借使"首见于《史记》，到了近代汉语则发展出可以标记假设让步关系的功能，如《元史·世祖纪六》："借使似道实轻汝曹，特似道一人之过耳，且汝主何负焉。"（180）

【藉使】（1）

（1）**藉使**子婴有庸主之材，仅得中佐，山东虽乱，秦之地可全而有，宗庙之祀未当绝也。（《秦始皇本纪》，345）

"藉使"是一个居前的前启句连接标记。例（1）"藉使 p，q"中，p 和 q 间的逻辑语义关系是"假设 + 结果（让步 + 结果）"。假设关系标记"藉使"由假设连词"藉"和"使"同义复合构成，首见于《史记》，后世使用频率很低，但仍偶现，在近代汉语中"藉使"的篇章功能扩展，可以标记假设让步关系，如明代宋濂《林府君墓铭》："朝廷何负尔辈，乃敢弄兵反？藉使州县赋敛急，或不能堪，当诉之方岳大臣足矣。"（920）

【假使】（1）

"假使"是一个居前的前启句假设关系标记，《史记》中仅出现一次。

（1）**假使**臣得同行于箕子，可以有补于所贤之主，是臣之大荣也，臣有何耻？（《范雎蔡泽列传》，2907）

例（1）中"假使"连接一个多层疑问复句，假设语义管辖两个小句。"假使 p，q"中，后续句 q 中指示代词"是"回指前文 p 的内容，"臣之大荣也"是对"是"的评述，实际上就是对前文 p 的评述，"臣有何耻"是基于评述"是臣之大荣也"的推论性结果，因而 p 和 q 构成"假设 + 结果（评述 + 结果）"的逻辑语义关系。

"假使"由假设连词"假"和"使"同义复合而成，在先秦汉语的后期产生，如《商君书·徕民》："假使王之群臣有能用之，费此之半，弱晋强秦，若三战之胜者，王必加大赏焉。"（94）上古汉语中"假使"后只能连接表示行为的语段，到了中古汉语，"假使"可以连接表示状态的语段，语法化程度提高了，如《论衡·变虚》："假使真然，不能至天。"（206）现代汉语中，"假使"仍然在书面语中使用。

另外，"假使"在中古汉语中产生出标记假设让步的功能，如《南齐书·文学传·崔慰祖》："脁叹曰：'假使班、马复生，无以过此。'"（901）直到近代汉语，"假使"既可以标记假使关系，又可以标记假设让步关系，如《三国演义》第四十五回："假使苏秦、张仪、陆贾、郦生复出，口似悬河，舌如利刃，安能动我心哉！"（396），《醒世恒言·大树坡义虎送亲》："假使张稍心地正，山中有虎亦藏形。"（281）现代汉语中，"假使"标记假设让步的功能消失。

【假令】（4）

假设关系标记"假令"是一个居前的前启句连接标记，可以出现在陈述句或疑问句中，可以连接一层复句或多层复句，"假令"的假设语义可以管辖一个或多个小句。

（1）今盗宗庙器而族之，有如万分之一，**假令**愚民取长陵一抔土，陛下何以加其法乎？（《张释之冯唐列传》，3316）

（2）**假令**诛臣而为秦得黔中之地，臣之上愿。（《张仪列传》，2767）

（3）**假令**韩信学道谦让，不伐己功，不矜其能，则庶几哉于汉家勋可以比周、召、太公之徒，后世血食矣。（《淮阴侯列传》，3169）

（4）**假令**晏子而在，余虽为之执鞭，所忻慕焉。（《管晏列传》，2586）

"假令 p，q"中，p 可以是未然的将来事件，如例（1）、例（2）；也可以是与实际相反的过去事件，如例（3）、例（4）。p 和 q 间有三种类型的逻辑语义关系：①假设＋结果，如例（1）、例（2）；②假设＋结果（评述＋结果），如例（3）；③假设＋结果（让步＋结果），如例（4）。

"假令"由假设连词"假"和"令"同义复合构成，首见于《史记》，是西汉时期新生的连接标记，和"假使"类似，中古以后"假令"发展出标记假设让步的功能。

【如】（13）

（1）**如**复见文者，必唾其面而大辱之。（《孟尝君列传》，2857）

（2）对曰："然，臣固教之。竖子不用臣之策，故令自夷于此。**如**彼竖子用臣之计，陛下安得而夷之乎！"（《淮阴侯列传》，3168）

（3）白公**如**不自立为君者，其功谋亦不可胜道者哉！（《伍子胥列传》，2640）

（4）故曰"富贵**如**可求，虽执鞭之士，吾亦为之。**如**不可求，从吾所好"。（《伯夷列传》，2573）

（5）詹曰："君**如**弗礼，遂杀之；弗杀，使即反国，为郑忧矣。"（《郑世家》，2118）

（6）丞相**如**有骄主色。陛下谦让，臣主失礼，窃为陛下不取也。（《袁盎晁错列传》，3297）

（7）子曰："若非武音，则何音也？"答曰："有司失其传也。**如**非有司失其传，则武王之志荒矣。"（《乐书》，1228）

《史记》中假设关系标记"如"有以下的特点：①从语形层面看：a. 可以位于陈述句或表反问语气的疑问句中；b. 位于表假设的语段中，是一个居前的前启句连接标记，可以位于主语的前面或后面，可与"必、遂、则"构成固定格式。②从语义层面看：a. "如"可以连接一层复句或多层复句，"如"的假设语义管辖一个小句，语义辖域较窄；b. "如 p，q"中，p 一般为假言句，如例（1）p 是未然的将来事件，例（2）p 是与实际相反的事件，有时 p 还可以是实言句，如例（6）；c. 其中 p 既可以是肯定性的假设，如例（2），也可以是否定性的假设，如（3）；d. p 和 q 间主要是"假设＋结果"的逻辑语义关系，当"如"连接多层复句时，p 和 q 间可以是"假设＋结果（让步＋结果）"的逻辑关系，如例（4）。③从语用层面看：a. 例（6）中假设连词"如"连接的小句"丞相有骄主色"依据上文可知是说话人和听话人共知的一个已然的事实，我们认为，这里的假设连词"如"具有特殊的语用功能，它使已然的事实发生主观虚化，部分牺牲了合作原则中"质的准则"，使表达的语气更加委婉，遵从了礼貌原则，照顾了听话人（皇帝）的面子；b. 从更大的篇章范围看，"如"连接的假设复句可以排列出现，表示可能存在的正反两种情况及其推论，如例（4）"如可求"与"如不可求"就是可能出现的正反两种情况，说话者只是提出这两种情况并未做取舍。另外，第二个假设复句的假设连接标记可以承前省略，如例（5）；c. 例（7）是一种反证的归谬论证，"如"连接否定句"非有司失其传"，先假设对论点进行否定，"如 p，则 q"的固定格式具有"假设＋结果"的构式意义，于是表否定的"非有司失其传"推论出"武王之志荒矣"的肯定结论，这一肯定结论又与当时人们的共有知识"武王是圣主贤君"相悖，于是得出"非有司失其传"是一个谬论，从而反证了上文"有司失其传"这一判断的正确性。

假设关系标记"如"在先秦汉语中已经产生，如《诗·秦风·黄鸟》："如可赎兮，人百其身。"（373 上）《上博楚简四·曹沫之阵》："君如亲率，必约邦之贵人及邦之奇士，御卒使兵，毋复失。"（27、29）

【如令】（1）

假设关系标记"如令"是一个居前的前启句连接标记，《史记》中

"如令"只出现了一次，连接一层复句，位于主语的前面。"如令 p，q"中 p 和 q 是"假设＋结果"的逻辑关系。

（1）而文帝曰："惜乎，子不遇时！**如令**子当高帝时，万户侯岂足道哉！"（《李将军列传》，3447）

假设关系标记"如令"由假设连词"如"和"令"同义复合构成，首见于《史记》，《汉语大词典》首引《汉书·翼奉传》："如令处于当今，因此制度，必不能成功名。"（4/271）例证偏晚。中古时期，"如令"的连接范围扩展，可以连接多层复句，如《魏书·李苗传》："如令陇东不守，汧军败散，则二秦遂强，三辅危弱，国之右臂，于斯废矣。"（1595）

【如有】（4）

假设关系标记"如有"位于表假设的语段中，是一个居前的前启句连接标记，《史记》中"如有"可以出现在陈述句或疑问句中，可以连接一层复句或多层复句。

（1）"今秦，虎狼之国也，而君欲往，**如有**不得还，君得无为土禺人所笑乎？"孟尝君乃止。（《孟尝君列传》，2849）

（2）**如有**齐觉悟，复用孟尝君，则雌雄之所在未可知也。（《孟尝君列传》，2856）

（3）淮南王为人刚，**如有**遇雾露行道死，陛下竟为以天下之大弗能容，有杀弟之名，奈何？（《袁盎晁错列传》，3299）

（4）"今陛下骋六骓，驰下峻山，**如有**马惊车败，陛下纵自轻，奈高庙、太后何？"上乃止。（《袁盎晁错列传》，3300）

"如有"连接的是将来发生的未然事件，假设语义可以管辖一个或多个小句，语义辖域较宽。"如有 p，q"中，p 和 q 间的逻辑关系有：①假设＋结果，如例（1）；②假设＋结果（让步＋结果），如例（4）。

假设关系标记"如有"由假设连词"如"和"有"同义复合而成，首见于《史记》，中古至近代明清时期仍在使用，如《后汉书·桓荣传》："如有不讳，无忧家室也。"（1251）《官场现形记》第五十六回："如有规避，从重参处。"（980）到了现代汉语已经消亡。

【有如】（9）

（1）公叔病**有如**不可讳，将奈社稷何？（《商君列传》，2692）

（2）**有如**两宫螫将军，则妻子毋类矣。（《魏其武安侯列传》，3417）

（3）痤因上屋骑危，谓使者曰："与其以死痤市，不如以生痤市。**有如**痤死，赵不予王地，则王将奈何？故不若与先定割地，然后杀痤。"（《魏世家》，2231）

（4）括母因曰："王终遣之，即**有如**不称，妾得无随坐乎？"（《廉颇蔺相如列传》，2952）

（5）释之免冠顿首谢曰："法如是足也。且罪等，然以逆顺为差。今盗宗庙器而族之，**有如**万分之一，假令愚民取长陵一抔土，陛下何以加其法乎？"（《张释之冯唐列传》，3316）

假设关系标记"有如"由假设连词"有"和"如"同义复合构成，是一个居前的前启句连接标记，位于表假设的语段中。《史记》中，"有如"可以连接陈述句和疑问句，并且以连接疑问句为主，共计7例，约占78%。"有如"可以连接一层复句或多层复句，可以位于主语的前面或后面。"有如"连接的是将来发生的未然事件，假设语义可以管辖一个或多个小句，语义辖域较广。"有如p，q"中，p和q间主要是"假设+结果"的逻辑关系。

"有如"是西汉时期新产生的假设关系标记①，基本不见于中古时期的重要文献②，后世也只是偶见，如南宋杨仲良《皇宋通鉴长编纪事本末》卷一四二："良嗣曰：'今日约定，不可与契丹复合也。'金主曰：'有如契丹乞和，亦须以燕京与尔家方许和。'"（4448）"如有"和"有如"的功能基本相同，是汉代新产生的篇章功能相同的同素异序的复音连接标记，处于语法化的过渡阶段。语法化的过程中存在"并存"、"择

---

① 先秦时期，词组"有如"具有特定的含义，与《史记》的用法迥异。钱宗武（1988）指出《左传》中"有如"出现十例，其中"有"是语气副词，"如"义为"顺从、听从"。参看钱宗武《誓词"有如"注解质疑》，《中国语文》1988年第4期。

② 虽然《汉书》、《论衡》中有假设关系标记"有如"的语例，但都是沿用、抄录《史记》中的语句。

一"、"频率"等原则。"并存原则"是说一种语法功能可以同时有几种语法形式表示，在语法化的过程中"择一原则"使多种形式互相淘汰，最后缩减成一二种，并且在这个互相淘汰的择一过程中，往往使用频率越高的越容易保留。[1] 董秀芳（2002/2011）也指出使用频率高是双音词衍生的基本条件，"只有两个成分经常在一起出现，才有固化成词的可能性"[2]。但是在《史记》中使用频率低的"如有"却逐渐战胜了使用频率高的"有如"，我们认为这主要是受到了句法位置的制约，《史记》中"有如"可以位于主谓之间，而"如有"一般位于整个小句主语的前面，"如有"比"有如"离谓语的距离相对更远，语法化程度更高，因而更容易语法化成为连词。

【诚】（65）

假设关系标记"诚"是一个表肯定推度的情态副词，可译为"如果确实"、"果真……的话"。"诚"标记将来发生的未然的事件，位于前启句谓语的前面，后续句表示结果，常有连词"则"、副词"必、即"与之搭配使用。"诚"既可以连接陈述句，也可以连接带反问语气的疑问句。

（1）赵**诚**发使尊秦昭王为帝，秦**必**喜，罢兵去。（《鲁仲连邹阳列传》，2968）

（2）今其母死，君**诚**厚送丧，**则**彼为君死矣。（《郦生陆贾列传》，3255）

（3）大王**诚**能听臣计，**即**归燕之十城。（《苏秦列传》，2734）

（4）上曰："**诚**可，何为不能！顾为奈何？"（《刘敬叔孙通列传》，3275）

其中"则"、"必"可以同时和"诚"搭配使用。

（5）公子**诚**一开口请如姬，如姬**必**许诺，**则**得虎符夺晋鄙军，北救赵而西却秦，此五霸之伐也。（《魏公子列传》，2878）

---

[1] 参看沈家煊《"语法化"研究综观》，《外语教学与研究》1994 年第 4 期。

[2] 参看董秀芳《词汇化：汉语双音词的衍生和发展》（修订本），商务印书馆 2011 年版，第 4 页。

（6）大王**诚**能用臣之愚计，**则**韩、魏、齐、燕、赵、卫之妙音美人必充后官，燕、代橐驼良马必实外厩。（《苏秦列传》，2731）

"诚"的连接辖域较广，除了连接一层复句外，还可以连接多层复句。

（7）今人主**诚**能去骄傲之心，怀可报之意，披心腹，见情素，堕肝胆，施德厚，终与之穷达，无爱于士，则桀之狗可使吠尧，而蹠之客可使刺由；况因万乘之权，假圣王之资乎？（《鲁仲连邹阳列传》，2985）

（8）王**诚**以一郡上太后，为公主汤沐邑，太后必喜，王必无忧。（《吕太后本纪》，500）

"诚 p，q"中，p 和 q 除了可以是"假设＋结果"的逻辑关系外，还可以是"假设＋评述"的逻辑关系。

（9）然**诚**得贤士以共国，以雪先王之耻，孤之愿也。（《燕召公世家》，1875）

（10）**诚**杀仪以便国，臣之愿也。（《楚世家》，2066）

假设关系标记"诚"在先秦时期已经出现，如《管子·幼官》："举机诚要则敌不量。"（165）《睡虎地秦简·封诊式·告子》："辞曰：'甲亲子，诚不孝甲所，无它坐罪。'"（51）假设关系标记"诚"中古至近代一直沿用。

【诚令】（2）【诚使】（2）

（1）信曰："仆闻之，百里奚居虞而虞亡，在秦而秦霸，非愚于虞而智于秦也，用与不用，听与不听也。**诚令**成安君听足下计，若信者亦已为擒矣。以不用足下，故信得侍耳。"（《淮阴侯列传》，3156、3157）

（2）袁盎对曰："吴有铜盐利则有之，安得豪桀而诱之！**诚令**吴得豪桀，亦且辅王为义，不反矣。吴所诱皆无赖子弟，亡命、铸钱奸人，故相率以反。"（《吴王濞列传》，3405）

（3）**诚使**乡曲之侠，予季次、原宪比权量力，效功于当世，不同日而论矣。（《游侠列传》，3839）

（4）缪曰："秦王为人，蜂准，长目，挚鸟膺，豺声，少恩而虎狼心，居约易出人下，得志亦轻食人。我布衣，然见我常身自下我。**诚使**秦王得志于天下，天下皆为虏矣。不可与久游。"（《秦始皇本纪》，293、294）

《史记》中"诚令"、"诚使"具有以下的特点：①二者都是居前的前启句连接标记，位于主语的前面。②"诚令/诚使 p，q"中，p 表示将来发生的未然事件或与实际相反的事件，p 与 q 间可以是"假设+结果"，如例（1）；也可以是"假设+评述"，如例（3）。③"诚令"连接的都是一层复句，"诚使"还可以连接多层复句，如例（3），"诚使"的假设语义管辖两个小句。

"诚令"、"诚使"是西汉时期新产生的假设关系标记，由表肯定推度的情态副词"诚"和假设连词"使"复合构成。自中古至近代一直沿用。《汉语大词典》所举首见书证偏晚，"诚使"条首引宋王安石《上人书》："所谓辞者，犹器之有刻镂绘画也，诚使巧且华，不必适用；诚使适用，亦不必巧且华。"（11/164）"诚令"条首引《资治通鉴·汉景帝前三年》："（袁盎）对曰：'吴铜盐之利则有之，安得豪杰而诱之！诚令吴得豪杰，亦且辅而为谊，不反矣。'"（11/164）该例实际是转引自《史记》，参见例（2）。

【向（乡）使】（9）【向令】（1）

（1）由此观之，客何负于秦哉！**向使**四君却客而不内，疏士而不用，是使国无富利之实而秦无强大之名也。（《李斯列传》，3070）

（2）**乡使**秦已并天下，行仁义，法先圣，陛下安得而有之？（《郦生陆贾列传》，3252）

（3）贾谊、司马迁曰："**向使**婴有庸主之才，仅得中佐，山东虽乱，秦之地可全而有，宗庙之祀未当绝也。"（《秦始皇本纪》，363）

（4）**向使**秦缓其刑罚，薄赋敛，省繇役，贵仁义，贱权利，上笃厚，下智巧，变风易俗，化于海内，则世世必安矣。（《平津侯主父列传》，3558）

（5）**乡使**二世有庸主之行，而任忠贤，臣主一心而忧海内之患，缟素而正先帝之过，裂地分民以封功臣之后，建国立君以礼天下，虚囹圄而免刑戮，除去收帑汙秽之罪，使各反其乡里，发仓廪，散财币，以振孤独穷困之士，轻赋少事，以佐百姓之急，约法省刑以持其后，使天下之人皆得自新，更节修行，各慎其身，塞万民之望，而以威德与天下，天下集矣。即四海之内，皆谨然各自安乐其处，唯恐有变，虽有狡猾之民，无离上之心，则不轨之臣无以饰其智，而暴乱之奸止矣。（《秦始皇本纪》，353）

（6）太史公曰：怨毒之于人甚矣哉！王者尚不能行之于臣下，况同列乎！**向令**伍子胥从奢俱死，何异蝼蚁。（《伍子胥列传》，2640）

《助字辨略》卷四："向使，犹假使也。"（225）《汉语大词典》："乡使，犹假如。乡，通'向'。"（10/663）《史记》中"向使"、"向令"具有以下的特点：①位于表假设的语段中，是一个居前的前启句连接标记，位于主语的前面；可以用于陈述句或带反问语气的疑问句。②"向（乡）使/向令 p，q"中，p 一般是与实际相反的事件，p 与 q 间具有三种类型的逻辑关系：a."假设＋结果"，如例（1）、例（2）；b."假设＋评述"，如例（6）；c."假设＋结果（让步＋结果）"，如例（3）。③"向令"、"向使"都可以连接一层复句，"向使"还可以连接多层复句甚至句群，如例（4）、例（5）。

"向（乡）使"、"向令"是西汉时期新产生的假设关系标记，由假设连词"向（乡）"和"使"、"令"同义复合构成，一直沿用至近代汉语。

二 否定性假设标记

否定性假设标记的作用是，提出一种情况假如不出现，接着后续小句推论出在不出现这一情况下的消极结果，从而反证了该种情况出现的重要性。

【微】（8）

"微"位于假设句句首，表示否定性假设，可译为"如果没有"、"如果不是"，后续小句表示结果。

（1）奏当上，二世喜曰："**微**赵君，几为丞相所卖。"（《李斯列传》，3091）

（2）**微**君，太子几废。（《张丞相列传》，3227）

（3）是日**微**樊哙奔入营谯让项羽，沛公事几殆。（《樊郦滕灌列传》，3201）

"微"具有双重功能，一是在小句中否定事件的存在，一是在篇章中标记否定性假设关系，因而将例（1）、例（2）视为复句更适合。

"微"在先秦汉语中已经用为否定性假设关系标记，如《晏子春秋·谏下二》："微大夫教寡人，几有大罪以累社稷。"（101）

【自非】（1）

假设关系标记"自非"是一个前置的前启句连接标记，位于表假设的语段中，表示否定性的假设。

（1）**自非**然者，臣愿得少赐游观之闲，望见颜色。（《范睢蔡泽列传》，2905）

《史记》中，假设关系标记"自非"只出现了一次，连接的从句由指示代词"然"回指上文由多个小句组成的语段，并有助词"者"加强假设语气，构成"自非 p 者，q"的固定搭配，p 和 q 间构成"假设＋结果"的逻辑关系。

"自非"在先秦汉语中已经出现，如《左传·成公十六年》："自非圣人，外宁必有内忧。"（1918 上）

【则已】（4）【即已】（2）

固定短语"则已"、"即已"用于两歧假设句第一重否定性假设句的句末，表示结果，可译为"就算了"、"就罢了"。

（1）孟尝君不西**则已**，西入相秦则天下归之，秦为雄而齐为雌，雌则临淄、即墨危矣。（《孟尝君列传》，2856）

（2）天下无变**则已**，天下有变，其为秦患者孰大于韩乎？（《范睢蔡泽列传》，2911）

（3）且所给备善**则已**；不备，苦恶，则候秋孰，以骑驰蹂而稼穑耳。（《匈奴列传》，3484）

（4）王曰："此鸟不飞**则已**，一飞冲天；不鸣**则已**，一鸣惊人。"

（《滑稽列传》，3858）

（5）使赵不将括**即已**，若必将之，破赵军者必括也。（《廉颇蔺相如列传》，2951）

（6）且壮士不死**即已**，死即举大名耳，王侯将相宁有种乎！（《陈涉世家》，2354）

吕叔湘（1944/1982）认为"一正一反叠用，或虽不相反，而意思相对"的假设句是"两歧假设句"，"第一后果小句文言中多用'则已'"，这类"两歧假设句""上句是陪衬，为下句蓄势"①。

【不然】（23）

"不然"表示否定性假设关系，可译为"如果不是这样"，其后语气可以短暂停顿，是一个居于连接项中间的连接标记，引进表示结果的后续小句，连接一层复句或多层复句。

（1）范君之仇在君之家，愿使人归取其头来；**不然**，吾不出君于关。（《范雎蔡泽列传》，2917）

（2）今父老虽为沛令守，诸侯并起，今屠沛。沛今共诛令，择子弟可立者立之，以应诸侯，则家室完。**不然**，父子俱屠，无为也。（《高祖本纪》，441、442）

（3）张良、陈平蹑汉王足，因附耳语曰："汉方不利，宁能禁信之王乎？不如因而立，善遇之，使自为守。**不然**，变生。"（《淮阴侯列传》，3160）

少数"不然"后可以带"者"，加强假设语气。

（4）数曰："为我告魏王，急持魏齐头来！**不然**者，我且屠大梁。"（《范雎蔡泽列传》，2915）

"不然"连接的"p，不然，q"中 p 表示未然的事件，p 和 q 间存在假设条件转折关系。邢福义（2001）把这种转折关系复句称为"假转

---

① 参看吕叔湘《中国文法要略》，第 423 页。

句"，"即假言否定性转折，这类复句，先指明甲事，接着指出如果不这样就会成为乙事"①。先秦文献中，"不然"已经产生，如《左传·桓公八年》："必速战。不然，将失楚师。"（1754 中）到了中古汉语，"不然"的连接功能进一步扩展，"p，不然 q"中 p 除了可以表示未然的事件外，还可以表示已然的事件，如《世说新语·容止》："相王作辅，自然湛若神君，公亦万夫之望。不然，仆射何得自没?"（735）其中 p "王作辅，自然湛若神君，公亦万夫之望"是已然的事件。

"不然"由否定副词"不"和回指代词"然"复合构成，谢洪欣（2008）认为当"不然"后连接主谓完整的小句时，"然"的回指语义会明显虚化，"这样"义变得若有若无，"不"和"然"结合紧密，"不然"从表假设的小句语法化为假设连词。② 我们认为"不然"从表假设的小句语法化为假设连词的过程中"然"的语义并未虚化，谢洪欣（2008）所举的已经语法化为连词的语例是上文的例（2），实际上我们看到在例（2）中"然"回指上文"沛今共诛令，……则家室完"，回指对象仍很明显；另外，在现代汉语中，连词"不然"中"然"的回指语义仍有迹可循，如"该写信了，不然家里会不放心的"［引自《现代汉语八百词（增订本)》，102]，该例中"然"回指上文"该写信了"。我们认为，"不然"在语法化的过程中本身的语义并未发生明显的变化，只是因为使用频率高，表达的信息固化，并且整个复句信息表达的重点在表结果的后续小句上，说话人和听话人在处理"不然"的信息时费力较少，因而倾向于将其同后续小句连续处理，从而造成"不然"从小句降级为连词。

【不者】（2）

"不者"是一个居于连接项中间的连接标记，连接多层复句或句群。

（1）范蠡乃鼓进兵，曰："王已属政于执事，使者去，**不者**且得罪。"（《越王勾践世家》，2094）

（2）范增起，出召项庄，谓曰："君王为人不忍，若入前为寿。寿毕，请以剑舞，因击沛公于坐，杀之。**不者**，若属皆且为所虏。"（《项羽本纪》，395）

---

① 参看邢福义《汉语复句研究》，第 46 页。

② 参看谢洪欣《元明时期汉语连词研究》，博士学位论文，山东大学，2008 年，第 112 页。

　　《史记》中"不者"出现2次，是一个由副词"不"和表假设语气的助词"者"构成的具有连接功能的固定短语，"p，不者 q"中"不者"构建了 p 和 q 的假设条件转折关系。"不者"是西汉时期新产生的固定短语，使用频率很低，我们在西汉时期的其他传世语料中只找到两例：《说苑·善说》："逾邑梯城者，将赦之；不者，将掘其墓，朽者扬其灰，未朽者辜其尸。"（287）《说苑·权谋》："曲其埃，远其积薪，不者，将有火患。"（323）中古汉语至近代汉语，"不者"偶现，如《搜神记》："君能使人见鬼，可使形见，不者加戮。"（610）到了现代汉语，"不者"已经消失。

三　小结

表 4 - 3　　　　　　　　　　假设关系标记基本情况表

	词项	次数	历时发展				
			上古		中古	近代	现代
			先秦	西汉			
肯定性假设标记	苟	31	+	+	+	+	
	即₂	80	+	+	+	+	
	必	57	+	+	+	+	
	若₂	72	+	+	+	+	
	设	1	+	+	+	+	
	令	6	+	+	+	+	
	使	38	+	+	+	+	
	有	4	+	+			
	则₃	11	+	+	+		
	其₂	5	+	+	+		
	且₄	6	+	+	+		
	或	1	+	+	+	+	
	借使	1		+ 假设	+ 假设	+ 假设/假让	
	藉使	1		+ 假设	+ 假设	+ 假设/假让	
	假使	1	+	+ 假设	+ 假设	+ 假设/假让	+ 假设（书）
	假令	4		+ 假设	+ 假设	+ 假设/假让	
	如	13	+	+	+	+	
	如令	1		+	+	+	
	如有	4		+	+	+	
	有如	9		+	+	+	
	诚	65	+	+	+	+	
	诚令	2		+	+	+	
	诚使	2		+	+	+	
	向令	1		+	+	+	
	向（乡）使	9		+	+	+	

词项	次数	历时发展				
		上古		中古	近代	现代
		先秦	西汉			
否定性假设标记 微	8	+	+	+	+	
自非	1	+	+	+	+	
则已	4	+	+	+	+	
即已	2	+	+	+	+	
不然	23	+	+	+	+	+
不者	2		+	+	+	

（1）假设关系标记是《史记》中数量最多的连接标记，共计31个。从构词上看，《史记》中的假设关系标记体现出汉语词汇从以单音节构词为主向复音节构词逐渐增多的发展趋势，复音节假设关系标记大量涌现（共计15个，约占48.4%），但单音节假设关系标记的使用频率还是远高于复音节假设关系标记，绝大部分复音节假设关系标记的使用频率较低，其中使用频率在2次以下（包括2次）的就有10个，约占复音假设关系标记的66.7%。从出现的句型上看，《史记》中的假设关系标记一般可以用于陈述句或疑问句中，其中疑问句多为带反问语气的疑问句。从句法位置上看，《史记》中假设关系标记有三种类型，①前置的前启句标记，共计27个，约占87.1%；②置后的前启句标记，包括"则已"、"即已"2个；③居中的连接标记，包括"不然"、"不者"2个。

（2）依据假设关系的肯否性质，《史记》中的假设关系标记可归为两种类型：①肯定性假设标记，如"苟"、"假使"等；②否定性假设标记，如"微"、"不然"等。其中否定性假设标记具有双重性质，它们一方面在篇章中标记语段表示否定性的假设关系，构成否定性假设句；一方面在小句内部修饰谓语，具有否定事件存在的句法功能。

（3）《史记》中新产生的假设关系标记共计11个，它们都是复音节假设关系标记，包括"借使、藉使、假令、如令、如有、有如、诚令、诚使、向令、向（乡）使、不者"。其他假设关系标记都是继承自先秦汉语，共计20个。从历时发展的情况来看，《史记》中的假设关系标记多数都沿用至近代汉语，其中"假使"在现代汉语书面语中仍然使用，"不然"更是成为口语中常见的假设关系标记，功能基本相同。除此之外，假设关系标记在历时发展过程中有的消亡不见，有的功能发生改变：①中古至近代汉语消亡的假设关系标记包括"有、则$_3$、其$_2$、且$_4$"4个，其中"有、则$_3$、其$_2$、且$_4$"消亡的原因主要是由于它们是多义多功能的单音节连接标记，并且本身的词汇意义都不包含假设的语义，因而在语法化的过程中受到"择一原则"的影响而被淘汰；另外，由于受到句法位置的制约，使用频率较低的"如有"在竞争的过程中逐渐战胜了使用频率较高的"有如"。②中古时期，"借使、藉使、假使、假令"4个假设关系标记的功能扩展，不但可以标记假设关系，还发展出标记假设让步关系的篇章功能。

第四节　让步关系标记

让步关系标记是构建让步复句的重要手段，"所谓让步，即姑且承认之意"①。目前学界主要对现代汉语中的让步关系标记及相关句式进行了深入的研究，下面我们作一简要介绍：①让步句的分类问题。吕叔湘（1944/1982）在"擒纵、衬托"类表达范畴中讨论了让步关系标记，他把让步句分为容认句（虽然p，但是q）和纵予句（即使p，也q）两类，指出"容认句所承认的是实在的事实，纵予句所承认的是假设的事实"，容认句和纵予句表示"有此因却无此果"或"无此因仍有此果"②。这一分类得到了大部分学者的认同，如陆俭明（1983）、王维贤（1994）等。另外，吕叔湘（1944/1982）指出，逼进句（尚p，而况q）、无条件句（无论p，q）与让步句的关系密切，都属于"擒纵、衬托"的表达范畴。③邢福义（2001）认为让步句包括四个子类：容认性让步句（虽然p，但q），虚拟性让步句（即使p，也q），无条件让步句（无论p，也q），忍让性让步句（宁可p，也q）。④ ②让步句的性质。邢福义（2001）指出"凡是让步句，都同时具有让步性和转折性"，并依据以"R＝让步

---

① 参看吕叔湘《中国文法要略》，第434页。

② 同上。

③ 同上书，第440—446页。

④ 参看邢福义《汉语复句研究》，商务印书馆2001年版，第440—476页。

性＋转折性"的公式审定让步句的范围。① 徐阳春（2002）对具有代表性的让步句式"即使 p，也 q"、"虽然 p，但 q"的让步性和转折性进行了详细的分析，他认为让步句的让步性体现在从句"p"和前提句"x"之间的矛盾，而转折性是说从句 p 和主句 q 之间具有逆关联关系。② 下面我们将探讨《史记》中的让步关系标记及其相关句式的功能和特点。

我们认为让步关系标记的功能可以解析成内向功能和外向功能两种：①内向功能是指让步关系标记标示出语段具有"承认和确认某一（虚拟或现实的）事件"的让步性，外向功能是指表示让步的语段对其他语段具有衬托功能。我们依据"内向让步性＋外向衬托性"的标准确定《史记》中共有让步关系标记 12 个，其中连词 7 个，它们是"虽、虽然、纵、即$_3$、唯$_2$（惟）、自、弟（第）令"；副词 5 个，它们是"固、且$_5$、犹、尚、尚犹"。

《史记》中的让步关系标记与连接语段的虚实情况没有整齐的对应关系，因而不能按照现代汉语依据连接语段的虚实情况把让步关系标记分为"容认"和"纵予"两种类型。但是我们发现让步关系标记在内向"让步性"和外向"衬托性"上表现出整齐对应的差别：①在让步性上，构成［±极端让步］和［＋极端让步］的对立；②在衬托性上，构成［＋转折］［－递进］和［－转折］［＋递进］的对立。据此，我们将《史记》中的让步关系标记分为两个小类：①让步转折标记，以"虽、纵"等为代表。②让步递进标记，以"自、且$_5$"等为代表。如：

（1）今桀纣**虽**失道，然君上也；汤武**虽**圣，臣下也。（《儒林列传》，3767）

（2）**自**含齿戴角之兽见犯则校，**而况**于人怀好恶喜怒之气？（《律书》，1474、1475）

在内向让步性方面，例（1）"桀纣虽失道"、"汤武虽圣"是对事实的承认，没有预设一个有程度区别的对比情况，而例（2）在承认"含齿

①　参看邢福义《汉语复句研究》，商务印书馆 2001 年版，第 462、475 页。

②　参看徐阳春《现代汉语复句句式研究》，中国社会科学出版社 2002 年版，第 150—199 页。

戴角之兽见犯则校"这一事实的同时，还依据"人"比"兽"更有情绪和感情的共识，预设了一个最高级的对比对象"人"，因而"含齿戴角之兽见犯则校"是对最低级的极端情况的承认。在外向衬托性方面，例（1）"今桀纣虽失道"预设"如果'桀纣失道'，那么不把他看成'君上'"，但是后续句"然君上"与之相违，形成转折关系；例（2）"人怀好恶喜怒之气"是在极端情况"齿戴角之兽见犯则校"的基础上递进，可将"自……，而况……"译为现代汉语"连……都，更何况……"。

一　让步转折标记

《史记》中让步转折标记包括"虽、虽然、纵、即₃、固、弟（第）令"6个，它们都是居前的前启句连接标记，大多数既可以连接对已然事实表示让步的实言句，又可以连接对假设事实表示让步的假言句，前启句和后续句间存在"让步＋转折"的逻辑语义关系。

【虽】（366）

1. 语形分析

a. "虽"一般出现在陈述句中，共计339例，约占92.6%；部分也可以出现在带反问语气的疑问句中，共计27例，约占7.4%。

（1）袁盎**虽**家居，景帝时时使人问筹策。（《袁盎晁错列传》，3305）

（2）今闻荆兵日进而西，将军**虽**病，独忍弃寡人乎？（《白起王翦列传》，2827）

b. "虽"在篇章中构成"虽p，q"句式。p的主语如果出现，"虽"主要位于主语的后面，偶尔也可以位于主语的前面。"虽"位于主语的前面或者后面，与主从分句的主语是否相同没有必然的联系。

（3）万石君家以孝谨闻乎郡国，**虽**齐鲁诸儒质行，皆自以为不及也。（《万石张叔列传》，3328）

（4）陛下**虽**欲废太子，臣期期不奉诏。（《张丞相列传》，3227）

（5）即下户羸弱，时口言，**虽**文致法，上财察。（《酷吏列传》，3786）

例（2）、例（3）中主从分句拥有同一主语，例（2）中"虽"位于主语"将军"的后面，例（3）中"虽"位于主语"齐鲁诸儒"的前面；例（4）、（5）中主从分句各自拥有不同的主语，例（4）中"虽"位于主语"陛下"的后面，而在例（5）中"虽"位于主语"文"的前面。

p 的主语不出现时，p 可以由动词短语构成，主语承前省略，以零形主语的形式存在，回指上文出现过的次话题，并且这一先行的次话题可以不相邻。

（6）子独不见郊祭之牺牛$_i$乎？养食之数岁，衣以文绣，以入大庙。当是之时，Ø$_i$**虽**欲为孤豚，岂可得乎？（《老子韩非列传》，2596）

例（6）中零形主语 Ø$_i$ 跨越三个小句回指上文次话题"牺牛"。

"p"还可以由名词短语、形容词短语构成①。

（7）富贵如可求，**虽**执鞭之士，吾亦为之。（《伯夷列传》，2573）

（8）**虽**惨酷，斯称其位矣。（《酷吏列传》，3801）

c. "虽"可以与转折连词"然"、"而"、"然而"，关联副词"犹"、"亦"等构成固定搭配。

（9）诗书**虽**缺，**然**虞夏之文可知也。（《伯夷列传》，2567）

（10）楚**虽**有富大之名**而**实空虚；其卒虽多，**然而**轻走易北，不能坚战。（《张仪列传》，2765）

（11）兵既整齐，王可试下观之，唯王所欲用之，**虽**赴水火**犹**可也。（《孙子吴起列传》，2618）

---

① 吕叔湘认为让步句中文言"虽"、白话"就是"引进一个词时，"这类句子的性质介乎单句和复句之间"。参看吕叔湘《中国文法要略》，第437页。《史记》中"虽"后引进一个词的情况有两种：一种是引进一个形容词短语，它充当谓语的性质明显，整个句子无疑是一个复句；另一种是引进一个名词短语，我们认为这一名词短语仍带有很强的陈述说明的性质，不便看作句子中的主语，因而主张把这类句子看成复句。

（12）**虽**有智者，**亦**不知为齐计矣。（《淮阴侯列传》，3157）

2. 语义特征

a. "虽 p，q"中，p 可以是表示据实让步的实言句，也可以是表示假设让步的假言句。

（13）平**虽**美丈夫，如冠玉耳，其中未必有也。（《陈丞相世家》，2482）

（14）大王不听臣，秦下甲士而东伐，**虽**欲事秦，不可得矣。（《张仪列传》，2765）

（15）**虽**舜禹复生，弗能改已。（《范雎蔡泽列传》，2905）

例（13）"平美丈夫"说的是客观事实，是一个实言句。《史记》中假言句有两种类型：①p 表示将来发生的未然事件，有实现的可能性，如例（14）；②p 表示与客观现实相违背的虚拟事件，如例（15）"舜禹复生"在客观现实世界中是不可能出现的。

b. "虽"可以连接一层复句或者多层复句。连接一层复句时，"p"和"q"之间构成"让步+转折"的逻辑语义关系。连接多层复句时，"虽"的假设语义可以管辖一个到两个小句，"虽 p，q"可以嵌套五种逻辑语义关系。

①p 让步（因果）+q 转折

（16）**虽**以臣为贱人而轻辱，独不重任臣者之无反复于王邪？（《范雎蔡泽列传》，2905）

②p 让步（并列）+q 转折（因果）

（17）匈奴**虽**病，远去，而汉亦马少，无以复往。（《匈奴列传》，3495）

③p 让步+q（因果）

（18）**虽**欲改过自新，其道莫由，终不可得。（《扁鹊仓公列传》，3362）

④p 让步＋q 转折（并列）

（19）穰苴**虽**田氏庶孽，然其人文能附众，武能威敌。（《司马穰苴列传》，2611）

⑤p 让步（并列）＋q 转折（转折）

（20）项王**虽**霸天下而臣诸侯，不居关中而都彭城。（《淮阴侯列传》，3150）

3. "虽 p，q"有两类扩展形式，具有特殊的语用功能。

a. "虽"重复出现构成"虽 p_1，虽 p_2，q"的扩展句式，加重了 p 与 q 相背离的转折语气，强调了对 q 进行肯定的主观态度。王维贤（1994）认为"$A \rightarrow M_1 \sim B$"是构成"虽然 A，但是 B"、"即使 A，也 B"的预设①。《史记》中扩展让步句式"虽 p_1，虽 p_2，q"的预设是"（$p_1 \rightarrow M_1 \sim q$）$\lor$（$p_2 \rightarrow M_2 \sim q$）"比普通让步句式的预设更加强调了"$\sim q$"的出现可能性，从而加深了 q 与 p 转折的程度。

（21）名誉**虽**高$_{p1}$，宾客**虽**盛$_{p2}$，所由殆与太伯、延陵季子异矣$_q$。（《张耳陈馀列传》，3119）

（22）魏其大望曰："老仆**虽**弃$_{p1}$，将军**虽**贵$_{p2}$，宁可以势夺乎$_q$！"（《魏其武安侯列传》，3425）

b. 后续句 q 存在二重转折关系，构成"虽 p，q_1，q_2"的扩展句式。这种句式通过二次修正遵循了合作原则中的质量准则，具有使表达委婉，同时凸显 q_2 的语用功能。

———————

① 参看王维贤等《现代汉语复句新解》，第173、182 页。

（23）赵使还报王曰："廉将军虽老p，尚善饭q1，然与臣坐，顷之三遗矢矣q2。"（《廉颇蔺相如列传》，2953）

（24）今臣将兵三十餘万，身虽囚系p，其势足以倍畔q1，然自知必死而守义者，不敢辱先人之教，以不忘先主也q2。（《蒙恬列传》，3099）

让步连词"虽"先秦时期已经产生，如《尚书·召诰》："呜呼，有王虽小，元子哉。"（212下）出土先秦文献中，让步连词"虽"的基本用法和《史记》一致，既可以连接陈述句，如《郭店楚简·六德》："虽尧求之弗得也。"（6），也可连接带反问语气的疑问句，如《上博楚简一·孔子诗论》："孔子曰：'此命也夫。文王虽欲已，得乎？'"（7）；既可连接实言让步句，如《睡虎地秦简·法律答问》："典老虽不存，当论。"（98）也可连接假言让步句，如《睡虎地秦简·日书甲种》："甲寅之旬，不可取妻，无子。虽有，无男。"（9背壹/158反壹）《史记》中让步连词"虽"的扩展用法，在出土先秦文献中没有找到相关的用例。让步连词"虽"一直沿用至现代汉语书面语。

【虽然】（23）

《史记》中"虽然"是由让步连词"虽"和指示代词"然"构成的固定短语，具有篇章连接功能，让步连词"虽"的出现预示下文篇章信息将按照"让步+转折"的逻辑语义关系进行组织，具有后向连接（conjunction）功能，另一方面指示代词"然"回指上文内容，实现前向照应（anaphoric），并且指示代词"然"不指达前文中的某一具体的语言成分，而是指达前文表达的事件，可以由一个或多个小句表示。

（1）昭子曰："乃图周则无之。虽然，周何故不可图也？"（《楚世家》，2076）

（2）田光曰："臣闻骐骥盛壮之时，一日而驰千里；至其衰老，驽马先之。今太子闻光盛壮之时，不知臣精已消亡矣。虽然，光不敢以图国事，所善荆卿可使也。"（《刺客列传》，3054）

《史记》中"虽然"一般出现在人物话语语境中，既可以位于一个话轮中，"然"指代上文说话者的自述内容；也可以出现在话轮转换的位置，"然"指代上一个说话者的说话内容，从而保持了话题的延续。

（3）范阳人蒯通说范阳令曰："窃闻公之将死，故吊。**虽然**，贺公得通而生。"（《张耳陈馀列传》，3106、3107）

（4）王夫人曰："陛下在，妾又何等可言者。"帝曰："**虽然**，意所欲，欲于何所王之？"（《三王世家》，2558）

"虽然"表示据实让步，"然"指代的是已然的事实。

（5）天下卿相人臣及布衣之士，皆高贤君之行义，皆愿奉教陈忠于前之日久矣。**虽然**，奉阳君妒而君不任事，是以宾客游士莫敢自尽于前者。（《苏秦列传》，2713）

固定短语"虽然"的出现对后世让步关系标记的演变产生了重大的影响。"虽然"的组合在先秦时期已经出现，如《左传·僖公二十三年》："对曰：'子女玉帛，则君有之，羽毛齿革，则君地生焉。其波及晋国者，君之余也，其何以报君？'曰：'虽然，何以报我？'"（1815下）《郭店楚简·成之闻之》："虽然，其存也不厚，其重也弗多矣。"（9、10）先秦时期，"虽然"中"然"回指的是表示已然事件的一个或多个小句，因而"虽然"表示的是据实让步，上文我们提到让步连词"虽"可以表示据实让步或假设让步，"虽然"的形成有利于分化"虽"的多种连接功能。刘百顺（2008）指出，"'虽然'在后汉至南北朝已有少数转变为双音节连词了"，"大约从元代开始，'虽然'又有表假设性让步的用法"①。可见"虽然"在历时发展中经历了一个从多义"虽"→单义"虽然"→多义"虽然"的循环发展的过程。

【纵】（17）

1. 语形分析

a. "纵"可以出现在陈述句中，共计8例，约占47%；还可以出现在反问句中，共计9例，约占53%。

---

① 参看刘百顺，《连词"虽然""然虽"考辨》，《语言研究》2008年第1期。

（1）君侯**纵**不反地上，即欲反地下耳。（《绛侯周勃世家》，2510）

（2）**纵**上不杀我，我不愧于心乎？"（《张耳陈馀列传》，3118）

　　b. "纵"在篇章中构成"纵 p，q"句式。吕叔湘（1944/1982）认为文言中"'纵'只能位于主语之前"[1]，但是我们发现《史记》中"纵"既可以位于主语的前面（共计 4 例，约占 23.5%）如例（2），也可以位于主语的后面（共计 5 例，约占 29.4%）如例（1），两者出现的频率大致相当。与"虽"不同的是，"纵"位于主语的前面或者后面与主从分句的主语是否相同有必然的联系。当主从分句主语一致时，主语一般出现在"纵"的前面，主句的主语承前省略；当主从分句主语不一致时，主语都出现在"纵"的后面，主从分句的主语都出现。

　　（3）**纵**韩不能听我，韩必德王也，必不为雁行以来，是秦韩不和也，兵虽至，楚不大病也。（《韩世家》，2253）

　　例（3）是主从分句主语一致，而主语却不位于"纵"前面的唯一例外的语例。但是这个语例有特殊之处：它是一个多层让步复句，主句 q 由两个具有因果关系的小句构成，这就要求主句中第一个小句的主语必须出现，于是从形式上看，主从分句的主语都出现了，整个复句更靠近"主从分句主语不一致"的情况，因而从句主语出现在了"纵"的后面。

　　部分"纵 p"中，p 由动词短语充当，主语承前省略不出现，以零形主语的形式回指上文的跨小句次话题，如：

　　（4）前大王$_i$见欺于张仪，张仪至，臣以为大王烹之；今 Ø$_i$ **纵**弗忍杀之，**又**听其邪说，不可。（《张仪列传》，2771）

　　例（4）中 Ø$_i$ 回指上文相隔两个小句的次话题"大王"。

　　"纵 p"，不但主语可以承前省略，宾语也可以承前省略，被省略的宾语都是由多个小句组成的长宾语，这种省略在语用上有利于使表达方式简

---

[1] 吕叔湘：《中国文法要略》，第 435 页。

洁，如：

　　（5）臣愚以为陛下得胡人皆以为奴婢，以赐从军死事者家；所卤获，因予之：以谢天下之苦，塞百姓之心。**今纵**不能，浑邪率数万之众来降，虚府库赏赐，发良民侍养，譬若奉骄子。（《汲郑列传》，3751、3752）

例（5）"不能"后否定的长宾语"臣愚……塞百姓之心"承前省略了。

c. "纵"可以和转折连词"而"或副词"犹"、"又"构成固定搭配，如例（4）、（6）、（7）。

　　（6）杵臼谬曰："小人哉程婴！昔下宫之难不能死，与我谋匿赵氏孤儿，今又卖我。**纵**不能立，**而**忍卖之乎！"（《赵世家》，2140）
　　（7）且**纵**单于不可得，恢所部击其辎重，**犹**颇可得，以慰士大夫心。（《韩长孺列传》，3443）

2. 语义特征

a. 吕叔湘（1956/1982）认为"纵"是"纵予类让步句的代表关系词"，"兼有'假设'和'虽然'两层意思"[①]。但是在《史记》中，"纵"既可以连接假言句，共计11例，如例（3）；也可以连接实言句，共计6例，如例（4）。

b. 《史记》中p和q间的语义关系有两种类型：①p和q间存在"让步＋转折"的逻辑语义关系，转折语义来源于与预设"$p \rightarrow M_1 \sim q$"的违背，它是"故意从相反的方向借p事来托出q事不受p事的影响"[②]，如实言句例（2）、假言句例（7）。②p和q是"让步＋递进性转折"的逻辑语义关系，在这种让步句中，转折语义的来源与第一种类型不同，它是说话者在心理上预设了认同的倾向y，p与y相违背，q在p的基础上进一步与y相反。如例（4）中一方面"弗忍杀之"和"听其邪说"在说话者

---

① 参看吕叔湘《中国文法要略》，第435页。
② 参看邢福义《汉语复句研究》，第468页。

的心理不认同的程度不断加深，具有递进关系，另一方面说话者在心理上预设了"应杀之"，"弗忍杀之"与之相违背，那么"听其邪说"更与之背离，因而转折的语义加深。

　　c.《史记》中"纵"可以连接一层复句或多层复句。连接多层复句时，"纵"的让步语义可以管辖一个到两个小句，语义辖域较宽。"纵 p，q"可形成两种类型的复句语义嵌套关系：①"让步（因果）＋转折"；②"让步＋转折（因果）"。

　　（8）且吾亨人之兄，与其弟并肩而事其主，**纵**彼畏天子之诏，不敢动我，我独不愧于心乎？（《田儋列传》，3194）

　　例（8）是"让步（因果）＋转折"，例（7）是"让步＋转折（因果）"。

　　让步关系标记"纵"在先秦时期已经出现，如《诗·郑风·子衿》："纵我不往，子宁不嗣音？"（345 上）《郭店楚简·唐虞之道》："纵仁、圣可与，时弗可及嘻。"（15）中古以后，"纵使"、"纵令"、"纵然"等复音节让步关系标记出现，"纵"的使用频率逐渐降低，连接实言句和标示"让步＋递进性转折"逻辑语义关系的篇章功能消失。

【即₃】（4）

　　（1）今汉兵众强，今**即**幸胜之，后来益多，终灭国而止。（《东越列传》，3587）

　　（2）**即**有军役，未尝倍泰山，绝清河，涉勃海也。（《苏秦列传》，2727）

　　（3）公子**即**合符，而晋鄙不授公子兵而复请之，事必危矣。（《魏公子列传》，2879）

　　（4）**即**欲就之，易为漆耳，顾难为荫室。（《滑稽列传》，3863）

　　《史记》中让步关系标记"即₃"有以下特点：①从语形上看，"即₃"都用在陈述句中，构成"即₃p，q"句式。"p"主语如果出现，则位于"即₃"的前面。②从语义上看，"即₃"以连接假言句为主（共计 3 例），也可以连接实言句如例（2）。"即₃"在《史记》中只出现了连接多层复句的语例，"即₃"的让步语义辖域较窄，一般只管辖一个小句。连接多层复句时，p和q的逻辑关系有三种嵌套类型：a. 让步＋转折（因果），如例（1）、（3）；b. 让步＋转折（并列），如例（2）；c. 让步＋转折（转折），如例（4）。

让步关系标记"即₃"在先秦时期已经出现，如《荀子·王霸》："桀、纣即序于有天下之势，索为匹夫而不可得也，是无他故焉，四者并亡也。"（220）"即₃"使用频率较低，在上古汉语语料中仅见于《荀子》（1例）和《史记》（4例）。中古以后，"即₃"逐渐和"使"凝固成让步连词"即使"，周刚（2002）认为表假设让步的"即"和假设连词"使"在魏晋时期同义复合成让步连词"即使"[①]，池昌海、凌瑜（2008）认为由假设让步连词"即"和使役动词"使"在明代由一个跨层结构语法化成为让步连词"即使"。[②] 现代汉语中，让步连词"即₃"已经消失，只作为构词语素存在于复音让步连词"即使"中。

【弟（第）令】[③]（2）

"弟（第）令"是《史记》中特有的让步关系标记，不见于其他上古或后世的文献中。在《史记》中"弟（第）令"只出现了2次，并且都用在秦末至西汉时期的人物话语语境中，估计是当时口语中使用的让步关系标记。

（1）公等遇雨，皆已失期，失期当斩。藉**弟令**毋斩，而戍死者固十六七。（《陈涉世家》，2354）

（2）今大王与吴西乡，**弟令**事成，两主分争，患乃始结。（《吴王濞列传》，3401）

从语形上看，"弟（第）令"出现在陈述句中，可以与转折连词"而"

搭配使用，如例（1）。从语义上看，"弟（第）令"连接的是假言让步句；既可以连接一层复句，也可以连接多层复句，如例（1）"弟令"连接的是一层复句，构成"让步＋转折"的逻辑语义关系，例（2）"弟令"连接的是多层复句，构成"让步＋转折（因果）"的逻辑语义嵌套关系。

【固】（5）

1. 让步关系标记"固"是一个副词，它位于主语后、谓语前，表示强调对某一事实的承认，强调的语义涵盖整个小句，构成让步性。它取消了句子的独立性，预示将出现后续句，具有篇章连接功能，构成"固p，q"句式，后续句q中常有转折关系标记"而、然"与之搭配使用。

（1）臣**固**愿言而未敢也。（《秦始皇本纪》，336）

（2）臣**固**知还而斩，**然**得完陛下士三万人。（《韩长孺列传》，3443）

2. "固p，q"中，p既可以是假言句，也可以是实言句。与"虽"、"纵"等不同的是"固p"除了可以是"承认（虚拟或现实的）事件"外，还可以是承认"上文刚提出的看法"或"社会公认的看法"。[①] q既可以是表达与所"承认事件"的预设相违的转折，也可以仅仅是表达相关事件的另一个侧面或说话者的不同看法。

（3）今日之事，臣**固**伏诛，然愿请君之衣而击之，焉以致报仇之意，则虽死不恨。（《刺客列传》，3044）

（4）樗里子以骨肉重，**固**其理，而秦人称其智，故颇采焉。（《樗里子甘茂列传》，2804）

（5）士**固**为知己者死，今乃以妾尚在之故，重自刑以绝从，妾其奈何畏殁身之诛，终灭贤弟之名！（《刺客列传》，3048、3049）

例（3）p"臣伏诛"表达了对将来发生的未然事件的假设，属于假

---

① 刘月华（1999）将现代汉语副词"固然"和连词"虽然"进行对比时，也指出现代汉语"固然""所承认的事实应该是对方刚刚提出的或很多人公认的一种看法，说话人用'固然'不过是表示暂时承认这个看法有对的地方"。参看刘月华《以"固然""于是"为例谈虚词的用法研究》，《汉语学习》1999年第2期。

言句；例（4）p"固其理"是实言句，承认上文的看法"樗里子以骨肉重"，q"秦人称其智"则是对话题"樗里子"的另一侧面的看法；例（5）"士固为知己者死"属于"社会公认的看法"。

3."固"可以连接一层复句，如例（1）、（2）；还可以连接多层复句，形成"让步+转折（因果）"的逻辑嵌套关系，如例（3）、（5）。

二 让步递进标记

《史记》中让步递进标记有连词"自、唯$_2$（惟）"，副词"且$_5$、犹、尚、尚犹"，共计6个，它们都是居前的前启句连接标记，位于表让步的语段中，标记对已然或假设的极端事实进行承认，前启句和后续句间存在"让步+递进"的逻辑语义关系。

【自】（5）

1.《史记》中"自"用为让步关系标记时，位于主语的前面，构成"自p，q"句式，q中可以有递进关系标记"而况"与之构成"自……，而况……"的固定搭配。

（1）**自**含齿戴角之兽见犯则校，**而况**于人怀好恶喜怒之气？（《律书》，1474、1475）

2.p有时由名词短语充当，构成"自NP，VP"的语法格式，这种句子介于单句和复句之间。我们认为"自NP，VP"的语表形式虽然是一个单句，但是"自NP，VP"具有表"进一步强调肯定"的言外之义，语表和隐含的言外之义构成了"极端让步+递进"的篇章关系。

（2）昌为人强力，敢直言，**自**萧、曹等皆卑下之。（《张丞相列传》，3227）

例（2）"自萧、曹等皆卑下之"的语表意义是承认极端情况"萧、曹等（地位最高的朝臣）都卑下之"，于是自然得到言外之义"全体朝臣们都卑下之"，二者构成"极端让步+（递进）"的篇章关系。

3."自"可以连接多层复句，"自"的让步语义可以管辖多个小句，p和q在多层复句中构成"让步（因果）+递进"的逻辑嵌套关系，如例（1）。

让步关系标记"自"在先秦汉语中已经出现，如《礼记·檀弓下》："吾悔之，自母而不得吾情，吾恶乎用吾情。"（1317 上）中古至明清，让步关系标记"自"一直使用，但是使用频率较低。

【唯₂（惟）】（5）

1.《史记》中"唯₂（惟）"用为让步关系标记时，只出现在"唯₂（惟）NP，VP"的句式中，和"自 NP，VP"的形式和功能基本相同。

（1）**惟**信亦为大王不如也。（《淮阴侯列传》，3150）

（2）吁！皆若是，**惟**帝其难之。（《夏本纪》，96）

2."唯₂（惟）NP，VP"在篇章中表达"极端让步 + 递进"的逻辑关系，依据回溯推理，听话者会认为进入"NP"位置的人或物都具有极端性，从而达到自谦或强调突出的语用效果。

（3）范雎曰："主人翁习知之。**唯**雎亦得谒，雎请为见君于张君。"（《范雎蔡泽列传》，2914）

例（3）通过回溯推理，我们可知进入"唯₂ NP，VP"的 NP"雎"具有极端性，再依据古人有自谦的习惯，可推知"唯雎"预设"雎身份低下，应该很难有机会拜谒张君"，从而达到了自谦和进一步强调的目的。

让步关系标记"唯₂（惟）"先秦时期已经出现，如《荀子·性恶》："今以仁义法正为固无可知可能之理邪？然则唯禹不知仁义法正，不能仁义法正也。"杨倞注："唯，读为虽。"（443）《左传·成公二年》："唯子，则又何求？"（1895 下）中古以后，让步连词"唯₂（惟）"基本消失。

【且₅】（8）【犹】（7）【尚】（13）【尚犹】（2）

1."且₅"、"犹"、"尚"、"尚犹"是副词性的让步关系标记，与连词性的"自、唯₂（惟）"不同的是，后续句中一般需有递进关系标记"况、而况、何乃"与之搭配使用，构成"且₅/犹/尚/尚犹 p，况/而况 q"的反问句式。

（1）及不忍魏齐，卒困于大梁，庸夫**且**知其不可，**况**贤人乎？

（《平原君虞卿列传》2872）

（2）窃人之财，**犹**曰是盗，**况**贪天之功以为己力乎？（《晋世家》，1994）

（3）尉曰："今将军**尚**不得夜行，**何乃**故也！"（《李将军列传》，3451）

（4）夫千乘之王，万家之侯，百室之君，**尚犹**患贫，**而况**匹夫编户之民乎！（《货殖列传》，3924）

2. "且₅/犹/尚/尚犹 p，况/而况 q"中，"且₅、犹、尚、尚犹"位于p主语的后面，而"况/而况"位于q主语的前面。p和q中有上位范畴相同但在下位范畴中性质对立的事物A、B，在说话者的主观认识中"B∧A→M"，那么p承认"A→M"，就推证了"B→M"的必然性，构成递进关系。

（5）夫罪轻**且**督深，**而况**有重罪乎？（《李斯列传》，3084）

（6）臣以为布衣之交**尚**不相欺，**况**大国乎！（《廉颇蔺相如列传》，2944）

例（5）中"轻"和"重"是一对同属"重量"范畴的反义词，一般情况下，人们都认为"重罪∧轻罪→督深"，那么p承认"轻罪→督深"就从反向推证了"重罪→督深"，有加深主观肯定态度的语用效果，从而形成递进关系。例（6）让步递进关系建立的基础是社会文化语境的共识"国家间的交往比百姓间的交往要更加讲诚信"，因而可以得到一个从强到弱的推理"大国∧布衣→不相欺"，p承认"布衣→不相欺"，那么"大国→不相欺"就是不言而喻的了。

3. "且₅/犹/尚/尚犹 p，况/而况 q"一般都是一层复句，连接辖域较窄。《史记》中让步关系标记"尚"偶尔可用于多层复句，可不与"况、而况、何乃"搭配使用，构成"让步（因果）＋递进（因果）"的逻辑嵌套关系。

（7）或说王曰："先吴军起时，彗星出长数尺，//_因果_然**尚**流血千里。/_让步递进_今彗星长竟天，//_因果_天下兵当大起。"

4. 在先秦汉语中，副词性的让步关系标记"且₅"、"犹"、"尚"已经出现，如《睡虎地秦简·法律问答》："'州告'者，告罪人，其所告且不审，又以它事告之。勿听，而论其不审。"（100）《左传·定公四年》："困兽犹斗，况人乎？"（2136 中）《居延新简》："他重事尚可漏泄为都吏见，恐毋言致断舌。"（E. P. T8. 31）副词性让步关系标记"尚犹"在西汉时期出现，除见于《史记》外，还见于西汉时期其他传世文献，如《淮南子·齐俗训》："世乐志平，见邻国之人溺，尚犹哀之，又况亲戚乎？"（825）"且₅"、"犹"、"尚"、"尚犹"用为副词性的让步关系标记一直沿用至近代汉语。

三　小结

表 4 - 4　　　　　　　　　让步关系标记基本情况表

	词项	次数	历时发展				
			上古		中古	近代	现代
			先秦	西汉			
让步转折标记	虽	366	+	+	+	+	+ 书面语
	虽然	23	+	+	+	+	+
	纵	17	+	+	+	+	
	即₃	4	+	+	+	+	
	弟（第）令	2		+			
	固	5	+	+	+	+	
让步递进标记	自	5	+	+	+	+	
	唯₂（惟）	5	+	+	+	+	
	且₅	8	+	+	+	+	
	犹	7	+	+	+	+	
	尚	13	+	+	+	+	
	尚犹	2		+	+	+	

（1）《史记》中让步关系标记共计 12 个，它们按照在内向"让步性"和外向"衬托性"上表现出的整齐的对立性区别，分为两个小类：①让步转折标记，它们是"虽、虽然、纵、即₃、固、弟（第）令"；②让步递进标记，它们是"自、唯₂（惟）、且₅、犹、尚、尚犹"。这两个小类

的让步关系标记大多既可以连接实言句，又可以连接假言句。其中，让步转折标记连接的小句既可以表达对极端情况的让步，也可以表达对不包含极端意义的情况的让步；让步递进标记标示对极端情况的让步，它连接的前后小句存在程度上的差别。

（2）《史记》让步关系标记都是连接小句构成复句，其中"虽、虽然、纵、即$_3$、固、弟（第）令、自、尚"的连接辖域较广，可以连接多层复句。"虽、虽然、纵、即$_3$、固、弟（第）令、自、尚"连接的多层复句以嵌套因果关系复句为常见，其他还可以嵌套转折、并列等关系的复句。

（3）"虽"是《史记》中使用频率最高的让步关系标记，"虽 p，q"有两种扩展形式：① "虽 p_1，虽 p_2，q"具有加强转折语气、突出肯定 q 的主观态度的语用效果；② "虽 p，q_1，q_2"具有使语气委婉，同时突出 q_2 的语用效果。"虽然"可以出现在话轮转换的位置，实施保持话题延续的言语行为。让步递进标记由于建立在对极端情况进行让步的基础上，它们连接的复句"Xp，q"形成了固定的构式意义，通过回溯推理，凡是 p 表达的人或事物都具有极端性，从而达到自谦或强调等特定的语用效果。

（4）《史记》中绝大部分让步关系标记都是继承自先秦时期，只有"弟（第）令、尚犹"是西汉时期新出现的。"虽"、"纵"是《史记》中使用频率较高、连接功能最为丰富的让步关系标记，在历时发展的过程中，这两个让步关系标记成为后世占主要地位的"虽"类和"纵"类让步关系标记中的单音节词及核心语素。由此可见，《史记》的让步关系标记系统奠定了后世让步关系系统的基本面貌。

第五章

《史记》篇章功能连接标记

篇章由"小句→句子（单句、复句）→句群→篇章"四级单位从低到高逐级构成，连接各级篇章结构单位的篇章连接标记有两种类型：一类是篇章逻辑连接标记，用于显示或构建篇章结构单位间的逻辑语义关系；一类是篇章功能连接标记，用于标示相互关联的篇章结构单位间各自的表述功能。这两类篇章连接标记连接的篇章结构单位的范围有所不同，篇章逻辑连接标记主要连接小句构成复句，部分也可以连接句子构成句群；而篇章功能标记则主要用于连接句子构成句群。上文我们已经对《史记》中的篇章逻辑连接标记进行了全面的梳理，本章将讨论《史记》中的篇章功能连接标记。

学界对篇章结构单位间的逻辑语义关系和功能结构关系的看法经历了从混沌到初步区分的过程：

第一阶段，结合虚词和复句的研究，学界最先认识到汉语复句（包括句群）的逻辑语义关系。《马氏文通》（1898/1983）卷八"虚字"指出汉语有"提起、承接、转掉、推拓"四大类"连字"。《中国文法要略》（1944/1982）归结汉语表达的"关系"（主要是句间关系）有"离合·相背"、"异同·高下"、"同时·先后"、"释因·纪效"、"假设·推论"、"擒纵·衬托"六种类型。目前学界通行的汉语复句分类多继承自黎锦熙《新著国语文法》（1924/1992），他从逻辑语义角度把汉语复句首先分为"等立复句"和"主从复句"两大类，接着在"等立复句"下分出"平列句、转折句、承接句、转折句"四类，在"主从复句"下分出"时间句、原因句、假设句、范围句、让步句、比较句"六类。①

第二阶段，学界对复句、句群语义关系类型的认识扩大，概括出的语

---

① 参看黎锦熙《新著国语文法》，第7页。

义关系类型不仅包括逻辑语义关系，而且还包括功能结构关系，但是在该阶段，学界认为功能结构关系属于逻辑语义关系的范围，没有将二者区别开来。廖秋忠（1992）对现代汉语书面语中句子或大于句子的结构之间所使用的连接成分进行了描写。他在参考 Halliday 和 Hasan（1976）、Dijk（1977）及吕叔湘（1944/1982）等的分类后，把现代汉语书面语的连接成分分为两个大类及若干小类，其中两个大类包括：①时间关系连接成分；②逻辑关系连接成分。① 我们认为其中的"时间关系连接成分"不是连接标记，它们是通过词义实现连接的，应该属于"连贯"的范畴。廖秋忠把"阐明、总结、再肯定"归为逻辑关系连接成分，但是实际上这几种关系不是逻辑关系而是句间的功能结构关系。黄国文（1988）指出"句际关系指的是在连贯的语篇中句子与句子之间在结构上和意思上的联系"②，从该定义我们可以看出黄国文虽然将篇章结构单位间的逻辑语义关系和功能结构关系统称为"句际关系"，但是他已经注意到了二者有所不同。他从逻辑意义角度，归纳语篇中句子间的句际关系主要有"并列关系、对应关系、顺序关系、分解关系、分指关系、重复关系、转折关系、解释关系、因果关系"九种类型，并指出"如果使用了逻辑联系语，那句际关系就不止上述九种类型"③。我们认为其中的"分解、重复、解释"等关系实际上是从句子和句子在篇章中连接的功能结构关系归纳出来的。

　　第三阶段，随着篇章语言学研究的深入，学界开始区分篇章中的"逻辑语义关系"和"功能结构关系"。郑贵友（2002）是较早区别讨论"篇章语义结构"和"篇章功能结构"的学者。他指出"篇章语义结构""指的是篇章内部各相关联的语句之间的语义联系类型"，"篇章内部的各种关系词语所具有对特定的句际关系的显化、标示、固化以及转化等作用，都体现了语言的这种表里之间的特定联系"。"篇章微观语义结构"主要有"因果关系、并列关系、逆反关系、包含关系"四种。"篇章功能结构指的是，篇章实体及其内部较大的篇章局部内部各直接构成部分之间的在言语兑现的过程中，各自所发挥的表述职能上的相互关系及其铺排规则"。"篇章的功能类型"有"说明结构"、"总分结构"、"平行结构"、

---

① 参看廖秋忠《廖秋忠文集》，第 62—90 页。

② 参看黄国文《语篇分析概要》，第 19 页。

③ 同上书，第 19—24 页。

"对照结构"、"补充结构"、"延伸结构"和"归总结构"七种类型。①

我们赞同将篇章结构单位间的关系区分为"逻辑语义关系"和"功能结构关系"两种类型。在《史记》中,大部分的连接标记都是显示或构建句间逻辑语义关系的篇章逻辑连接标记,但也存在一些用于标记连贯的篇章结构单位间的表述职能的篇章功能连接标记。我们依据篇章功能连接标记所标示的篇章结构单位表述功能的不同,把《史记》中的篇章功能连接标记分为两种类型:①话题转换标记;②总结推论标记。

第一节 话题转换标记

话题转换标记的主要功能是标记前后关联的篇章结构单位 S_1 和 S_2 间话题不再一致,发生转移。《史记》中的话题转换标记共计 11 个,它们是"若$_3$、若夫、若乃、及$_2$、及夫、及若、至、至若、若至、至如、至于"。

一 话题转换标记的用法

【若$_3$】(4)

话题转换标记"若$_3$"可译为"至于",用于引出与前一次话题相关的另一次话题。"若$_3$"引进的次话题与前一次话题有两种类型的语义关系:

①从相反或相对的方面对前一次话题进行补充说明,前后两个次话题异向加合后叙述了共同的篇章次话题。

(1)法家不别亲疏,不殊贵贱,一断于法,则亲亲尊尊之恩绝矣。可以行一时之计,而不可长用也,故曰"严而少恩"。**若**尊主卑臣,明分职不得相逾越,虽百家弗能改也。(《太史公自序》,3968)

例(1)中"若"引进的次话题"尊主卑臣,明分职不得相逾越"说明的是法家的可取之处,它与前一次话题"法家不别亲疏,不殊贵贱,一断于法"说明的法家的不可取之处异向相反,这两个异向相反的次话题加合后叙述了共同的篇章次话题"法家"正反两个方面。

---

① 参看郑贵友《汉语篇章语言学》,外文出版社 2002 年版,第 204—229 页。

② "若₃" 还可以在篇章中引进一个与前一次话题表达的内容同向类推的次话题。

（2）臣闻贤圣之君，功立而不废，故著于春秋；蚤知之士，名成而不毁，故称于后世。**若**先王之报怨雪耻，夷万乘之强国，收八百岁之蓄积，及至弃群臣之日，馀教未衰，执政任事之臣，修法令，慎庶孽，施及乎萌隶，皆可以教后世。（《乐毅列传》，2936、2937）

（3）原宪曰："吾闻之，无财者谓之贫，学道而不能行者谓之病。**若**宪，贫也，非病也。"（《仲尼弟子列传》，2668）

（4）国风好色而不淫，小雅怨诽而不乱。**若**离骚者，可谓兼之矣。（《屈原贾生列传》，2944）

例（2）、（3）中"若"连接的前后两个次话题产生同向类推的认知基础是由普遍到具体的演绎思维模式。例（4）中前一次话题描绘的是"文章风格"这一范畴中的两个原型成员（prototypical member）"国风"和"小雅"各自的特点，"若"引进的次话题"离骚"通过隐喻（metaphor）的认知机制同向类推出"离骚""兼之矣"的判断。

"若₃"在先秦时期已用为话题转换标记，如《左传·哀公十四年》："臣之罪大，尽灭桓氏可也。若以先臣之故，而使有后，君之惠也。若臣则不可以入矣。"（2174上）中古至近代汉语"若₃"一直沿用，现代汉语中已不再用为话题转换标记。

【若夫】（11）

《史记》中，"若夫"仅用于引进对前一次话题表达的内容进行异向补充的另一次话题。

（1）夫儒者以六艺为法。六艺经传以千万数，累世不能通其学，当年不能究其礼，故曰"博而寡要，劳而少功"。**若夫**列君臣父子之礼，序夫妇长幼之别，虽百家弗能易也。（《太史公自序》，3967）

有的学者认为"若夫"是由连词"若"和助词"夫"复合构成①，但是我们在《史记》中发现"若夫"出现的部分语例中，"夫"的指代语义明显，没有完全语法化成为一个语气助词，因此我们认为"若夫"应该由连词"若"和指示代词"夫"复合构成。如：

　　（2）王曰："善语音。"驺忌子曰："何独语音，夫治国家而弭人民皆在其中。"王又勃然不说曰："**若夫**语五音之纪，信未有如夫子者也。**若夫**治国家而弭人民，又何为乎丝桐之间？"（《田敬仲完世家》，2278）
　　（3）太史公曰：余读司马兵法，闳廓深远，虽三代征伐，未能竟其义，如其文也，亦少褒矣。**若夫**穰苴，区区为小国行师，何暇及司马兵法之揖让乎？世既多司马兵法，以故不论，著穰苴之列传焉。（《司马穰苴列传》，2614）

　　例（2）中"若夫"引进的次话题排列出现，其中两个"夫"分别指代上一个话轮中提到的两个次话题，第一个"夫"指代次话题"语音"，第二个"夫"指代次话题"治国家而弭人民"。例（3）中"夫"用于指代上文出现的人物"穰苴"，但由于后文"穰苴"的出现，"夫"的指代功能冗余，开始变得模糊，较例（2）中"夫"虚化程度提高。

　　话题转换标记"若夫"在先秦汉语中已经出现，如《左传·隐公五年》："鸟兽之肉，不登于俎，皮革、齿牙、骨角、毛羽不登于器，则公不射，古之制也。若夫山林川泽之实，器用之资，皂隶之事，官司之守，非君所及也。"（1727 中）"若夫"一直沿用到近代汉语，但仅见于《三国演义》、《东周列国志》等取材于传统史书、保留大量文言成分的通俗小说中。

　　【若乃】（2）
　　《史记》中话题转换标记"若乃"和结构助词"者"构成"若乃＋（……＋者）$_n$"的结构，用于引进一个新的次话题，前后话题的内容同向并列或异向互补。

---

　　①　参看中国社会科学院语言研究所古代汉语研究室编《古代汉语虚词词典》，商务印书馆1999 年版，第 475 页。

(1) 新垣衍曰："燕则吾请以从矣；**若乃**梁者，则吾乃梁人也，先生恶能使梁助之？"（《鲁仲连邹阳列传》，2970）

(2) 且齐东陼巨海，南有琅邪，观乎成山，射乎之罘，浮勃澥，游孟诸，邪与肃慎为邻，右以汤谷为界，秋田乎青丘，傍徨乎海外，吞若云梦者八九，其于胸中曾不蒂芥。**若乃**俶傥瑰伟，异方殊类，珍怪鸟兽，万端鳞萃，充仞其中者，不可胜记，禹不能名，契不能计。（《司马相如列传》，3631）

"若乃"是秦汉之际新形成的话题转换标记，一直沿用至近代汉语，如《三宝太监西洋记通俗演义》第五十四回："初一乳而三年，卒焚身而以齿。若乃放于荆山之阳，养之皋泽之中，虽禀精于瑶光，终见制于越台。"（693）

【及₂】（9）

《史记》中"及₂"引进的次话题与上一次话题分别叙述同一事件的不同方面，两个次话题的语义一般构成同向并列的关系。

(1) 淮南王长废先帝法，不听天子诏，居处无度，为黄屋盖乘舆，出入拟于天子，擅为法令，不用汉法**及**所置吏，以其郎中春为丞相，聚收汉诸侯人及有罪亡者，匿与居，为治家室，赐其财物爵禄田宅，爵或至关内侯，奉以二千石所当得，欲以有为。（《淮南衡山列传》，3715）

"及₂"可以和"者"、"之属"、"之徒"构成"及₂（……者）ₙ"、"及₂（……之属）ₙ"、"及₂（……之徒）ₙ"的结构。

(2) 夫司马季主者，楚贤大夫，游学长安，通易经，术黄帝、老子，博闻远见。观其对二大夫贵人之谈言，称引古明王圣人道，固非浅闻小数之能。**及**卜筮立名声千里**者**，各往往而在。（《日者列传》，3886）

(3) 汉使还，而后发使随汉使来观汉广大，以大鸟卵及黎轩善眩人献于汉。**及**宛西小国驩潜、大益，宛东姑师、扜罙、苏薤**之属**，皆随汉使献见天子。（《大宛列传》，3823）

（4）吕不韦者，秦庄襄王相，亦上观尚古，删拾春秋，集六国时事，以为八览、六论、十二纪，为吕氏春秋。**及**如荀卿、孟子、公孙固、韩非**之徒**，各往往捃摭春秋之文以著书，不可胜纪。（《十二诸侯年表》，642）

话题转换标记"及₂"由时间介词"及"语法化而来，先秦汉语中处于语法化过渡阶段的时间介词"及"具有双重功能，一方面在句内连接宾语，可以译为"到、等到"，表示到此时（或在此时），动作行为或状态发生变化；另一方面在篇章中引进另一个后时发生的相关次话题，连接句子构成句群。如《论语·子路》："君子易事而难说也。说之不以道，不说也；及其使人也，器之。小人难事而易说也。说之虽不以道，说也；及其使人也，求备焉。"（2508 中）

在秦汉之际，不包含时间意义，仅在篇章中标示话题转换的话题转换标记"及₂"用例增多，除了见于《史记》外，还见于汉代其他典籍之中，如《法言·问道》："老子之言道德，吾有取焉耳。及搥提仁义，绝灭礼学，吾无取焉耳。"（114）

【及夫】（2）

《经传释词》卷五："及夫，若夫也。"（107）"及夫"用于后续复句或句群的开头，标记转入另一话题，可以译为"至于"。《史记》中"及夫"出现 2 次，都是用于引进一个与前一次话题表达内容异向相反的次话题。

（1）乐极则忧，礼粗则偏矣。**及夫**敦乐而无忧，礼备而不偏者，其唯大圣乎？（《乐书》，1411）

（2）化不时则不生，男女无别则乱登，此天地之情也。**及夫**礼乐之极乎天而蟠乎地，行乎阴阳而通乎鬼神，穷高极远而测深厚，乐著太始而礼居成物。（《乐书》，1415）

"及夫"在先秦汉语中已经出现，如例（1）实际上就是转引自《礼记·乐记》。

【及若】（1）

《史记》中"及若"仅出现 1 次，可译为"至于"，用于引进与前一次话题异向相反的另一次话题。

（1）韩子曰："儒以文乱法，而侠以武犯禁。"二者皆讥，而学士多称于世云。**至如**以术取宰相卿大夫，辅翼其世主，功名俱著于春秋，固无可言者。**及若**季次、原宪，间巷人也，读书怀独行君子之德，义不苟合当世，当世亦笑之。（《游侠列传》，3837）

例（1）中话题转换标记"至如"与"及若"排列出现，二者引进的句内次话题分别叙述了篇章次话题"儒者"的两种不同类型。

"及若"是汉代特有的话题转换标记，不见于先秦，后世典籍中偶现。

【至】（8）

"至"位于后续句子或句群的开头，标记话题转换，引进另一相关次话题。"至"引进的次话题多为名词或名词性短语，并且"至"可以和结构助词"者"构成"至（……者）$_n$"的格式。

（1）项王见人恭敬慈爱，言语呕呕，人有疾病，涕泣分食饮，**至**使人有功当封爵**者**，印刓敝，忍不能予，此所谓妇人之仁也。（《淮阴侯列传》，3150）

"至"引进的次话题和前一次话题表达的内容多为异向相反。

（2）太史公曰：吾读管氏牧民、山高、乘马、轻重、九府，及晏子春秋，详哉其言之也。既见其著书，欲观其行事，故次其传。**至**其书，世多有之，是以不论，论其轶事。（《管晏列传》，2585）

（3）今自张骞使大夏之后也，穷河源，恶睹本纪所谓昆仑者乎？故言九州山川，尚书近之矣。**至**禹本纪、山海经所有怪物，余不敢言之也。（《大宛列传》，3830）

"至"，由时间介词"至"语法化而来，在先秦汉语中已用为话题转换标记，如《墨子·非攻上》："今有一人，入人园圃，窃其桃李，众闻则非之，上为政者得则罚之。此何也？以亏人自利也。至攘人犬豕鸡豚

者，其不义又甚入人园圃窃桃李。"（128）

【至若】（4）

《史记》中话题转换标记"至若"共出现4次，既可以引进与前一次话题构成异向对比关系的次话题，也可以用于引进与前一次话题同向并列的次话题。

（1）然此十人中，其廉者足以为仪表，其污者足以为戒，方略教导，禁奸止邪，一切亦皆彬彬质有其文武焉。虽惨酷，斯称其位矣。**至若**蜀守冯当暴挫，广汉李贞擅磔人，东郡弥仆锯项，天水骆璧推咸，河东褚广妄杀，京兆无忌、冯翊殷周蝮鸷，水衡阎奉朴击卖请，何足数哉！何足数哉！（《酷吏列传》，3801、3802）

（2）然关中长安樊仲子，槐里赵王孙，长陵高公子，西河郭公仲，太原卤公孺，临淮儿长卿，东阳田君孺，虽为侠而逡逡有退让君子之风。**至若**北道姚氏，西道诸杜，南道仇景，东道赵他、羽公子，南阳赵调之徒，此盗跖居民间者耳，曷足道哉！此乃乡者朱家之羞也。（《游侠列传》，3845）

（3）太史公曰：夫神农以前，吾不知已。**至若**诗书所述虞夏以来，耳目欲极声色之好，口欲穷刍豢之味，身安逸乐，而心夸矜势能之荣使，俗之渐民久矣，虽户说以眇论，终不能化。（《货殖列传》，3921）

（4）入寿宫侍祠神语，究观方士祠官之言，于是退而论次自古以来用事于鬼神者，具见其表里。后有君子，得以览焉。**至若**俎豆珪币之详，献酬之礼，则有司存焉。（《孝武本纪》，608）

例（1）、（2）、（3）中"至若"引进的新话题和前一次话题形成异向的对比关系，例（4）中"至若"用于引进与前一次话题同向并列的次话题。

"至若"是汉代新形成的话题转换标记，《汉语大词典》首引南朝梁钟嵘《诗品·总论》："昔九品论人，《七略》裁士，校以宾实，诚多未值。至若诗之为技，较而可知，以类推之，殆均博弈。"（8/787）例证偏晚。"至若"中古、近代一直沿用，如《红楼梦》第一回："至若佳人才子等书，则又千部共出一套，且其中终不能不涉于淫滥，以致满纸潘安、子建、西子、文君，不过作者要写出自己的那两首情诗艳赋来，故假拟出男女二人名姓，又必旁出一小人其间拨乱，亦如剧中之小丑然，且鬟婢开口即者也之乎，非文即理。"（4）

【若至】（4）

"若至"可以译为"至于"，用于引进一个同向并列或异向互补的次话题。

（1）天之报施善人，其何如哉？盗蹠日杀不辜，肝人之肉，暴戾恣睢，聚党数千人横行天下，竟以寿终。是遵何德哉？此其尤大彰明较著者也。**若至**近世，操行不轨，专犯忌讳，而终身逸乐，富厚累世不绝。（《伯夷列传》，2571）

（2）越之亡，荧惑守斗；朝鲜之拔，星茀于河戍；兵征大宛，星茀招摇：此其荦荦大者。**若至**委曲小变，不可胜道。（《天官书》，1600）

（3）入寿宫侍祠神语，究观方士祠官之意，于是退而论次自古以来用事于鬼神者，具见其表里。后有君子，得以览焉。**若至**俎豆珪币之详，献酬之礼，则有司存。（《封禅书》，1677）

（4）然是富给之资也，不窥市井，不行异邑，坐而待收，身有处士之义而取给焉。**若至**家贫亲老，妻子软弱，岁时无以祭祀进醵，饮食被服不足以自通，如此不惭耻，则无所比矣。（《货殖列传》，3942）

"若至"和"至若"是篇章功能基本相同的同素异形词，可以出现在相同的句法环境中，如例（3）中"若至俎豆珪币之详"在《孝武本纪》中则作"至若俎豆珪币之详"。但是二者存在不同之处，"至若"只能理解成由话题转换标记"至"和"若"同义复合构成的话题转换标记，而"若至"则有歧解，既可以看成由话题转换标记"至"和"若"同义复合构成的话题转换标记，又可以看成是假设连词"若"＋时间介词"至"构成的跨层组合。"若至"和"至若"都是汉代新产生的话题转换标记，我们认为，由于"若至"存在歧解形式，语法化程度没有"至若"高，最终在择一原则的支配下被"至若"淘汰。

【至如】（13）

"至如"位于后续句子或句群的开头，标记话题转换，引进一个次话题。从语法结构上看，"至如"引进的次话题有三种类型：

①"至如"+n.

（1）今诸君徒能得走兽耳，功狗也。**至如**萧何，发踪指示，功人也。（《萧相国世家》，2434）

（2）上曰："然。古有社稷之臣，**至如**黯，近之矣。"（《汲郑列传》，3749）

②"至如"+（n.+者/之属）$_n$.

（3）诸将易得耳。**至如**信**者**，国士无双。（《淮阴侯列传》，3149）

（4）西畤、畦畤，祠如其故，上不亲往。诸此祠皆太祝常主，以岁时奉祠之。**至如**他名山川诸鬼及八神**之属**，上过则祠，去则已。（《封禅书》，1647、1648）

③"至如"+S$_{事件}$

（5）大将军青侍中，上踞厕而视之。丞相弘燕见，上或时不冠。**至如**黯见，上不冠不见也。（《汲郑列传》，3749）

从表达的内容之间的语义关系看，"至如"引进的次话题与前一次话题存在三种关系：①异向对比，如例（1）、（3）、（4）、（5）；②同向类推，如例（2）；③同向并列，如《游侠列传》："韩子曰：'儒以文乱法，而侠以武犯禁。'二者皆讥，而学士多称于世云。至如以术取宰相卿大夫，辅翼其世主，功名俱著于春秋，固无可言者。及若季次、原宪，闾巷人也，读书怀独行君子之德，义不苟合当世，当世亦笑之。"（3181）

"至如"首见于《史记》，是汉代新产生的话题转换标记，中古、近代一直沿用。

【至于】（9）

"至于"用于引进相关的另一次话题。在语法结构上，"至于"后多接由名词或名词性词组构成的话题，共计 8 例。

（1）豫让曰："臣事范、中行氏，范、中行氏皆众人遇我，我故众人报之。**至于**智伯，国士遇我，我故国士报之。"（《刺客列传》，3044）

（2）曩者霸上、棘门军，若儿戏耳，其将固可袭而虏也。**至于**亚夫，可得而犯邪！（《绛侯周勃世家》，2506）

"至于"也可以接动词性词组构成的话题，共计 1 例。

（3）项王为人，恭敬爱人，士之廉节好礼者多归之。**至于**行功爵邑，重之，士亦以此不附。（《陈丞相世家》，2483）

从"至于"引进的次话题与前一次话题的关系看，二者多是异向对比的关系，包含转折逻辑语义关系。

（4）丞相奏事毕，因言曰："陛下爱幸臣，则富贵之；**至于**朝廷之礼，不可以不肃！"（《张丞相列传》，3234）

"至于"还可以引进一个同向递进的次话题，共计 1 例。

（5）然守之日久不得，或为之日少而得之，**至于**封侯，真命也夫！（《张丞相列传》，3240）

"至于"是汉代新产生的话题转换标记，一直沿用至今，在现代汉语中"至于"已是一个常见的话题转换标记。

二　话题转换标记的特点

表 5-1　　　　　　　　　　　话题转换标记基本情况表

词项	次数	历时发展			
		上古	中古	近代	现代
		先秦 | 西汉			

词项	次数	先秦	西汉	中古	近代	现代
若₃	4	+	+	+	+	
若夫	11	+	+	+	+	
若乃	2		+	+	+	
及₂	9	+	+	+	+	
及夫	2	+	+			
及若	1		+	+	+	
至	8	+	+	+	+	
至若	4		+	+	+	
若至	4		+	+	+	
至如	13		+	+	+	
至于	9		+	+	+	+

（行首左列："话题转换标记"）

（1）从语法结构上看，《史记》中话题转换标记引进的话题多为名词或名词性短语，并且可以与后置的短语"之属"、"之徒"及助词"者"构成"话题转换标记（……者/之属/之徒）ₙ"的结构；另外，少数情况下也可以引进表达事件的小句或动词性短语充当话题。从话题转换标记引入的话题与后面的述题之间的语义关系看，《史记》中话题转换标记所引进的话题多为论元共指性话题和语域式话题，偶尔可以引进分句式话题（共计1例），涵盖了除拷贝式话题外的所有话题的基本类型。① 从引进次话题表达信息的性质看，《史记》中话题转换标记引进的话题都是已知或易推信息，通常和前一话题分别充当同一篇章主话题的不同次话题，或者是与前一次话题不同而与篇章主话题一致的次话题。

---

① 刘丹青（1998）根据话题和述题之间的语义关系将话题分为四类：论元及准论元共指性话题、语域式话题、拷贝式话题、分句式话题。参看刘丹青《话题的结构与功能》（增订本），上海教育出版社2007年版，第103—105页。

（2）《史记》中的话题转换标记具有双重功能，一方面在句内充当话题标记，一方面在篇章中用于标记后续语段话题发生转变，引进与前一次话题不同的另一次话题。刘丹青（1998）曾指出话题标记往往在表明所附着的实词性成分是句子的话题成分的同时，还表示其他语义或话语功能。① Gundel（1988）指出日语和朝鲜语的专用话题标记都常用在引进新话题的时候②。郑恒雄（1977）指出布农语话题标记主要表示新引进的话题或具有对比性的话题③。《史记》中话题转换标记引进的次话题和前一次话题的篇章语义关系主要有以下四种类型：①异向对比关系，绝大部分话题转换标记都可以用于引进与前一次话题构成异向对比的另一次话题④；②同向类推关系，"若₃、至如"可以用于引进与前一次话题构成同向类推关系的另一次话题；③同向并列关系，"若乃、及₂、至、至若、若至、至如"可以用于引进与前一次话题构成同向并列关系的另一次话题；④同向递进关系，"至于"可以引进一个与前一次话题构成同向递进关系的另一次话题。

（3）篇章主话题、前一次话题、话题转换标记引进的次话题三者表达的信息构成"分叉型"和"循环型"两种类型的篇章结构模式：

①分叉型

分叉型中前一次话题和话题转换标记引进的次话题加合后共同叙述了篇章主话题的不同方面，这些方面可以是异向的，也可以是同向的。如：

（1）二者皆讥，而 学士多称于世云 篇章主话题。至如以术取

宰相卿大夫，辅翼其世主，功名俱著于春秋，固无可言者。次话题1

---

① 刘丹青（1998）根据话题和述题之间的语义关系将话题分为四类：论元及准论元共指性话题、语域式话题、拷贝式话题、分句式话题。参看刘丹青《话题的结构与功能》（增订本），上海教育出版社 2007 年版，第 74—77 页。

② Gundel, Jeanette K., Universals of Topic-comment Structure. In Michael Hammond（eds.）, *Studies in Syntactic Typology*, Amsterdam: Benjamins, 1988, pp. 209 – 239.

③ 参看郑恒雄《布农语的主题、主语与动词》，《"中央研究院"历史语言研究所专刊》，1997 年，第 72、110 页。

④ "及₂"在《史记》中虽然都是用于引进同向并列的次话题，但是在同时代的其他语料中还可以用于引进异向对比的次话题，如《法言·问道》："老子之言道德，吾有取焉耳。及捣提仁义，绝灭礼学，吾无取焉耳。"（114）

及若季次、原宪，闾巷人也，读书怀独行君子之德，义不苟合当世，当世亦笑之。次话题2 （《游侠列传》，3837）

（2）淮南王长废先帝法，不听天子诏，居处无度，为黄屋盖乘舆，出入拟于天子，擅为法令，不用汉法。次话题1

及所置吏，以其郎中春为丞相，聚收汉诸侯人及有罪亡者，匿与居，为治家室，赐其财物爵禄田宅，爵或至关内侯，奉以二千石，所不当得，欲以有为。次话题2 （《淮南衡山列传》，3715）

②循环型

循环型中前一次话题往往表达插入性的背景信息，话题转换标记引进的次话题是篇章信息表达的重点，一般和篇章主话题一致。如：

（3）离骚者，犹离忧也。篇章主话题 …… 国风好色而不淫，小雅怨诽而不乱。插入性背景信息 若离骚者，可谓兼之矣。篇章主话题 （《屈原贾生列传》，2944）

（4）从构词特点上看，《史记》中的话题转换标记由单音节词"若₃"、"至"、"及₂"和以这三个单音词为核心构词语素的复音词构成，我们分别称之为"若"类话题转换标记、"至"类话题转换标记和"及"类话题转换标记。这三类转换标记有着相似的词汇化和语法化的演变途径。王引之《经传释词》卷七："若，犹'及'也；'至'也。"（152）话题转换标记"若"、"至"、"及"是由包含"到达"语义的介词"若"、"至"、"及"语法化而来。从表示"到达"某一个具体的时间或地点到表示"到达"一个篇章的另一个次话题，实际上是从人们对现实世界到达某时某地的具体活动，投射到语篇结构话题间的转换关系的隐喻过程，体现了语言所反映的现实世界的关系与元语言篇章结构间关系的相似性。"若夫"、"及夫"由跨层结构"话题转换标记'若/及'＋指示代词'夫'"词汇化而来，指示代词"夫"指示功能的弱化以及"夫"后出现表示被指代事物、人物的名称或其他指示代词是"若夫"、"及夫"词汇化的主要动因。《史记》中新产生的话题转换标记大量涌现，包括"若乃、及如、及若、至若、若至、至如、至于"（共计 7 个，约占 63.6%），它们都是由处于语法化演变连续统上包含"到达"义的单音介词或单音话题转换标记复合构成，我们认为可以把这种构词方式看成是一种广义的同义复合构词方式。这种广义的同义构词方式是汉代新出现的一种复音话题转换标记的构词方式。

第二节　总结推论标记

前后关联的篇章 S_1、S_2，依据 S_1 提供的多种情况或理由，可以得到总结性的结论或判断 S_2，S_1 和 S_2 构成分说阐述和总结推论的关系，我们把标示 S_1 和 S_2 间存在这种关系的篇章连接标记称为"总结推论标记"。《史记》中总结推论标记包括"由此观之、由是观之、总之、要之"4 个。

一　总结推论标记的用法

【由此观之】（8）【由是观之】（11）

固定短语"由此观之"、"由是观之"出现在评论性语境中，用于引出针对前面语段叙述的情况或理由得出的评断性结论，一般情况下前面分说阐述的语段较长，后面表示评断性结论的语段比较简要。

"由此观之"、"由是观之"后连接的评断性结论有五种句型：

①陈述句

（1）吴楚已破，竟景帝不言兵，天下富实。今自陛下举兵击匈奴，中国以空虚，边民大困贫。**由此观之**，不如和亲。（《酷吏列传》，3788）

（2）越之亡，荧惑守斗；朝鲜之拔，星茀于河戍；兵征大宛，星茀招摇：此其荦荦大者。若至委曲小变，不可胜道。**由是观之**，未有不先形见而应随之者也。（《天官书》，1600）

②反问句

（3）昭王得范雎，废穰侯，逐华阳，强公室，杜私门，蚕食诸

侯，使秦成帝业。此四君者，皆以客之功。**由此观之**，客何负于秦哉！（《李斯列传》，3070）

（4）勾践之困会稽也，喟然叹曰："吾终于此乎？"种曰："汤系夏台，文王囚羑里，晋重耳奔翟，齐小白奔莒，其卒王霸。**由是观之**，何遽不为福乎？"（《越王勾践世家》，2090）

③疑问句

（5）"以暴易暴兮，不知其非矣。神农、虞、夏忽焉没兮，我安适归矣？于嗟徂兮，命之衰矣！"遂饿死于首阳山。**由此观之**，怨邪非邪？（《伯夷列传》，2569）

④复句

（6）后五世，帝武乙慢神而震死。后三世，帝纣淫乱，武王伐之。**由此观之**，始未尝不肃祗，后稍怠慢也。（《封禅书》，1625）

（7）神大用则竭，形大劳则敝，形神离则死。死者不可复生，离者不可复反，故圣人重之。**由是观之**，神者生之本也，形者生之具也。（《太史公自序》，3969）

⑤紧缩复句

（8）夏桀之居，左河济，右泰华，伊阙在其南，羊肠在其北，修政不仁，汤放之。殷纣之国，左孟门，右太行，常山在其北，大河经其南，修政不德，武王杀之。**由此观之**，在德不在险。（《孙子吴起列传》，2623）

（9）汉兴，破觚而为圜，斫雕而为朴，网漏于吞舟之鱼，而吏治烝烝，不至于奸，黎民艾安。**由是观之**，在彼不在此。（《酷吏列传》，3777）

"由此观之"和"由是观之"在先秦汉语中已用为总结推论标记，如《韩非子·初见秦》："臣敢言之，往者齐南破荆，……齐五战之国也，一战不克而无齐。由此观之，夫战者，万乘之存亡也。"（4）《孟子·滕文公下》："阳货欲见孔子而恶无礼，……由是观之，则君子之所养，可知已矣。"（2714上）中古至近代汉语，"由此观之"、"由是观之"一直沿用。

在历时发展的过程中，先秦时期"由此观之"和"由是观之"的使用频率大致相当，到了中古时期，由于回指代词"是"语法化为判断动词"是"，回指代词"是"的使用频率大大降低[1]，"由是观之"的使用频率也随之降低，最终在现代汉语中消失，而"由此观之"沿用至今。

【总之】（2）

"总之"标记下文语段是对上文语段表述的多种复杂情况的概括性总结。

（1）夫天下物所鲜所多，人民谣俗，山东食海盐，山西食盐卤，领南、沙北固往往出盐，大体如此矣。**总之**，楚越之地，地广人希，饭稻羹鱼，或火耕而水耨，果隋蠃蛤，不待贾而足，地埶饶食，无饥馑之患，以故呰窳偷生，无积聚而多贫。（《货殖列传》，3939、3940）

（2）然尚书独载尧以来；而百家言黄帝，其文不雅驯，荐绅先生难言之。孔子所传宰予问五帝德及帝系姓，儒者或不传。余尝西至空桐，北过涿鹿，东渐于海，南浮江淮矣，至长老皆各往往称黄帝、尧、舜之处，风教固殊焉，**总之**不离古文者近是。（《五帝本纪》，54）

"总之"是汉代新产生的总结推论标记，一直沿用至今。

【要之】（2）

"要之"引出对上文语段描述的多种情况的总结性评论或判断。

（1）太史公曰：三晋多权变之士，夫言从衡强秦者大抵皆三晋之人也。夫张仪之行事甚于苏秦，然世恶苏秦者，以其先死，而仪振暴

---

① 参看石毓智、李讷《汉语语法化的历程——形态句法发展的动因和机制》，北京大学出版社2001年版，第27页。

其短以扶其说，成其衡道。**要之**，此两人真倾危之士哉！（《张仪列传》，2784）

（2）助去后，其大臣谏胡曰："汉兴兵诛郢，亦行以惊动南越。且先王昔言，事天子期无失礼，**要之**不可以说好语入见。入见则不得复归，亡国之势也。"（《南越列传》，3571）

"要之"是汉代新产生的总结推论标记，中古至近代一直沿用，在现代汉语中已经消失。

二　总结推论标记的特点

表 5-2　　　　　　　　　　　总结推论标记基本情况表

	词项	次数	历时发展				
			上古		中古	近代	现代
			先秦	西汉			
总结推论标记	由此观之	8	+	+	+	+	+ 书面语
	由是观之	11	+	+	+	+	
	总之	2		+	+	+	+
	要之	2		+	+	+	

（1）《史记》中总结推论标记数量较少，共计 4 个，包括"由此观之"、"由是观之"、"总之"和"要之"，这些总结推论标记都是由"（介词＋回指代词）＋动词＋下指代词"构成的固定短语。

（2）总结推论标记位于分论性阐述和总结性推论的中间，是典型的居中连接标记。从语义上看，总结推论标记连接的总结性推论既可以是对上文多种情况的简明总结或概括，也可以是根据上文的情况或理由推出的判断或评论。从语法结构上看，总结推论标记连接的后续句的句型种类丰富，可以连接陈述句、反问句、疑问句、复句及紧缩复句多种句型。

第六章

结　　语

第一节　《史记》篇章连接标记在篇章
信息组织中的作用

邢福义（2001）从静态和动态两个方面归纳了汉语复句关系词语[①]的功能。他认为从静态的角度看，复句关系词语对复句的关系具有标明功能；从动态的角度看，复句关系词语对复句的隐性逻辑基础具有显示、选示、转化和强化四种作用。[②] 这一看法加深了我们对复句关系词语功能的认识，获得了学界广泛的认同，但是考察的范围仅局限在复句的内部，没有注意到复句关系词语在篇章信息组织的过程中所发挥的作用。

我们将考察的范围扩大到篇章，发现《史记》篇章连接标记在篇章信息组织过程中主要起到以下几个方面的作用。

一　对篇章结构单位间功能关系的标记功能

William C. Mann 和 Sandra A. Thompson 创立的修辞结构理论（Rhetorical Structure Theory，简称 RST）从功能的角度对篇章结构单位间的关系进行了分析，总结出一套开放性的篇章结构单位（包括有连接标记的和无连接标记的）功能类别，如"证据关系、环境关系、序列关系、联合关系、

---

① 邢福义（2001）认为"复句关系词语"在复句中联接分句，标明关系，构成特定的复句格式。在词类系统中，不属于固定的类；在语法单位中，不处于固定的级；在造句功用上，不具有划一性。本文"篇章连接标记"比邢福义提出的"复句关系词语"范围更大，但主体部分和"复句关系词语"基本重合。参看邢福义《汉语复句研究》，第 37 页。

② 参看邢福义《汉语复句研究》，第 31—37 页。

阐述关系、因果关系、让步关系、条件关系、目的关系", 等等①。RST
总结的篇章结构单位功能类别的名称和我们通常所说的复句逻辑关系的命
名有重叠之处, 但是二者的实质是不同的, 前者是从实现交际意图、传递
篇章信息的功能的角度分出的功能类别, 而后者是建立在对现实世界和可
能世界的隐性逻辑关系进行反映的基础上分出的语义类别。另外, 二者的
重名也说明部分篇章连接标记具有双重性质, 既是逻辑语义关系标记, 同
时也是篇章功能标记。

　　《史记》中的篇章连接标记是标示篇章结构单位间功能关系的重要手
段, 其中逻辑连接标记具有双重性质, 它们既是逻辑语义关系标记, 也是
篇章结构单位功能关系标记; 篇章功能连接标记连接的篇章结构单位虽然
也存在逻辑关系基础, 但是篇章功能连接标记凸显的是篇章结构单位间的
功能关系。

　　下表是我们在穷尽性调查《史记》语料后, 得到的篇章连接标记的
功能类型总表。

表 6 - 1　　　　　　　　　《史记》篇章连接标记功能类型总表

功能类型		连接标记	数目
篇章逻辑连接标记	并列	既$_1$、且$_1$、又$_1$、亦$_1$、而$_1$、及$_1$	6
	顺承	而$_2$、则$_1$、以$_1$、然、然后、因$_1$、因而$_1$、因遂、仍、爰、焉、乃$_1$、遂、即$_1$、亦$_2$、然则、于是、而乃$_1$	18
	递进	非独、非直、非唯、而$_3$、而又、且$_2$、且又、又且、乃$_2$、况、而况、况于、又况、何乃、况乃、况乎	16
	选择	且$_3$、抑、若$_1$、其$_1$、亡其、宁、与、与其、将	9
	因果	唯$_1$（维）、由、为、本、既$_2$、是、是以、是故、故、故乃、以故、以此、因而$_2$、用此、以$_2$、用、因$_2$	17
	转折	而$_4$、而乃$_2$、顾$_1$、然$_2$、然而、则$_2$、顾$_2$、乃$_3$、反、又$_2$、亦$_3$	11
	假设	苟、即$_2$、必、若$_2$、设、令、使、有、则$_3$、其$_2$、且$_4$、或、借使、藉使、假使、假令、如、如令、如有、有如、诚、诚令、诚使、向令、向（乡）使、微、自非、则已、即已、不然、不者	31
	让步	虽、虽然、纵、即$_3$、弟（第）令、固、自、唯$_2$（惟）、且$_5$、犹、尚、尚犹	12

---

　　① Mann, W. and S. Thompson, Rhetoric Structure Theory: Description and Construction of Text Structure, SI/RS - 86 - 174, 1986. Mann, W. and S. Thompson, Rhetoric Structure Theory: A Theory of Text Organization, *USC Information Science Institute. Technical Report* 1, SI/RS - 87 - 190, 1987, pp. 57 - 59.

续表

功能类型		连接标记	数目
篇章功能连接标记	话题转换	若₃、若夫、若乃、及₂、及夫、及若、至、至若、若至、至如、至于	11
	总结推论	由此观之、由是观之、总之、要之	4

二 对篇章信息结构的调控功能

语言是人类交际和思维的基本工具，传递信息是语言的基本功能。奥地利语言学家 de Beaugrande 和 Dressler 在《篇章语言学入门》（1981）一书中指出信息性是篇章的基本特征之一[①]。篇章的各级结构单位是负载不同层次信息的实体单位，我们在第二章中曾提到篇章由"小句→句子（单句、复句）→句群→篇章"四级结构单位从低到高逐级构成，其中"小句、句子（单句、复句）、句群"是微观篇章结构，"篇章"是宏观篇章结构。《史记》中的篇章连接标记主要是在微观篇章结构中起到组织信息结构的功能。

屈承熹（2006）提出 BFP 原则（Background-to-Foreground Progression），指出无特别标记的篇章中，小句间的结合应是由后景向前景的推进过程。在叙述体中，前景表示事件或故事的进程，常按时间顺序排列，使用非状态动词（即行为动词）和完成体；后景常表示枝节内容，因而无需按照时间顺序排列，通常使用状态动词和未完成体。前景信息常和断言、不定指、未知信息及主要谓语相关；后景信息常同预设、定指、已知信息及从属结构相关。[②] 我们认为 BFP 原则适用的范围不仅包括小句间的结合，还包括句子及句群的结合，是微观篇章结构中各级篇章结构单位信息推进的基本原则。但是除了由前景向后景推进的基本模式外，篇章信息结构还可以通过重组、重构产生变化。[③]

方梅（2000）指出汉语自然口语中的弱化连词"在言谈中主要有两

[①] de Beaugrande, R and Dressler, W., *Introduction to text linguistics*. London: Longman, 1981, p. 57.

[②] 参看屈承熹《汉语篇章语法》，第 168—169 页。

[③] Givón Beyond Foreground and Background, in Tomlin (ed.), *Coherence and Grounding in Discourse*, Amsterdam: Benjamins, 1987, pp. 175 – 188.

方面的功能：①话语组织功能；②言语行为功能。所谓话语组织功能体现在话题的处理功能方面，比如话题的前景化、话题的切换"①。

《史记》中的篇章连接标记是调控微观篇章结构信息推进模式的重要手段，每种类型的篇章连接标记都拥有一种或几种核心的调控功能。

（1）并列关系标记用于标记前后篇章结构单位的信息具有相似或类同的地位，同时表达背景信息或者同时表达前景信息。并存并列标记"既$_1$、且$_1$、又$_1$、亦$_1$"通常构成"既$_1$p，又$_1$q"、"且$_1$p，且$_1$q"、"亦$_1$p，亦$_1$q"的固定格式，标记前后相邻的篇章结构单位 p 和 q 在篇章信息推进中具有相同地位，p 和 q 可以同时表达背景信息，也可以同时表达前景信息，如"既$_1$p，又$_1$q"通常表达并列的背景信息，与后续语段 s 构成"［既，P，又，q］$_{因}$＋s$_{果}$"的篇章结构；"且$_1$p，且$_1$q"通常表达并列的前景信息，列举并列标记连接的语段一般表达前景信息。

（2）顺承关系标记对篇章信息结构的调控功能主要表现在三个方面：一是标记引进相关新的次话题或标记次话题转换顺承关系标记"而$_2$、焉$_1$"在连接相邻单句或复句构成句群时，后续句常用于表达与前启句相关的后时发生的另一话题。二是凸显前景信息的地位，时间顺承标记在句子或句群中可以省略，是连接顺承关系复句及句群的可选性篇章连接标记，但是时间顺承标记具有凸显前景信息的地位，强化前景信息和背景信息间的信息关联度连接相邻甚至相隔语段的功能。如"因$_1$""然$_1$"进行跨句连接时，加强了前后相隔语段的联系，使篇章叙事主干清晰。三是标记原因性背景信息和结果性前景信息的位置界限。事理顺承复句或句群表示时间先后相继，事理前后相因的双重逻辑关系，如果没有事理顺承标记，依据 BFP 原则，最后发生的事件或行为应为复句的前景信息，之前发生的事件或行为都是最后一个事件或行为的背景信息，但是有时结果性的事件或行为包含的范围大于时间上发生在最后的一个事件或行为，因而事理顺承标记的出现能够改变无标记状态下前景信息的位置，显示具有时间先后顺序关系的事件或行为间具有因果联系，重新划分原因性背景信息和结果性前景信息的位置界限。如《刺客列传》："秦王闻之，大喜，而朝服，设九宾，见燕使者咸阳宫。"（3058）如果事理顺承标记"而$_2$"不出现，"秦王闻之，大喜，朝服，设九宾，见燕使者咸阳宫"，只显示了五

个事件时间上先后相继的关系，"见燕使者咸阳宫"成为默认的前景信息，"秦王闻之，大喜"和"朝服，设九宾，见燕使者咸阳宫"间的因果关系成为隐性逻辑关系，在编码和解码的过程中被忽略。句中事理顺承标记"而$_2$"出现，它将背景信息和前景信息的界限前移至"大喜"和"朝服"间，并将背景信息和前景信息间的因果逻辑关系显示出来。

（3）递进关系标记标记的篇章结构单位间的递进关系有两种类型：一是合取式递进关系，一是层进式递进关系。在这两种类型的篇章信息递进模式中，递进关系标记的调控功能存在区别：①在合取式递进关系篇章结构中，递进关系标记用于标记前后篇章结构单位处于同一篇章结构层次，背景信息增量相加，通常共同引起同一前景性结果信息，即构成"［S$_1$背景∧S$_2$背景］→S$_3$前景"的篇章信息结构推进模式。如《孙子吴起列传》："马陵道狭，/$_{递进}$而旁多阻隘，/$_{因果}$可伏兵，乃斫大树白而书之曰'庞涓死于此树之下'。"（2621）递进关系标记"而$_3$"标记前一小句"马陵道狭"和后一小句"旁多阻隘"表达的背景信息增量加合后得出共同的前景性结论"可伏兵"。②在层进式递进关系篇章结构中，递进关系标记标记居后的篇章结构单位是居前的篇章结构单位的增量性前景，整个篇章结构形成二级BFP推进模式："［［S$_1$背景→S$_2$前景］$_{二级BFP}$背景 →（S$_3$前景）］$_{一级BFP}$"。如《李将军列传》："尉曰：'今将军尚不得夜行$_{S1}$，何乃故也$_{S2}$！'止广宿亭下$_{S3}$。"（3451）在人物话语语境中，公共的背景知识预设了"今将军的权力大于故将军"，于是S$_1$"今将军尚不得夜行"充当背景信息，增量推出前景信息S$_2$"何乃故也"（在人物对话语境中，受到礼貌语用原则的制约，说话人通过反问句式委婉表达前景信息S$_2$，听话人需要通过语用推理得出前景性结论"故将军更不能夜行"），在作者叙事语境中，前文人物话语"今将军尚不得夜行$_{S1}$，何乃故也$_{S2}$！"为后文作者叙事的主干线索即一级前景信息"止广宿亭下"的背景信息，这一个背景信息主要用于描绘、还原人物对话情景，为前景提供环境性背景信息。

（4）选择关系标记中未定选择标记和已定选择标记对篇章信息结构的调控功能不同。①未定选择标记打破BFP原则，前后语段的篇章信息地位相同，同为并列的前景信息。如《鲁周公世家》："叔孙昭子求内其君，无病而死$_{S1}$不知天弃鲁乎？$_{S2}$抑鲁君有罪于鬼神也？$_{S3}$"（1855）S$_1$为S$_2$和S$_3$提供了论据性背景信息，未定选择标记连接的S$_2$和S$_3$同为前景信息。②已定选择标记遵循BFP原则，在篇章中优选性已定选择标记和舍弃性已定选择标记的前后位置决定它们在信息结构中的地位：如果优选性已定选择标记居前舍弃性已定选择标记居后，那么前启句提供意愿性背景信息，后续句成为非意愿性前景信息，整个语段表达的是非意愿性关系，如《项羽本纪》："吾宁斗智，不能斗力。"（412）如果舍弃性已定选择标记居前，且优选性已定选择标记居后，那么前启句提供非意愿性背景信息，后续句表达意愿性前景信息，整个语段表达意愿性关系，如《鲁仲连邹阳列传》："（燕将）喟然叹曰：'与人刃我$_{S1}$，宁自刃$_{S2}$。'"（2978）

（5）因果关系标记、转折关系标记、假设关系标记和让步关系标记四种篇章逻辑连接标记不违背 BFP 原则，不改变信息结构的推进顺序和层次，它们在篇章中主要用于凸显篇章结构单位间的逻辑语义关系。

（6）篇章功能连接标记连接的辖域较广，多组织句群间的篇章信息结构。话题转换标记具有双重信息组织功能：

一方面，在篇章结构内部，话题转换标记用于标记引进另一相关话题，它引进的话题和前一话题的篇章语义关系主要有以下三种：①异向对比关系；②同向类推关系；③同向并列关系。当前后话题表示异向对比或同向并列关系时，篇章功能连接标记连接的前后话题的篇章信息地位相似，同为前景信息或同为背景信息。当前后话题表示同向类推关系时，前一话题为后一话题提供类比性背景信息。

另一方面，在篇章结构外部，篇章主话题、前一次话题、话题转换标记引进的另一次话题三者表达的信息勾连成篇章话题链，话题转换标记组织的篇章话题链有两种类型的信息推进模式：①分叉型，前一次话题和话题转换标记引进的次话题加合后共同叙述了篇章主话题的不同方面，这些方面可以是异向的，也可以是同向的。②循环型，前一次话题为话题转换标记引进的次话题提供插入性的背景信息，话题转换标记引进的次话题和篇章主话题一致，标记话题又重新回到篇章主话题链上。

三　对篇章信息的主观性评价功能

篇章连接标记对篇章结构单位的主观性评价功能指的是它能够标明说话人的观点、情感、态度以及说话人要实施的言语行为，也可以说篇章连接标记具有主观性。所谓"主观性"（subjectivity）是指在话语中多多少少总是含有说话人"自我"的表现，说话人在说出一段话的同时表明自己对这段话的立场、态度和感情，从而在话语中留下自我的印记。① 说话人会采用一系列相应的结构或形式来表现这种主观性评价，篇章连接标记就是说话人表达主观性评价的重要手段之一。

我们认为《史记》篇章连接标记的主观性评价功能主要体现在以下四个方面：

（1）表达说话人的视角（perspective）

"视角"就是说话人对客观情状的观察角度，或者是对客观情况加以叙说的情况，这种"视角"主观性经常以隐晦的方式在语句中体现。②《史记》中部分篇章连接标记能够隐匿事件的客观联系，显示经过说话人心理加工后的主观联系，我们比较下面两个例子：

（1）今削之**亦**反，不削之**亦**反。（《吴王濞列传》，3399）

（2）数月，汉兵至边，匈奴**亦**去远塞，汉兵**亦**罢。（《匈奴列传》，3488）

例（1）中"今削之反"和"不削之反"是客观上同时存在的两种情况，并存并列标记"亦$_1$"客观显示了两种情况的并存关系。例（2）中"匈奴去远塞"和"汉兵罢"之间客观上存在一种具有时间先后顺序的因果关系，但是并存并列标记"亦$_1$"出现后在主观上把这种因果关系加工成并列关系，忽略和压缩了二者发生时间的差异，突出"匈奴去远塞"和"汉兵罢"分别叙述了"汉兵至边"事件框架下并存的两个方面，"亦$_1$"标记的是说话人主观视角下的并存并列关系。

《史记》篇章连接标记表达说话人的主观性视角时进行的心理加工过程实际上就是心智空间中的概念整合（conceptual blending）过程。沈家煊（2006）、王正元（2009）认为概念整合的基本形式有"糅合型整合"和"截搭型整合"两种。

"糅合"好比是将两根绳子各抽取一股重新拧成一根③。《史记》中有的篇章连接标记标示经过糅合型整合后，篇章结构单位间存在双重叠加关

---

① Lyons，J.，*Semantics*（*V*2），Cambridge：Cambridge University Press，1997，p. 739.

② 沈家煊：《语言的"主观性"和"主观化"》，《外语教学与研究》2007 年第 4 期。

③ 沈家煊：《"糅合"和"截搭"》，《世界汉语教学》2006 年第 4 期。

系。如：

（3）至平原君子与余善，**是以**得具论之。（《郦生陆贾列传》，3259）

（4）昔卞和献宝，楚王刖之；李斯竭忠，胡亥极刑。**是以**箕子详狂，接舆辟世，恐遭此患也。（《鲁仲连邹阳列传》，2980）

因果关系标记"是以"通常标示原因和结果关系，如例（3）。由于"原因：结果＝依据：阐述"两组关系的相似性，通过隐喻的机制，例（4）中"是以"标记了后续复句是对前启复句的主观性阐发和议论。

"截搭"好比是将两根绳子各截取一段重新接成一根①。《史记》中篇章连接标记标示"背景信息的插入"是最为典型的截搭型整合，如：

（5）韩安国为梁使，见大长公主**而**泣曰："何梁王为人子之孝，为人臣之忠，而太后曾弗省也？"（《韩长孺列传》，3438）

（6）齐人攻鲁，鲁欲将吴起，吴起取齐女为妻，**而**鲁疑之。（《孙子吴起列传》，2621）

事理顺承标记"而₂"连接的语段一般都是按照事件发展的先后事件顺承排列，如例（5）。但是在例（6）中"吴起取齐女为妻"先于"鲁欲将吴起"发生，事件的时间顺序发生了截断和重新排列组合。这种截断重组的动因是作者在叙述的过程中启动了"追溯原因"的心理过程，插入了导致前景信息"鲁疑之"产生的先时的原因性背景信息。

（2）表达说话人的情感（affect）

"情感"一词应作宽泛的理解，包括情感、情绪、意向、态度等②。《史记》中篇章连接标记主要用于表达说话人的意向或态度。

顺承关系标记"然后"标示说话人主观心理上认为后续句表达的事件发生或结束得晚，如《刘敬叔孙通列传》："匈奴果出奇兵围高帝白登，七日然后得解。"（3274）

已定选择标记通过本身具有的意义，能够明确表达主观意向的取舍。

---

① 沈家煊：《"糅合"和"截搭"》，《世界汉语教学》2006 年第 4 期。

② 沈家煊：《语言的"主观性"和"主观化"》，《外语教学与研究》2007 年第 4 期。

如优选性已定选择标记"宁"就可以在"行、知、言"三域中表达取舍概念，句子的主语常省略，成为隐性的言者主语。

否定性假设标记"微、不然、不者"标示后续句表达消极性语义，如《项羽本纪》："范增起，出召项庄，谓曰：'君王为人不忍，若入前为寿。寿毕，请以剑舞，因击沛公于坐，杀之。不者，若属皆且为所虏。'"（395）

（3）表达说话人的认识（epistemic modality）

"认识"即"情态"，是指说话人对命题事件成立的可能性的主观判断。沈家煊（2007）指出"认识"主要跟情态动词和情态副词有关，另外一些连词也有客观描述和主观认识之别。① 《史记》中最典型的表达"说话人的认识"的篇章连接标记是由情态副词构成的篇章连接标记，如"本"表达确认性判断认识，"必"表达必然性判断认识。除此之外，部分连词性篇章连接也可以表达说话人的认识。例如肯定性假设关系标记"苟"用于实言句时，具有化实为虚的功能，表达了说话人对不赞同的事件主观上进行暂且承认的主观态度。

（4）表达说话人要实施的言语行为（speech acts）

方梅（2000）认为自然口语中弱化连词的言语行为功能是指连词服务于话轮处理的功能，包括话轮转接功能和话轮延续功能两个方面。② 我们发现《史记》中篇章连接标记的言语行为不仅服务于话轮的处理，还服务于语境的处理，主要体现为三个方面：

①语境的转换

顺承关系标记"则₁、然₁、因遂、于是、乃₁、遂、即₁"可以标记从人物话语语境到作者叙事语境的转入。

转折关系标记"然₂"连接的前启句可以是直接引用的人物语言，后续句表达作者对人物语言预期的轶出性总结或主观评价，"然₂"标记了从人物话语语境到作者评论语境的转折性转入，如《万石张叔列传》："人或毁曰：'不疑状貌甚美，然独无奈其善盗嫂何也！'不疑闻，曰：'我乃无兄。'然终不自明也。"（3335）

②话轮的转换

事理顺承标记"然则"常用于人物对话中，当用于一般疑问句时，

---

① 沈家煊：《语言的"主观性"和"主观化"》，《外语教学与研究》2007 年第 4 期。

② 参看方梅《自然口语中弱化连词的话语标记功能》，《中国语文》2000 年第 5 期。

"然则"具有标记话轮转换的语用功能，实施了指定下一个说话人及其所谈话题的言语行为，如《仲尼弟子列传》："子贡问：'师与商孰贤？'子曰：'师也过，商也不及。''然则师愈与？'曰：'过犹不及。'"（2663）

③话轮转换后话题的延续

让步转折标记"虽然"多出现在人物话语语境中，如果出现在话轮转换的位置，处于语法化过渡阶段的"然"仍有指代功能，回指上一个说话者的说话内容，从而保持了话轮转换后话题的延续。如《三王世家》："王夫人曰：'陛下在，妾又何等可言者。'帝曰：'虽然，意所欲，欲于何所王之？'"（2558）

第二节　《史记》篇章连接标记的形成和发展

一　《史记》篇章连接标记系统的历时发展概况

（1）《史记》中绝大部分的篇章连接标记继承自先秦汉语，共计106个，约占78.52%，少部分篇章连接标记是秦汉之际或西汉时期新产生的，共计29个，约占21.48%。

表6—2　　　　　　　《史记》篇章连接标记形成年代表

类型		形成年代	
		先秦	西汉
篇章逻辑连接标记	并列	既$_1$、且$_1$、又$_1$、亦$_1$、而$_1$（5）及$_1$（1）	
	顺承	而$_2$、则$_1$、以$_1$、然$_1$、然后、因$_1$、因而$_1$、爰、焉、乃$_1$、遂、即$_1$、亦$_2$、然则（14）	因遂、仍、于是、而乃$_1$（4）
	递进	非独、非直、非唯、而$_3$、而又、且$_2$、且又、又且、况、而况、况于、又况、况乎（13）	乃$_2$、何乃、况乃（3）
	选择	且$_3$、抑、若$_1$、其$_1$、亡其、宁、与、与其、将（9）	
	因果	唯$_1$（维）、由、为、本、既$_2$、是、是以、是故、故、故乃、以故、以此、用此、以$_2$、用、因$_2$（17）	因而$_2$（1）
	转折	而$_4$、而乃$_2$、顾$_1$、然$_2$、然而、则$_2$、顾$_2$、乃$_3$、反、又$_2$、亦$_3$（11）	

续表

类型		形成年代	
		先秦	西汉
篇章功能连接标记	假设	苟、即₂、必、若₂、设、令、使、有、则₃、其₂、且₄、或、假使、如、诚、微、自非、则已、即已、不然（20）	借使、藉使、假令、如令、如有、有如、诚令、诚使、向令、向（乡）使、不者（11）
	让步	虽、虽然、纵、即₃、固、自、唯₂（惟）、且₅、犹、尚（10）	弟（第）令、尚犹（2）
	话题转换	若₃、若夫、及₂、及夫、至（5）	若乃、及若、至若、若至、至如、至于（6）
	总结推论	由此观之、由是观之（2）	总之、要之（2）

《史记》中继承自先秦汉语的篇章连接标记并非都是一成不变的继承沿用，部分先秦已产生的篇章连接标记在《史记》中功能发生了变化：①连接的辖域扩大，如先秦时期，列举并列标记"而₁"连接辖域较窄，仅连接一层复句，而在《史记》中"而₁"的连接辖域扩大，还可以连接多层复句和句群。②适用的语境范围缩小，如顺承关系标记"爰"在《史记》中都用在模仿先秦早期语言的语体中。③功能扩大，如先秦时期，承递标记"且又"主要连接复句，标记层进式递进关系，到了秦汉之际，"且又"的连接辖域和连接功能扩大，还连接句群，标记合取式递进关系。这几种类型的变化有时是相互交错、同时发生的，如"用"在先秦早期是常见的结果标记，到了秦汉时期，"用"新产生出标记原因关系的篇章功能，同时结果标记"用"在口语中逐渐不常见，多用在带先秦语言色彩的语体中，《史记》结果标记"用"共计6例，其中有5例是引用先秦早期的文献或是模仿先秦语言色彩的语体。④功能缩小，如"而₁"，在先秦可连接并举并列关系复句和对举关系复句两种，到汉代《史记》中只能连接列举并列关系。

在不同类型的篇章连接标记中，新生的篇章连接标记发展不平衡，其中假设关系标记、话题转换标记、总结推论标记新产生的成员数量较多，而并列关系标记、选择关系标记、转折关系标记较为稳定，几乎没有新的成员产生。

（2）《史记》篇章连接标记共计135个，单音节篇章连接标记所占比例较大，共计75个，约占55.56%；复音节篇章连接标记共计60个，约占44.45%。单音节篇章连接标记绝大部分继承自先秦汉语，共计73个，占单音节篇章连接标记总数的97.3%，仅有"仍、乃₂"是秦汉之际新产生的单音节篇章连接标记。单音节篇章连接标记中多功能篇章连接标记较多，如"且"可以标记"并列、递进、选择、假设、让步"五种篇章逻辑语义关系，"乃"可以标记"顺承、递进、转折"三种篇章逻辑语义关系，"若"具有标记"选择、假设"两种篇章逻辑语义关系和标记"话题转换"的篇章功能关系。复音节篇章连接标记以双音节居多，共计58个，多音节的较少，仅2个。从构形方式上看，双音节篇章连接标记都是复合式的合成词，没有附加式合成词。① 双音节篇章连接标记复合构词的类型有联合式（如"因遂、况乃"等）、偏正式（如"非独、非直"等）、述宾式（如"要之、总之"等）、介宾式（如"于是、以故"等）以及由跨层结构凝结而成的复合词（如"至于、何乃"等）。

表6-3   《史记》新生篇章连接标记音节结构方式分布表

新生篇章连接标记		单音节	复音节
篇章逻辑连接标记	顺承（4）	仍	因遂、于是、而乃₁
	递进（3）	乃₂	何乃、况乃
	因果（1）		因而₂
	假设（11）		借使、藉使、假令、如令、如有、有如、诚令、诚使、向令、向（乡）使、不者
	让步（2）		弟（第）令、尚犹
篇章功能连接标记	话题转换（6）		若乃、及若、至若、若至、至如、至于
	总结推论（2）		总之、要之

新生的篇章连接标记以复音节为主，共计27个，占新生的篇章连接标记总数的93.1%，这说明与先秦时期新生篇章连接标记以单音节为主不同，西汉时期新生篇章连接标记的音节结构方式出现了以复音节为主的新趋势，复音节篇章连接标记逐渐增多。

---

① 《史记》中绝大部分的复音节篇章连接标记都处于从短语到词的过渡阶段，没有完全凝固成词。

　　新生的篇章连接标记与原有的篇章连接标记有以下几种关系：①篇章连接功能基本相同，构形方式不同。如先秦时期复音节顺承关系标记的构形方式只有联合式（如"因而$_1$"），新生的顺承关系标记"于是"则是介宾式。②基本功能相同，语用功能不同。如新生的顺承关系标记"而乃$_1$"、"于是"与原有的"然则"一样，都是事理顺承标记。但是，"而乃$_1$"标记隐含"有待而然"的事理顺承；"于是"和"然则"杨建的篇章信息有区别，"于是"只出现在"行"域复句，而"然则"可以用在"行、知、言"三域复句。③功能基本相同，适用的语境范围不同。如原有的让步关系标记"虽、纵"等既可以用在人物对话语境，又可以用在作者叙事、评论语境。新生的让步关系标记"弟（第）令"在《史记》中仅出现了2次，都用在秦末至西汉时期的人物话语语境中，很可能是当时口语中常用的让步连接标记。④功能、构形方式及适用的语境范围等方面基本相同。如新生的递进关系标记"乃$_2$"和原有的递进关系标记"而$_3$"属于同功能的篇章连接标记，新生的假设关系标记"假令"和原有的假设关系标记"假使"等篇章连接功能相同，构形方式相同都是联合式。

　　（3）《史记》中绝大部分的篇章连接标记都沿用至近代汉语（87个），一部分甚至在现代汉语仍然使用（27个）；少部分篇章连接标记仅见于上古汉语（11个）或仅沿用至中古时期就消失不见（10个）。

表6－4　　　　　　　　　《史记》篇章连接标记历时沿用情况表

类型		沿用年代			
		西汉	中古	近代	现代
篇章逻辑连接标记	并列	而$_1$、及$_1$		且$_1$、亦$_1$	既$_1$、又$_1$
	顺承		然$_1$、爰、焉	而$_2$、以$_1$、因$_{1（书面语）}$、因而$_1$、因遂、仍、亦$_2$、而乃	则$_{1书面语}$、乃$_{1书面语}$、遂$_{书面语}$、即$_{1书面语}$、然则$_{书面语}$、然后、于是
	递进	乃$_2$		非独、非直、非唯、而又、且$_2$、且又、又且、况于、又况、何乃、况乃、况乎	而$_3$、况$_{书面语}$、而况$_{书面语}$

续表

类型		沿用年代			
		西汉	中古	近代	现代
篇章逻辑连接标记	选择	且$_3$、抑、亡其	若$_1$、与	其$_1$、宁、将	与其
	因果	唯$_1$（维）、用此		由、为、本、既$_2$、是、是以、是故、以故、以此、以$_2$、用、故乃	因而$_2$、因$_{2书面语}$、故$_{书面语}$
	转折			而乃$_2$、顾$_1$、然$_2$、则$_2$、顾$_2$、乃$_3$、亦$_3$	而$_4$、然而$_{书面语}$、反$_{书面语}$、又$_2$
	假设	有	则$_3$、其$_2$、且$_4$	苟、即$_2$、必、若$_2$、设、令、使、或、借使、藉使、假令、如、如令、如有、有如、诚、诚令、诚使、向令、向（乡）使、微、自非、则已、即已、不者	假使$_{书面语}$、不然
	让步	弟（第）令、唯$_2$（惟）		纵、即$_3$、固、自、且$_5$、犹、尚、尚犹	虽$_{书面语}$、虽然
篇章功能连接标记	话题转换	及夫、若至		若$_3$、若夫、若乃、及$_2$、及若、至、至若、至如	至于
	总结推论			由是观之、要之	由此观之$_{书面语}$、总之

《史记》中的大部分篇章连接标记在历时沿用的过程中基本功能保持不变，少部分篇章连接标记在历时沿用的过程中功能有所调整、变化：①功能扩大。如事理顺承标记"而乃$_1$"在中古、近代一直沿用。中古时期，"而乃$_1$"功能扩大，一方面能够充当前启句的语法结构类型增多，前启句谓语除了由动词短语充当外，还可以由形容词短语充当；另一方面"而乃$_1$"不但可以标记隐含"有待而然"意思的事理顺承关系，还可以标记一般的事理顺承关系。假设关系标记"借使、藉使、假使、假令"在中古时期发展出标记假使让步关系的新的篇章连接功能。②功能缩小。如时间兼事理顺承标记"亦$_2$"，到了中古时期仅用为事理顺承标记，时间顺承标记"亦$_2$"被副词"又"替代，基本消失。③连接的辖域扩大。如新生的假设关系标记"如令"在《史记》中仅连接一层复句，到了中古时期，"如令"的连接辖域扩展，可以连接多层复句。④使用的语体范围缩小。如"则$_1$、乃$_1$、遂、即$_1$、然则、况、而况、然而、反、虽、由此

观之"等在现代汉语中仅在书面语体中使用，"若夫"在近代汉语中仅用在保留大量文言成分的通俗小说中。

二　《史记》新生篇章连接标记的产生方式

《史记》中新生的篇章连接标记共计 29 个，其中单音节新生篇章连接标记 2 个，双音节新生篇章连接标记 27 个。吴福祥（2005）指出构词和词汇化是语言中新词（这里主要指复音词）产生的两条途径，前者是利用特定的语法规则创造新词，即依据某种构词规则将语言系统中业已存在的两个（或两个以上的）语素组合成新的词汇项；后者指一个非词的语言成分（这里主要指句法结构或词汇序列）演变成一个独立的词汇项的过程。① 我们认为《史记》中新生篇章连接标记的产生涉及构词、词汇化和狭义语法化三种语言形成、演变的途径，归纳起来主要有以下几种方式：（一）同义复合；（二）实词虚化；（三）句法结构的词汇化；（四）跨层结构的词汇化。其中"同义复合"属于构词途径，"实词虚化"属于狭义的语法化过程，"句法结构的词汇化"、"跨层结构的词汇化"属于词汇化过程。

（一）同义复合

同义复合是指两个或多个语义相同或相近的单音词经常连用，逐渐凝固成为一个联合式的复音词。《史记》中通过同义复合方式构成的新生篇章连接标记有两种类型：一是由语法范畴一致、词汇意义相同或相近的两个单音节篇章连接标记复合构成，如假设关系标记"如令"，先秦时期已经有假设连词"如"和"令"，二者同义复合构成"如令"；二是由语法范畴不同、词汇意义相同或相近的两个单音节篇章连接标记复合构成，如假设关系标记"诚使"，"诚"是一个表肯定推度的情态副词，在先秦汉语中已经有用为假设关系标记的语例，它和假设连词"使"同义复合构成了假设关系标记"诚使"。董秀芳（2002/2011）指出从历时发展来看，并列式和偏正式复合词的数量比例有一个变化的过程，在汉语词汇双音化发展之初，偏正式双音词多于并列式双音词，汉代以后并列式双音词激增，其比例大大超过偏正式复合词。② 《史记》中通过同义复合的方式构

---

① 吴福祥：《汉语语法化演变的几个类型学特征》，《中国语文》2005 年第 6 期。
② 董秀芳：《词汇化：汉语双音词的衍生和发展》（修订本），第 102—103 页。

成的新生篇章连接标记较多，共计18个，占新生篇章连接标记总数的60%，这一比例说明《史记》新生篇章连接标记的产生方式是西汉时期篇章连接标记产生的重要方式之一，顺应了汉语双音化发展过程中汉代以后并列式双音词增多的大趋势。

部分通过同义复合方式产生的新生篇章连接标记词汇化程度不高，存在同素异序的形式，如话题转换标记"至若"和"若至"，假设关系标记"如有"和"有如"。在词汇化程度提高的过程中，受到"择一原则"的支配，同素异序的篇章连接标记之间进行了竞争和淘汰。话题转换标记"若至"由于存在歧解，既可以看成由话题转换标记"至"和"若"同义复合构成的话题转换标记，又可以看成是假设连词"若" + 时间介词"至"构成的跨层组合，最终频率相当的"至若"淘汰了"若至"；假设关系标记"如有"由于距离句内谓语的距离远于"有如"，语法化程度较高，因而到了近代汉语，使用频率较低的"如有"逐渐战胜了使用频率较高的"有如"成为较常用的假设关系标记。由此可见，同素异序的同义篇章连接标记相互竞争、淘汰的过程中，除了要受到使用频率高低的影响外，还要受到是否存在歧解形式及距离句内谓语的远近等因素的影响。

（二）实词虚化

实词虚化是指实词向虚词转化，或者较虚的词向更虚的词的转化。[①]先秦时期，实词虚化是产生新生篇章连接标记的主要方式。到了汉代，随着汉语词汇双音化的蓬勃发展，通过其他方式（特别是同义复合的方式）产生的新生篇章连接标记逐渐增多，反之，通过实词虚化方式产生的新生篇章连接标记的数量较先秦时期大为减少。《史记》中通过实词虚化的方式，产生的新生篇章连接标记有"仍、及$_1$"。

顺承关系标记"仍"由"因承沿袭"义动词虚化而来，下面几个例子简要说明了"仍"实词虚化的过程。

（1）闵子骞曰："**仍**旧贯，如之何？何必改作？"（《论语·先进》，2499上）

（2）观炎气之相**仍**兮，窥烟液之所积。（《楚辞·九章·悲回

---

① 参看洪波《论汉语实词虚化的机制》，《古汉语语法论集》，语文出版社1998年版，第370—378页。

风》，160）

（3）淮南、衡山亲为骨肉，疆土千里，列为诸侯，不务遵蕃臣职以承辅天子，而专挟邪僻之计，谋为畔逆，**仍**父子再亡国，各不终其身，为天下笑。（《淮南衡山列传》，3737）

《说文·人部》："仍，因也。"（164）例（1）中"仍"是一个动词，表示因承沿袭原有的动作或行为，"仍旧贯"的句法结构可以表示成"（仍）V＋O"。受到人类视觉感知能力的制约，当相互沿袭的多个动作或行为短时间密集重复出现时，在视觉上往往产生错觉，觉得这些动作或行为是连续不断出现的，又由于语言结构与人类认知客观世界的方式具有相似性，"仍"从表示"动作或行为的重复沿袭"中引申出"连续、接续"的意义。例（2）中动词"仍"表"连续"义，句法结构调整为"S＋（仍）V"，动词"仍"后宾语没有出现，及物性降低。例（3）中"仍"在隐喻认知机制的作用下，将元语言层面前后语段间连续相承、相因的逻辑语义投射到时间域中动作或行为间的"连续、接续"关系。"仍"的句法位置前移至句首，动作、行为间的"接续、连续"义由副词"再"承担。于是，在"隐喻的认知机制"和"句法位置变化"两个方面因素的影响下，"因承沿袭"义动词"仍"虚化成为顺承关系标记。

并列关系标记"及$_1$"在先秦汉语中已用为句内的并列连词，随着句内并列连词"及"的虚化程度进一步提高，连接辖域扩大，成为标记篇章结构单位间并列逻辑语义关系的篇章连接标记。

（三）句法结构的词汇化

句法结构的词汇化是指在句子中构成同一层次句法结构的两个或多个词，降级凝固成为一个复音词。《史记》中通过句法结构词汇化途径产生的新生篇章连接标记包括"于是、总之、要之、何乃"。

顺承关系标记"于是"由介词"于"和时间代词"是"组成的介宾结构词汇化而来①。总结推理标记"总之、要之"是由动词"总"、"要"和回指代词"之"组成的述宾结构凝固而成，由于《史记》中回指代词"之"的指代义明显，"总之"和"要之"仍处于从句法结构到复音词的过渡阶段。递进关系标记"何乃"由起加强语气作用的副词"何"与递

---

① 柳士镇：《魏晋南北朝历史语法》，第 259 页。

进连词"乃"构成的状中结构凝固而成。

（四）跨层结构的词汇化

跨层结构是指不在同一个句法层次上而只是在表层形式的线性语序上相邻近的两个成分的组合①。《史记》中新生的篇章连接标记"至于"、"因而₁"、"不者"就是由跨层结构形成的复音词。

董秀芳（2002/2011）曾总结跨层结构词汇化的一般规律，指出居于句首在线性次序上紧密相连的单音词最容易组块凝结成复音词②。《史记》中新生偏正连接标记"至于、因而₁"就是由居于句首相邻跨层结构凝固构成。顺承关系标记"至于"由不在同一句法层次上的表"到达"义动词"至"和引进地点宾语的介词"于"词汇化而来。顺承关系标记"因而₁"由表"借机、凭借"义的动词"因"和连词"而"重新分析构成。

新生假设关系标记"不者"比较特殊。否定副词"不"和假设语气助词"者"最初并不相连，"不者"由跨层结构"［［不否定副词＋然回指代词］者假设语气助词］"，省略回指代词"然"后，重新分析成"［不否定副词＋者假设语气助词］"凝固而成。下面三个语例勾勒了"不者"的词汇化过程，

（1）故曰："正者，正也。其心以为**不然者**，天门弗开矣。"（《庄子·天运》，128）

（2）数曰："为我告魏王，急持魏齐头来！**不然者**，我且屠大梁。"（《范雎蔡泽列传》，2915）

（3）范增起，出召项庄，谓曰："君王为人不忍，若入前为寿。寿毕，请以剑舞，因击沛公于坐，杀之。**不者**，若属皆且为所虏。"（《项羽本纪》，395）

例（1）假设语气助词"者"附着在"其心以为不然"后，标示整个句子表示假设，"不然"是动词"以为"的宾语，可译为"不是这样"，句子的语法结构可表示成"［［S（其心）＋V（以为）＋O（不然）］＋者假设语气助词］"。先秦时期，由于"不然"经常连用，整个小句的假设语义灌注到"不然"上，表达的信息逐渐固化，说话人和听话人在处理"不

然"的信息时费力较少，整个复句信息表达的重点转移到后续表结果的小句上，于是"不然"从小句降级成为表假设的连词。例（2）中"不然者"的语法结构重新分析成"［不然$_{假设连词}$＋者$_{假设语气助词}$］"。受到双音化韵步要求的制约，到了例（3）中表假设的三音节短语"不然者"省略了中间的语素"然"凝固成新生假设关系标记"不者"。

征 引 古 籍

一　传世文献

（一）经部

（清）阮元校刻：《十三经注疏》（附校勘记），中华书局 1980 年版。

（汉）许慎撰，（宋）徐铉校订：《说文解字》，中华书局 1963 年版。

（二）史部

（汉）司马迁：《史记》，中华书局 2013 年版。

（汉）班固：《汉书》，中华书局 1962 年版。

（晋）陈寿：《三国志》，中华书局 1959 年版。

（南朝宋）范晔：《后汉书》，中华书局 1965 年版。

（南朝梁）沈约：《宋书》，中华书局 1974 年版。

（南朝梁）萧子显：《南齐书》，中华书局 1972 年版。

（北齐）魏收：《魏书》，中华书局 1974 年版。

（唐）房玄龄等：《晋书》，中华书局 1974 年版。

（唐）姚思廉：《梁书》，中华书局 1973 年版。

（明）宋濂等：《元史》，中华书局 1976 年版。

（宋）司马光编著，（元）胡三省注：《资治通鉴》，中华书局 1956 年版。

（南宋）杨仲良：《皇宋通鉴长编纪事本末》，《宛委别藏》本第 30—39 册，江苏古籍出版社 1988 年版。

徐元诰：《国语集解》，中华书局 2002 年版。

（西汉）刘向集录，范祥雍笺证：《战国策笺证》，上海古籍出版社 2006 年版。

（北魏）郦道元撰，陈桥驿校证：《水经注校证》，中华书局 2007

年版。

（三）子部

蒋礼鸿：《商君书锥指》，中华书局 1986 年版。

吴则虞：《晏子春秋集释》，中华书局 1962 年版。

（清）王先谦：《荀子集解》，中华书局 1988 年版。

（清）王先谦：《庄子集解》，中华书局 1987 年版。

（清）孙诒让：《墨子间诂》，中华书局 2001 年版。

黎翔凤：《管子校注》，中华书局 2004 年版。

（清）王先慎：《韩非子集解》，中华书局 1998 年版。

（战国）吕不韦撰，陈奇猷校释：《吕氏春秋新校释》，上海古籍出版社 2002 年版。

（汉）贾谊撰，阎振益、钟夏校注：《新书校注》，中华书局 2000 年版。

（汉）董仲舒撰，（清）苏舆义证：《春秋繁露义证》，中华书局 1992 年版。

（汉）刘安撰，何宁集释：《淮南子集释》，中华书局 1998 年版。

（清）汪荣宝：《法言义疏》，中华书局 1987 年版。

（汉）刘向撰，向宗鲁校证：《说苑校证》，中华书局 1987 年版。

（汉）刘向撰，石光瑛校释：《新序校释》中华书局 2009 年版。

（汉）王充撰，黄晖校释：《论衡校释》，中华书局 1990 年版。

（晋）干宝撰，李剑国辑校：《新辑搜神记》，中华书局 2007 年版。

（南朝宋）刘义庆撰，（南朝梁）刘孝标注，余嘉锡笺疏：《世说新语笺疏》，中华书局 2007 年版。

（后魏）贾思勰撰，缪启愉校释：《齐民要术校释》（第二版），中国农业出版社 1998 年版。

（北齐）颜之推撰，王利器集解：《颜氏家训集解》（增补本），中华书局 1993 年版。

（宋）黎靖德编：《朱子语类》，中华书局 1994 年版。

（明）施耐庵、罗贯中：《水浒传》，人民文学出版社 1997 年版。

（明）罗贯中：《三国演义》，人民文学出版社 1973 年版。

（明）吴承恩：《西游记》，人民文学出版社 1980 年版。

（明）冯梦龙：《警世通言》，上海古籍出版社 1987 年版。

——《醒世恒言》，上海古籍出版社 1987 年版。

——《古今小说》，上海古籍出版社 1987 年版。

（明）凌濛初：《拍案惊奇》，上海古籍出版社 1985 年版。

——《二刻拍案惊奇》，上海古籍出版社 1985 年版。

（明）罗懋登：《三宝太监西洋记通俗演义》，上海古籍出版社 1985 年版。

（清）曹雪芹、高鹗：《红楼梦》，人民文学出版社 1982 年版。

（清）吴敬梓：《儒林外史》，人民文学出版社 1958 年版。

（清）李汝珍撰，张友鹤校注：《镜花缘》，人民文学出版社 1955 年版。

（清）刘鹗撰，陈翔鹤校，戴鸿森注：《老残游记》，人民文学出版社 1957 年版。

（清）李宝嘉撰，张友鹤校注：《官场现形记》，人民文学出版社 1957 年版。

（清）文康著，泽润点校：《儿女英雄传》，凤凰出版社 2008 年版。

（南朝梁）僧祐：《弘明集》，上海古籍出版社 1991 年版。

（南唐）释静、释筠：《祖堂集》，中华书局 2007 年版。

（四）集部

（宋）洪兴祖：《楚辞补注》，中华书局 1983 年版。

（清）彭定求等编：《全唐诗》，中华书局 1960 年版。

（南朝梁）钟嵘撰，郭绍虞集解：《诗品集解》，人民文学出版社 1963 年版。

（南朝梁）刘勰撰，詹锳义证：《文心雕龙义证》，上海古籍出版社 1989 年版。

《张协状元》，刘坚、蒋绍愚主编：《近代汉语语法资料汇编》（宋代卷）本，商务印书馆 1992 年版。

宁希元点校：《元刊杂剧三十种新校》，兰州大学出版社 1988 年版。

（唐）韩愈撰，马其昶校注：《韩昌黎文集校注》，上海古籍出版社 1987 年版。

（宋）王安石：《临川先生文集》，《四部丛刊初编》第 153—155 册，上海书店 1989 年版。

（明）刘基：《刘基集》，浙江古籍出版社 1999 年版。

（明）宋濂：《宋濂全集》，浙江古籍出版社 1999 年版。

（明）李东阳：《李东阳集》，岳麓书社 1984 年版。

（清）方苞：《方苞集》，上海古籍出版社 1983 年版。

二　出土文献

中国社会科学院考古研究所编：《殷周金文集成》（修订增补本），中华书局 2007 年版。

荆门市博物馆编：《郭店楚墓竹简》，文物出版社 1998 年版。

马承源主编：《上海博物馆藏战国楚竹书》（一），上海古籍出版社 2001 年版。

马承源主编：《上海博物馆藏战国楚竹书》（二），上海古籍出版社 2002 年版。

马承源主编：《上海博物馆藏战国楚竹书》（三），上海古籍出版社 2003 年版。

马承源主编：《上海博物馆藏战国楚竹书》（四），上海古籍出版社 2004 年版。

马承源主编：《上海博物馆藏战国楚竹书》（五），上海古籍出版社 2005 年版。

马承源主编：《上海博物馆藏战国楚竹书》（六），上海古籍出版社 2006 年版。

马承源主编：《上海博物馆藏战国楚竹书》（七），上海古籍出版社 2008 年版。

马承源主编：《上海博物馆藏战国楚竹书》（八），上海古籍出版社 2011 年版。

马承源主编：《上海博物馆藏战国楚竹书》（九），上海古籍出版社 2012 年版。

河南省文物考古研究所编：《新蔡葛陵楚墓》，大象出版社 2003 年版。

睡虎地秦墓竹简整理小组编：《睡虎地秦墓竹简》，文物出版社 1990 年版。

甘肃省文物考古研究所编：《天水放马滩秦简》，中华书局 2009 年版。

武汉大学简帛研究中心、湖北省博物馆、湖北省文物考古研究所主编：《秦简牍合集》（壹），武汉大学出版社 2014 年版。

武汉大学简帛研究中心、湖北省博物馆、湖北省文物考古研究所主编：《秦简牍合集》（贰），武汉大学出版社 2014 年版。

武汉大学简帛研究中心、湖北省博物馆、湖北省文物考古研究所主编：《秦简牍合集》（叁），武汉大学出版社 2014 年版。

武汉大学简帛研究中心、湖北省博物馆、湖北省文物考古研究所主编：《秦简牍合集》（肆），武汉大学出版社 2014 年版。

湖北省荆州市周梁玉桥遗址博物馆编：《关沮秦汉墓简牍》，中华书局 2001 年版。

湖南省博物馆、复旦大学出土文献与古文字研究中心编纂，裘锡圭主编：《长沙马王堆汉墓简帛集成》，中华书局 2014 年版。

张家山二四七号汉墓竹简整理小组：《张家山汉墓竹简（二四七号墓)》（释文修订本），文物出版社 2006 年版。

甘肃省博物馆中国科学院考古研究所编：《武威汉简》，中华书局 2005 年版。

甘肃省博物馆、武威县文化馆编：《武威汉代医简》，文物出版社 1975 年版。

中国社会科学院考古研究所编：《居延汉简甲乙编》，中华书局 1980 年版。

谢桂华、李均明、朱国炤编：《居延汉简释文合校》，文物出版社 1987 年版。

甘肃省文物考古研究所等编：《居延新简》，中华书局 1994 年版。

马怡、张荣强主编：《居延新简释校》，天津古籍出版社 2013 年版。

甘肃省文物考古研究所编：《敦煌汉简》，中华书局 1991 年版。

李均明、何双全编：《散见简牍合辑》，文物出版社 1990 年版。

《韩擒虎话本》，黄征、张涌泉校注：《敦煌变文校注》本，中华书局 1997 年版。

参 考 文 献

一　专著

白兆麟：《〈盐铁论〉句法研究》，商务印书馆 2003 年版。

蔡英杰：《〈孙子兵法〉语法研究》，商务印书馆 2006 年版。

陈　直：《史记新证》，天津人民出版社 1979 年版。

陈中干：《现代汉语复句研究》，语文出版社 1995 年版。

陈宗明：《现代汉语逻辑初探》，生活·读书·新知三联书店 1979 年版。

程金造：《史记管窥》，陕西人民出版社 1985 年版。

程琪龙：《系统功能语法导论》，汕头大学出版社 1995 年版。

程湘清：《汉语史专书复音词研究》，商务印书馆 2003 年版。

池昌海：《〈史记〉同义词研究》，上海古籍出版社 2002 年版。

崔立斌：《〈孟子〉词类研究》，河南大学出版社 2004 年版。

戴浩一、薛凤生主编：《功能主义与汉语语法》，北京语言学院出版社 1994 年版。

董秀芳：《词汇化：汉语双音词的衍生和发展》（修订本），商务印书馆 2011 年版。

刁晏斌：《〈三朝北盟会编〉语法研究》，河南大学出版社 2007 年版。

范开泰：《关联词语》，上海教育出版社 1981 年版。

［瑞士］菲迪南德·德·索绪尔：《普通语言学教程》，高名凯译，商务印书馆 1980 年版。

冯胜利：《汉语的韵律、词法与句法》，北京大学出版社 1997 年版。

高小方、蒋来娣：《汉语史料学》，高等教育出版社 2005 年版。

管锡华：《〈史记〉单音词研究》，巴蜀书社 2000 年版。

管燮初：《〈左传〉句法研究》，安徽教育出版社 1994 年版。

（清）郭嵩焘：《史记札记》，商务印书馆 1957 年版。

郭志良：《现代汉语转折词语研究》，北京语言文化大学出版社 1999
年版。

何金松：《虚词历时词典》，湖北人民出版社 1994 年版。

何乐士：《〈左传〉虚词研究》，商务印书馆 2004 年版。

——《〈史记〉语法特点研究》，商务印书馆 2005 年版。

——《古代汉语虚词词典》，语文出版社 2006 年版。

何兆熊：《新编语用学概要》，上海外语教育出版社 2000 年版。

贺次君：《史记书录》，商务印书馆 1959 年版。

洪成玉：《古汉语复音虚词和固定结构》，浙江人民出版社 1983
年版。

胡明扬：《词类问题考察》，北京语言学院出版社 1996 年版。

胡裕树：《现代汉语》（重订本），上海教育出版社 1995 年版。

胡壮麟：《篇章的衔接与连贯》，上海外语教育出版社 1994 年版。

胡壮麟、朱永生、张德禄：《系统功能语法概论》，湖南教育出版社
1988 年版。

胡壮麟、朱永生、张德禄、李战子：《系统功能语言学概论》，北京
大学出版社 2005 年版。

黄伯荣、廖序东：《现代汉语》（增订三版），高等教育出版社 2003
年版。

黄国文：《语篇分析概要》，湖南教育出版社 1988 年版。

黄　珊：《〈荀子〉虚词研究》，河南大学出版社 2005 年版。

姜望琪：《当代语用学》，北京大学出版社 2003 年版。

蒋绍愚：《汉语词汇语法史论文集》，商务印书馆 2000 年版。

——《古汉语词汇纲要》，商务印书馆 2005 年版。

黎锦熙：《新著国语文法》，商务印书馆 1924/1992 年版。

黎锦熙、刘世儒：《汉语语法教材》（第三编），商务印书馆 1959
年版。

李　波：《史记字频研究》，商务印书馆 2006 年版。

李　笠：《广史记订补》，复旦大学出版社 2001 年版。

李人鉴：《太史公书校读记》，甘肃人民出版社 1998 年版。

李晓光、李波编：《史记索引》（修订版），中国广播电视出版社 2001年版。

李宗江：《汉语常用词演变研究》，汉语大词典出版社 1999 年版。

（清）梁玉绳：《史记志疑》，中华书局 1981 年版。

廖秋忠：《廖秋忠文集》，北京语言学院出版社 1992 年版。

林裕文：《偏正复句》，《汉语知识讲话》4，上海教育出版社 1987年版。

刘道峰：《〈史记〉动词系统研究》，四川大学出版社 2010 年版。

刘辰诞：《教学篇章语言学》，上海外语教育出版社 1999 年版。

刘丹青：《语序类型学与介词理论》，商务印书馆 2003 年版。

——《话题的结构与功能》（增订本），上海教育出版社 2007 年版。

刘丹青主编：《语言学前沿与汉语研究》，上海教育出版社 2005年版。

刘丽艳：《口语交际中的话语标记》，北京语言大学出版社 2011年版。

刘坚、江蓝生、白维国、曹广顺：《近代汉语虚词研究》，语文出版社 1992 年版。

（清）刘淇：《助字辨略》，中华书局 1954 年版。

柳士镇：《魏晋南北朝历史语法》，南京大学出版社 1992 年版。

［日］泷川资言、水泽利忠：《史记会注考证附校补》，上海古籍出版社 1986 年版。

鲁实先：《史记会注考证驳议》，岳麓书社 1986 年版。

陆俭明：《现代汉语虚词散论》，北京大学出版社 1985 年版。

陆俭明、马真：《现代汉语虚词散论》，语文出版社 1999 年版。

吕叔湘：《中国文法要略》，商务印书馆 1944/1982 年版。

吕叔湘、江蓝生：《近代汉语指代词》，学林出版社 1985 年版。

吕叔湘主编：《现代汉语八百词》（增订本），商务印书馆 1999 年版。

马建忠：《马氏文通》，商务印书馆 1898/1983 年版。

齐沪扬、张谊生、陈昌来：《现代汉语虚词研究综述》，安徽教育出版社 2002 年版。

（清）钱大昕：《史记考异》，《嘉定钱大昕全集》，江苏古籍出版社 1997 年版。

钱宗武：《今文〈尚书〉语法研究》，商务印书馆 2004 年版。

钱宗武：《今文〈尚书〉句法研究》，河南大学出版社 2011 年版。

屈承熹：《汉语篇章语法》，潘文国等译，北京语言文化大学出版社 2006 年版。

屈承熹著，纪宗仁协著：《汉语认知功能语法》，黑龙江人民出版社 2005 年版。

邵敬敏：《句法结构中的语义研究》，北京语言文化大学 1998 年版。

——《汉语语法的立体研究》，商务印书馆 2000 年版。

沈家煊：《不对称和标记论》，江西教育出版社 1999 年版。

沈家煊主编：《现代汉语语法的功能、语用、认知研究》，商务印书馆 2005 年版。

沈开木：《汉语话语语言学》，商务印书馆 1996 年版。

施之勉：《史记会注考证订补》，台北华岗出版有限公司 1976 年版。

石毓智、李讷：《汉语语法化的历程——形态句法发展的动因和机制》，北京大学出版社 2001 年版。

［日］太田辰夫：《中国语历史文法》，蒋绍愚、徐昌华译，北京大学出版社 2003 年版。

唐贤清：《〈朱子语类〉副词研究》，湖南人民出版社 2004 年版。

汪维辉：《〈齐民要术〉词汇语法研究》，上海教育出版社 2007 年版。

王　力：《汉语史稿》，中华书局 1980 年版。

——《汉语语法史》，商务印书馆 1989 年版。

王念孙：《读书杂志》影印本，江苏古籍出版社 1985 年版。

王叔岷：《史记斠证》，中华书局 2007 年版。

王维贤、张学成、卢曼云、程怀友：《现代汉语复句新解》，华东师范大学出版社 1994 年版。

（清）王引之：《经传释词》，岳麓书社 1984 年版。

王云路、方一新：《中古汉语语词例释》，吉林教育出版社 1992 年版。

王正元：《概念整合理论及其应用研究》，高等教育出版社 2009 年版。

［美］卫真道：《篇章语言学》，徐赳赳译，中国社会科学出版社 2002 年版。

吴福祥：《敦煌变文语法研究》，岳麓书社 1996 年版。

——《〈朱子语类辑略〉语法研究》，河南大学出版社 2004 年版。

吴福祥主编：《汉语语法化研究》，商务印书馆 2005 年版。

吴见思：《史记论文》，台湾中华书局 1970 年版。

吴庆峰主编：《〈史记〉虚词通释》，齐鲁书社 2006 年版。

吴庆峰主编：《〈论衡〉虚词通释》，齐鲁书社 2011 年版。

吴汝煜：《史记论稿》，江苏教育出版社 1986 年版。

吴为章、田小琳：《汉语句群》，商务印书馆 2002 年版。

向熹：《简明汉语史》，高等教育出版社 1993 年版。

席嘉：《近代汉语连词研究》，中国社会科学出版社 2010 年版。

邢福义：《复句与关系词语》，黑龙江人民出版社 1985 年版。

——《汉语复句研究》，商务印书馆 2001 年版。

——《语法问题追踪集》，中国社会科学出版社 2008 年版。

邢福义、刘培玉、曾常年、朱斌：《汉语句法机制验察》，生活·读书·新知三联书店 2004 年版。

徐赳赳：《现代汉语篇章回指研究》，中国社会科学出版社 2003 年版。

——《现代汉语篇章语言学》，商务印书馆 2010 年版。

徐阳春：《现代汉语复句句式研究》，中国社会科学出版社 2002 年版。

许卫东：《〈高僧传〉时间副词研究》，巴蜀书社 2008 年版。

许余龙：《篇章回指的功能语用探索———项基于汉语民间故事和报刊语料的研究》，上海外语教育出版社 2004 年版。

杨伯峻、何乐士：《古汉语语法及其发展》（修订本），语文出版社 2001 年版。

杨荣祥：《近代汉语副词研究》，商务印书馆 2005 年版。

杨树达：《词诠》，上海古籍出版社 2006 年版。

杨燕起、俞樟华：《史记研究资料索引和论文、专著提要》，《史记研究集成》，华文出版社 2005 年版。

杨永龙：《〈朱子语类〉完成体研究》，河南大学出版社 2001 年版。

杨永龙、江蓝生：《〈刘知远诸宫调〉语法研究》，河南大学出版社 2010 年版。

姚双云：《复句关系标记的搭配研究》，华中师范大学出版社 2008 年版。

姚振武：《〈晏子春秋〉词类研究》，河南大学出版社 2005 年版。

殷国光：《〈吕氏春秋〉词类研究》，商务印书馆 2008 年版。

（清）袁仁林：《虚字说》，中华书局 1989 年版。

袁毓林：《汉语语法研究的认知视野》，商务印书馆 2004 年版。

袁雪梅：《中古汉语的关联词语——以鸠摩罗什译经为考察基点》，人民出版社 2010 年版。

张　斌：《现代汉语虚词词典》，商务印书馆 2001 年版。

张伯江、方梅：《汉语功能语法研究》，江西教育出版社 1996 年版。

张大可：《司马迁评传》，南京大学出版社 1994 年版。

——《〈史记〉文献研究》，民族出版社 1999 年版。

张德禄、刘汝山：《语篇连贯与衔接理论的发展及应用》，上海外语教育出版社 2003 年版。

张国艳：《居延汉简虚词通释》，中华书局 2012 年版。

张　敏：《认知语言学与汉语名词短语》，中国社会科学出版社 1998 年版。

张双棣：《〈吕氏春秋〉词汇研究》（修订本），商务印书馆 2008 年版。

张舜徽：《中国古代史籍举要》，云南人民出版社 2004 年版。

（清）张文虎：《校刊史记集解索隐正义札记》，中华书局 1977 年版。

张新科：《史记学概论》，商务印书馆 2003 年版。

张谊生：《现代汉语副词研究》，学林出版社 2000 年版。

——《现代汉语副词探索》，学林出版社 2004 年版。

张玉春：《〈史记〉版本研究》，商务印书馆 2001 年版。

张玉金：《甲骨文语法学》，学林出版社 2001 年版。

——《西周汉语语法研究》，商务印书馆 2004 年版。

张元济：《史记校勘记》，商务印书馆 1997 年版。

张志公：《汉语知识》，人民教育出版社 1962 年版。

张志公主编：《语法和语法教学》，人民教育出版社 1956 年版。

赵生群：《〈史记〉文献学丛稿》，江苏古籍出版社 2000 年版。

赵艳芳：《认知语言学概论》，上海外语教育出版社 2001 年版。

赵元任：《汉语口语语法》，吕叔湘译，商务印书馆 1979 年版。

郑贵友：《汉语篇章语言学》，外文出版社 2002 年版。

中国社会科学院语言研究所词典编辑室：《现代汉语词典》（第五版），商务印书馆 2005 年版。

中国社会科学院语言研究所古代汉语研究室：《古代汉语虚词词典》，商务印书馆 1999 年版。

周刚：《连词与相关问题》，安徽教育出版社 2002 年版。

周守晋：《出土战国文献语法研究》，北京大学出版社 2005 年版。

朱德熙：《语法讲义》，商务印书馆 1982 年版。

朱东润：《史记考索》，华东师范大学出版社 1996 年版。

朱永生、郑立信、苗兴伟：《英汉语篇衔接手段对比研究》，上海教育出版社 2001 年版。

Blakemore, D., *Semantic Constraints on Relerances*, Oxford：Blackwell 1987.

——Understanding utterances, *Oxford：Blackwell*, 1992.

——*Relevance and Linguistic Meaning*, Cambridge：Cambridge University Press 2002.

Brown, G. andYule, G., *Discourse Analysis*, Cambridge：Cambridge University Press 1983.

Chafe, Wallace, *Discourse, Consciousness, and Time：The Flow and Displacement of Conscious Experience in Speaking and Writing*, Chicago：The University of Chicago Press 1994.

de Beaugrande, R and Dressler, W., *Introduction to Text Linguistics*, London：Longman 1981 .

Halliday, M. A. K., *An Introduction to Functional Grammar* (2nded), London：Edward Arnold 1994.

Halliday, M. A. K. and Hasan, R., *Cohesion in English*. London：Longman 1976.

——*Language, Context and Text*, Victoria：Deakin University Press 1985.

Hockett, Charles, *A Course in Modern Linguistic*, New York：Macmillan 1958.

Laurel Brinton and Elizabeth Closs Traugott, *Lexicalization and Grammati-callization in Language Change*, Cambridg：Cambridg University Press 2005．

Lyons, J., *Semantics*（*V*2）, Cambridge：Cambridge University Press 1997．

Paul J. Hopper and Elizabeth Closs Traugott, *Grammaticalization*（*Second Edition*）, Cambridge：Cambridge University Press 2003．

Schiffrin, D., *Discourse Markers*, Cambridge ：Cambridge University Press 1987.

Sperber, D. and Wilson, D., *Relevance*：*Communication and Cognition*（2*nded*）, Oxford：Blackwell 1995.

Stubbs, M., *Discourse analysis*：*The Sociolinguistic Analysis of Natural Language*. Oxford：Blackwell 1983．

van Dijk, T. A., *Handbook of Discourse Analysis*, London：Academic Press 1985．

二　单篇论文

白兆麟：《〈老子〉复句辨析》，《南京师范大学文学院学报》2008 年第 4 期。

曹强、田晓荣：《〈史记〉中所见的关中方言词语》，《渭南师范学院学报》2006 年第 6 期。

曹小云：《连词"何况"早期使用情况考察》，《语言研究》1998 年第 1 期。

陈宝勤：《先秦连词"而"语法语义考察》，《古汉语研究》1994 年第 1 期。

陈宝勤：《试论"而后"、"而已"、"而况"、"而且"、"既而"、"俄而"、"然而"》，《古汉语研究》1994 年第 3 期。

陈宝勤：《"也""亦"兴亡探析》，《学术研究》1998 年第 4 期。

陈海波：《〈史记〉中的时量、时点和时段》，《语言研究》2004 年第 3 期。

陈平：《引进·结合·创新》，《当代语言学》2006 年第 2 期。

陈英：《递进复句的主观性》，《新疆大学学报》2004 年第 12 期。

陈永正：《西周春秋铜器铭文中的联结词》，《古文字与汉语史论集》，中山大学出版社 2002 年版。

池昌海:《〈史记〉中具礼制价值的"死"义词语的语用选择的复杂性及其原因》,《修辞学习》2000 年第 1 期。

池昌海:《〈史记〉同义词运用的特殊修辞功能》,《浙江大学学报》(人文社会科学版) 2002 年第 1 期。

池昌海:《〈史记〉中助动词"可"和"可以"语法功能差异初探》,《语言研究》2004 年第 2 期。

池昌海、凌瑜:《让步连词"即使"的语法化》,《江南大学学报》(人文社会科学版) 2008 年第 2 期。

储泽祥、陶伏平:《汉语因果复句的关联标记模式与"联系项居中原则"》,《中国语文》2008 年第 5 期。

董莲池:《假设分句主谓之间"而"字新探》,《古汉语研究》1990 年第 2 期。

董秀芳:《"是"的进一步语法化:由虚词到词内成分》,《当代语言学》2004 年第 1 期。

董秀芳:《词汇化与话语标记的形成》,《世界汉语教学》2007 年第 4 期。

杜海涛:《上古汉语"既"字的意义和用法与汉语实词虚化问题》,《语言学论丛》第 22 辑,商务印书馆 1999 年版。

段德森:《副词转化为连词浅说》,《古汉语研究》1991 年第 1 期。

范晓、胡裕树:《有关语法研究三个平面的几个问题》,《中国语文》1992 年第 4 期。

方梅:《自然口语中弱化连词话语标记功能》,《中国语文》2000 年第 5 期。

方梅:《篇章语法与汉语篇章语法研究》,《中国社会科学》2005 年第 6 期。

方梅:《由背景化触发的两种句法结构——主语零形反指和描写性关系从句》,《中国语文》2008 年第 4 期。

方一新:《东汉语料与词汇史研究刍议》,《中国语文》1996 年第 2 期。

冯胜利:《汉语双音化的历史来源》,《现代中国语研究》2000 年第 1 期。

高文盛、席嘉:《〈朱子语类〉中的让步连词"虽"及相关问题》,《江南大学学报》2005 年第 5 期。

高增霞:《自然口语中的话语标记"回头"》,《中国社会科学院研究生院学报》2004 年第 1 期。

高增霞:《自然口语中的话语标记"完了"》,《语文研究》2004 年第 4 期。

管锡华:《从〈史记〉看同义词"孰"、"谁"在上古的发展演变》,《古汉语研究》2000 年第 2 期。

管锡华:《从〈史记〉看上古几组同义词的发展演变》,《语言研究》2000 年第 2 期。

郭锡良:《古汉语语法研究刍议》,《汉语史论集》(增补本),商务印书馆 2005 年版。

韩陈其:《〈史记〉中字序对换的双音词》,《中国语文》1983 年第 3 期。

韩陈其:《关于〈史记〉名词性补语的句式特点及其影响》,《徐州师范学院学报》1984 年第 4 期。

何乐士:《〈世说新语〉的语言特色——〈世说新语〉与〈史记〉名词作状语比较》,《湖北大学学报》(哲学社会科学版)2000 年第 6 期。

洪波:《论汉语实词虚化的机制》,《古汉语语法论集》,语文出版社1998 年版。

黄大网:《话语标记研究综述》,《福建外语》2001 年第 1 期。

吉仕梅:《睡虎地秦墓竹简连词考察》,《乐山师范学院学报》2003 年第 2 期。

姜望琪:《从句子语法到篇章语法》,《中国外语》2007 年第 5 期。

蒋绍愚:《近十年近代汉语研究的回顾与前瞻》,《古汉语研究》1988年第 4 期。

金国泰:《〈连词"则"的起源和发展〉商榷》,《中国语文》2003 年第 4 期。

金允金、金昌吉:《现代汉语转折词组的同异研究》,《汉语学习》2001 年第 2 期。

蓝鹰:《从少数民族语言看"而"的虚化演变》,《古汉语研究》1990年第 1 期。

蓝鹰：《古汉语虚词嬗变散论》，《当代电大》第3期；又载《语言文字学》（人大复印资料）1993年第12期。

李杰群：《连词"则"的起源和发展》，《中国语文》2001年第6期。

李晋霞、刘云：《"由于"与"既然"的主观性差异》，《中国语文》2004年第2期。

李炜：《〈史记〉饮食动词分析》，《复印报刊资料》1994年第9期。

李小军：《"因而"、"从而"的词汇化》，《殷都学刊》2007年第1期。

李小军：《"从而"、"因而"的功能差异及其历时解释》，《汉语学习》2009年第1期。

李英哲、卢卓群：《汉语连词发展中的若干特点》，《湖北大学学报》（哲学社会科学版）1997年第4期。

李宗江：《"也"的来源及其对"亦"的历时替换》，《语言研究》1997年第2期。

刘爱菊：《汉语并列连词与伴随介词共时纠葛的历时分化——以并列连词"及"的历时语法化来源为例》，《南开语言学刊》2006年第1期。

刘百顺：《连词"虽然""然虽"考辨》，《语言研究》2008年第1期。

刘丹青：《语法化中的更新、强化与叠加》，《语言研究》2001年第2期。

刘海平：《从语义角色角度看〈史记〉双宾句式》，《东南大学学报》（哲学社会科学版）2009年第6期。

刘海平：《从〈史记〉的材料看汉语"数+量+名"格式的来源》，《赣南师范学院学报》2013年第2期。

刘坚、曹广顺、吴福祥：《论诱发汉语词汇语法化的若干因素》，《中国语文》1995年第3期。

刘利：《上古汉语的连词"然而"》，《中国语文》2005年第2期。

刘利：《"然而"的词汇化过程及动因》，《北京师范大学学报》2008年第5期。

刘贤俊：《现代汉语连词联系项的多能性》，《世界汉语教学》2005年第4期。

刘月华：《以"固然""于是"为例谈虚词的用法研究》，《汉语学习》1999 年第 2 期。

凌瑜、秦桦林：《〈史记〉的"洗足"当作"洗"》，《语言研究》2010 年第 3 期。

凌瑜《从篇章功能看古汉语同类型关联标记的区别——以〈史记〉并存并列关联标记为例》，《南华大学学报》（社会科学版）2016 年第 5 期。

陆庆和：《"于是"与事理承接》，《扬州大学学报》（人文社会科学版）2000 年第 6 期。

马清华：《并列连词的语法化轨迹及其普遍性》，《民族语文》2003 年第 1 期。

马清华：《汉语语法化问题的研究》，《语言研究》2003 年第 3 期。

马清华：《关联成分的语法化方式》，《中央民族大学学报》2003 年第 3 期。

马清华：《语义共振：突变式吸收的意义条件》，《汉语学习》2004 年第 5 期。

梅祖麟：《现代汉语选择问句的来源》，《梅祖麟语言学论文集》，商务印书馆 2000 年版。

孟凯：《中古让步复句探析》，《长春大学学报》2004 年第 2 期。

莫超：《关联词语的定位与主语的关系》，《兰州大学学报》1997 年第 1 期。

钱宗武：《誓词"有如"注解质疑》，《中国语文》1988 年第 4 期。

邱娟娟：《试论因果连词"因此"的产生时代和原因》，《西华师范大学学报》2006 年第 1 期。

裘燮君：《〈论语〉、〈孟子〉、〈荀子〉连词"而"的常用组合分布》，《河池学院学报》2009 年第 3 期。

冉永平：《话语标记语的语用学研究综述》，《外语研究》2000 年第 4 期。

任绍曾：《〈话语标记〉导读》，《话语标记》，世界图书出版公司 2007 年版。

邵敬敏、周有斌：《"宁可"格式研究及其方法论意义》，《语言教学与研究》2003 年第 5 期。

沈家煊：《"语法化"研究综观》，《外语教学与研究》1994 年第

4 期。

沈家煊:《复句三域"行、知、言"》,《中国语文》2003 年第 3 期。

沈家煊:《"糅合"和"截搭"》,《世界汉语教学》2006 年第 4 期。

沈家煊:《语言的"主观性"和"主观化"》,《外语教学与研究》2007 年第 4 期。

沈家煊:《三个世界》,《外语教学与研究》2008 年第 6 期。

史有为:《汉语连词的功能、界限和位置》,《中央民族学院学报》(语言文字学增刊) 1986 年第 3 辑。

宋洪民:《〈史记〉副词"最"特殊句法位置试析》,《古汉语研究》2002 年第 2 期。

孙锡信:《〈世说新语〉虚词综述》,《王力先生纪念论文集》,商务印书馆 1990 年版。

唐子恒:《论汉语词汇发展中的更替现象——以〈左传〉〈史记〉用词差异为例》,《山东大学学报》(哲学社会科学版) 2012 年第 1 期。

田范芬:《连词"以及"的历史来源》,《古汉语研究》2004 年第 1 期。

田然:《"既 A 又 B"格式中 A、B 共现的条件》,《云南师范大学学报》2007 年第 4 期。

汪维辉:《"所以"完全变成连词的时代》,《古汉语研究》2002 年第 2 期。

王灿龙:《"宁可"的语用分析及其他》,《中国语文》2003 年第 3 期。

王冲:《〈史记〉、〈汉书〉中西汉楚方言的探究》,《内蒙古大学学报》(哲学社会科学版) 2010 年第 6 期。

王克仲:《意合法对假设义类词形成的作用》,《中国语文》1990 年第 6 期。

王磊:《"但"的词性演变史及其机制》,《乐山师范学院学报》2003 年第 5 期。

王丽彩:《"固然"、"虽然"之辨析》,《佛山科学技术学院学报》(社会科学版) 2008 年第 3 期。

王天佑:《对"宁可、宁愿、宁肯"语法化的历时考察》,《西华大学学报》2009 年第 4 期。

王统尚、石毓智：《先秦汉语的判断标记"也"及其功能》，《语言研究》2008 年第 1 期。

王伟：《"修辞结构理论"评介（上）》，《国外语言学》1994 年第 4 期。

王伟：《"修辞结构理论"评介（上）》，《国外语言学》1995 年第 2 期。

王伟、周卫红：《"然后"一词在现代汉语口语中使用范围的扩大及其机制》，《汉语学习》2005 年第 4 期。

王月：《"于是"的词性研究及其认定方法》，《求是学刊》1994 年第 2 期。

王振来：《关联词语的经络连接功能》，《大连民族学院学报》2002 年第 4 期。

王祖姝：《试论连词"于是"的承接方式及其作用》，《湖北大学学报》1999 年第 3 期。

吴福祥：《汉语伴随介词语法化的类型学研究》，《中国语文》2003 年第 1 期。

吴福祥：《关于语法化的单向性问题》，《当代语言学》2003 年第 4 期。

吴福祥：《近年来语法化研究的进展》，《外语教学与研究》2004 年第 1 期。

吴福祥：《汉语语法化演变的几个类型学特征》，《中国语文》2005 年第 6 期。

吴福祥：《汉语历史语法研究的目标》，《古汉语研究》2005 年第 2 期。

吴庆峰：《〈论衡〉虚词与〈史记〉虚词之比较研究》，《山东师范大学学报》（人文社会科学版）2011 年第 6 期。

吴亚欣、于国栋：《话语标记语的元语用分析》，《外语教学》2003 年第 4 期。

夏凤梅：《〈史记〉中的述补结构》，《江汉大学学报》（人文社会科学版）2002 年第 2 期。

解植永：《〈左传〉、〈史记〉判断句比较研究》，《重庆文理学院学报》（社会科学版）2006 年第 3 期。

邢福义：《复句问题论说》，《语法问题探讨集》，湖北教育出版社1986 年版。

邢福义：《汉语复句格式对复句语义关系的反制约》，《中国语文》1991 年第 1 期。

邢福义：《小句中枢说》，《中国语文》1995 年第 6 期。

邢福义、姚双云：《连词"为此"论说》，《世界汉语教学》2007 年第 2 期。

徐赳赳：《复句研究与修辞结构理论》，《外语教学与研究》1999 年第 4 期。

徐烈炯：《汉语是话语概念结构化语言吗》，《中国语文》2002 年第 5 期。

徐时仪：《论词组结构功能的虚化》，《复旦大学学报》（社会科学版）1998 年第 5 期。

许家金：《汉语自然会话中"然后"的话语功能分析》，《外语研究》2009 年第 2 期。

杨尚贵：《"则"字用法探微二则》，《语文研究》2003 年第 2 期。

喻遂生：《古汉语"亡其"小议》，《思想战线》2003 年第 6 期。

袁毓林：《词类范畴的家族相似性》，《中国社会科学》1985 年第 1 期。

袁毓林：《多项副词共现的语序原则及其认知解释》，《语言学论丛》第二十六辑，商务印书馆 2002 年版。

张宝林：《连词再分类》，《词类问题考察》，北京语言学院出版社1996 年版。

张宝胜：《"宁可"复句的语义特征》，《语言研究》2007 年第 1 期。

张国艳：《居延汉简连词调查》，《乐山师范学院学报》2008 年第 7 期。

张健、陶寰：《论组合性并列连词》，《汉语学习》1993 年第 5 期。

张文贤、邱立坤：《基于语料库的关联词搭配研究》，《世界汉语教学》2007 年第 4 期。

张亚茹：《"于是"句的多角度分析》，《云南师范大学学报》2008 年第 1 期。

张谊生：《副词的篇章连接功能》，《语言研究》1996 年第 1 期。

张谊生：《说 X 式——兼论汉语词汇的语法化过程》，《上海师范大学学报》2002 年第 3 期。

张谊生：《"就是"的篇章衔接功能及其语法化过程》，《世界汉语教学》2002 年第 2 期。

赵新：《"因此、于是、从而"的多角度分析》，《语文研究》2003 年第 1 期。

郑恒雄：《布农语的主题、主语与动词》，《台湾历史语言研究所专刊》1997 年，第 72 页。

朱城：《论转折连词"然"的形成》，《古汉语研究》2007 年第 3 期。

朱岩：《关联助词语法化初探》，《青海师范大学学报》2004 年第 6 期。

朱正义：《〈史记〉与汉代语言及关中方言》，《渭南师范学院学报》1993 年第 3 期。

祝敏彻：《从〈史记〉、〈汉书〉、〈论衡〉看汉代复音词的构词法》，《语言学论丛》第八辑，商务印书馆 1981 年版。

Beaman, K., Coordination and Subordination Revisited: Syntactic Complexity in Spoken and Written Narrative Discourse. In D. Tannen (ed.), *Coherence in spoken and written Language*. Norwood, NJ: Ablex 1984.

Chafe, W. L., Evidentiality in English Conversation and Academic Writing, in W. L. Chafe and J. Nichols (eds.), *Evidentiality: The Linguistic Encoding of Epistemology*, Norwood, NJ: Ablex 1986.

Fraser, B., An Approach to Discourse Markers, *Journal of Pragmatics* 1990, Vol. 14.

——What are Discourse Markers, *Journal of Pragmatics* 1999, Vol. 31.

Givón, T., Beyond Foreground and Background, in Tomlin (ed.), *Coherence and Grounding in Discourse*, Amsterdam: Benjamins 1987.

Grabe, W., Contrastive Rhetoric and Text-type Research, in U. Connor and R. B. Kaplan (eds.), *Writing Across Languages: Analysis of L2 Text*, Reading, MA: Addison-Wesley 1987.

Gundel, Jeanette K., Universals of Topic-comment Structure. In Michael Hammond (eds.), *Studies in Syntactic Typology*, Amsterdam: Benjamins 1988.

Li, Charles and Sandra Thompson, Subject and Topic: A New Typology. In Charles Li（ed.），*Subject and Topic*. New York：Academic Press 1976.

Mann，W. and S. Thompson，*Rhetoric Structure Theory*：*Description and Construction of Text Structure* 1986 . SI/RS. 174.

——Rhetoric Structure Theory：A Theory of Text Organization，*USC Information Science Institute. Technical Report* 1. 1987. SI/RS. 190.

三 学位论文

陈海波:《〈史记〉并列式、偏正式双音词研究》，博士学位论文，武汉大学，2001 年。

陈海生:《〈史记〉副词研究》，硕士学位论文，安徽师范大学，2006 年。

陈静:《〈史记〉问句系统研究》，博士学位论文，福建师范大学，2011 年。

范崇峰:《魏晋南北朝佛教文献连词研究》，硕士学位论文，南京师范大学，2003 年。

高笑可:《〈史记〉体词性成分陈述化现象研究》，博士学位论文，北京大学，2013 年。

李贵生:《〈史记〉"者"字研究》，硕士学位论文，西北师范大学，2005 年。

李宗澈:《〈史记〉量词研究》，博士学位论文，复旦大学，2004 年。

凌瑜:《〈史记〉篇章连接标记研究》，博士学位论文，浙江大学，2010 年。

卢海:《〈史记〉谓语动词的体词性后续成分》，硕士学位论文，华中科技大学，2004 年。

栾建姗:《〈荀子〉连词研究》，硕士学位论文，新疆大学，2004 年。

彭笠:《〈孟子〉连词研究》，硕士学位论文，首都师范大学，2008 年。

朴悦嘉:《〈史记〉亲属称谓研究》，硕士学位论文，延边大学，2007 年。

孙琦:《〈颜氏家训〉连词研究》，硕士学位论文，辽宁师范大学，2003 年。

汤勤:《〈史记〉与〈战国策〉语言比较研究》，博士学位论文，华中科技大学，2006 年。

王华宝:《〈史记〉校勘研究——以中华书局校点本为中心》，博士学位论文，南京师范大学，2004 年。

王其和：《〈史记〉同义连用研究》，硕士学位论文，山东师范大学，2002 年。

王彤伟：《〈史记〉同义常用词先秦两汉演变浅探》，硕士学位论文，陕西师范大学，2004 年。

王月婷：《〈新刊元杂剧三十种〉连词研究》，硕士学位论文，苏州大学，2008 年。

温振兴：《〈搜神记〉连词研究》，硕士学位论文，山西大学，2003 年。

邬新花：《东汉佛经与〈论衡〉连词比较研究》，硕士学位论文，湖南师范大学，2006 年。

武海亮：《〈史记〉品行类单音节形容词同义关系研究》，硕士学位论文，内蒙古大学，2006 年。

谢洪欣：《元明时期汉语连词研究》，博士学位论文，山东大学，2008 年。

徐萱春：《〈史记〉中的人称代词》，硕士学位论文，浙江大学，2008 年。

徐朝红：《中古汉译佛经连词研究》，博士学位论文，湖南师范大学，2008 年。

杨泠：《从与〈左传〉的比较看〈史记〉连词的特点》，硕士学位论文，北京师范大学，2007 年。

于丽娟：《〈梁书〉连词研究》，硕士学位论文，南京师范大学，2006 年。

曾晓洁：《隋以前汉译佛经中的复音连词研究》，硕士学位论文，湖南师范大学，2003 年。

张爱丽：《〈宋书〉连词研究》，硕士学位论文，南京师范大学，2005 年。

赵良剑：《〈史记〉比较句式研究》，硕士学位论文，四川师范大学，2001 年。

郑路：《〈左传〉时间范畴研究》，博士学位论文，中国人民大学，2008 年。

周振风：《〈史记〉三家注研究》，硕士学位论文，南昌大学，2005 年。

Xu, Yulong（许余龙），*Resolving Third-person Anaphora in Chinese Text: Toward a Functional-pragmatic Model*, Hong Kong Polytechnic University Ph. D. dissertation 1995.

索　引

后　记

　　这本小书是在我的博士学位论文的基础上修改而成的。2005 年，我有幸进入了梦寐以求的浙江大学学习。从硕士到博士，时光匆匆而过，转瞬毕业已近七年。在求学和工作的过程中，我的每一点进步，都离不开师长们的宝贵教导、朋友们的鼎力相助以及家人的大力支持。

　　首先我要深深感谢我的导师池昌海先生。池师治学勤奋严谨、为人宽厚善良，既是一位严师，又是一位慈父。2005 年起，我跟随池师攻读硕士学位。2007 年，池师又赐我攻读博士学位的宝贵机会，我荣幸地成为先生的首名博士弟子。池师给我最深刻的印象便是具有准确敏锐的洞察力、亲切和蔼的态度以及对弟子不动声色的无私帮助。我慌乱忘事时，先生总是在第一时间提醒我、督促我；博一、博二我以寝室为工作间，池师常致电来询问学习近况，使我不敢懈怠；在博三更是提供了一个安心学习、方便查阅资料的工作室，帮助我度过最艰辛的冲刺阶段。我的毕业论文从选题到写作，大到框架内容，小到标点符号，都得到了池师的精心指点。池师指导我这个天资驽钝的学生走上学术之路，倾注了大量精力，我取得的每一点进步都离不开先生的宝贵教诲。池师不仅在学业上指导我、生活上关心我，而且还教给我许多为人处事的道理。这一切我都感恩在心，永远铭记，我会更加认真、努力地学习和工作，以报答先生的栽培！

　　感谢浙江大学汉语史研究中心、语言与认知中心各位老师的指导和帮助！感谢方一新老师从硕士以来给予我的宝贵指导和帮助！在我论文写作遇到困难之际，方老师更是请高列过、陈玉洁、田春来、杜轶几位老师帮助我，给我提出许多宝贵的意见。感谢张涌泉老师多次亲切地询问我的博士论文写作情况，并给予我大力的帮助，使我倍感温暖！感谢黄华新老师、陈宗明老师、彭利贞老师、庞继贤老师、廖备水老师、颜洽茂老师、黄笑山老师、姚永铭老师、陈忠敏老师、陈东辉老师、王建华老师、王明华老师，通过学习各位老师的课程，开阔了我的学术思路，为我的博士论文的写作打下了坚实的基础。感谢各位同门、同学的支持和帮助，他们有的惠赠过我资料，有的常与我交流切磋，使我受益良多！

感谢我的博士论文答辩老师王云路教授、汪维辉教授、方一新教授和黄笑山教授，衷心感谢老师们提出的宝贵修改意见！

我要感谢本科母校湖南师范大学的赵振兴、郑贤章两位老师，赵老师和郑老师在本科时期鼓励和指导过我的学习，我来浙大求学后，赵老师和郑老师也一直关心我的成长和进步！

本书的出版得到了我的工作单位杭州师范大学国际教育学院各位领导和同事们的大力支持和帮助！

本书能够顺利出版还要特别感谢责任编辑宫京蕾女士的辛勤工作！

最后，感谢我的家人。感谢我的父母，他们不仅给了我生命，还给了我幸福的生活。在书稿的修改期间，我经历了怀孕生产，初为人母的阶段，如果没有父母的辛苦帮助，我不可能完成书稿的修改。感谢我的丈夫秦桦林，他认真通读了全书的文稿，提出了许多修改意见。感谢我的儿子骏骏，为我带来了幸福和欢乐！

凌　瑜

2016 年 9 月于杭州